TATORTE 2

Sächsische Kriminalfälle aus vier Jahrzehnten

Thomas Schade
Karsten Schlinzig

Co-Autoren
Christian Krebs
Frank Nicolaus
Dieter Wolfram

IMPRESSUM

© edition Sächsische Zeitung
SAXO'Phon GmbH, Ostra-Allee 20, 01067 Dresden
www.editionsz.de

Layout & Satz: Tony Findeisen, Dresdner Verlagshaus Technik GmbH
Druck: Medienhaus Lißner OHG

ISBN: 978-3-938325-63-6

INHALT

VORWORT

Es ist jetzt fast fünf Jahre her, da machten sich einige Kriminalisten aus Dresden und Görlitz an die Arbeit, um alte Dresdner Kriminalfälle zu rekonstruieren. Das Resultat dieser Recherchen war der Band „Tatorte – Dresdner Kriminalfälle aus fünf Jahrzehnten". Er liegt inzwischen in der zweiten Auflage bei den Buchhändlern. Der Titel war so gewählt, dass es möglich sein sollte, die Anthologie fortzusetzen.

Doch die Fortsetzung ließ auf sich warten. Der Grund: Mit dem Band „Tod im Karauschenholz – der rätselhafte Mord an Oberlandeskirchenrat Roland Adolph und seiner Frau Petra" legten die Herausgeber quasi einen Zwischenspurt ein. Das Verbrechen jährte sich 2007 zum zehnten Mal und die Ermittlungen in dem Fall waren so komplex, dass er als Teil in einer Sammlung von Kriminalfällen einfach nicht unterzubringen war. Deshalb erschien das Einzelprojekt de facto als zweiter Band in der Tatort-Reihe.

Mit dem dritten Band liegt nun wieder eine Anthologie vor – gefüllt mit 13 Kriminalgeschichten aus vier Jahrzehnten. Neben Tatorten in Dresden lernt der Leser diesmal auch Kriminalfälle kennen, die in verschiedenen anderen Teilen Sachsens für Aufsehen gesorgt haben. Rekonstruiert wird zum Beispiel das Drama im „Hirsch" von Radeburg, wo 1965 eines Tages das stadtbekannte Gastwirtsehepaar Paul und Elsa Thomschke tot im Brunnen des Hauses gefunden wurde. Auch der „Lotto-Mord" ist in dem Band zu finden – ein Verbrechen, das in die Chemnitzer Kriminalgeschichte eingegangen ist. Noch einmal wird die Geschichte vom „Rotkäppchen" aus der Lausitz erzählt, dem wohl aktivsten, aber auch unglücklichsten Bankräuber Deutschlands Ende der 90er Jahre. Der Tod der schönen Angelika steht im Mittelpunkt einer der Geschichten aus Dresden. Der Ungarin wurde ihr Beruf zum Verhängnis. In Dresden lebte auch die Studentin Reina. Die passionierte Tramperin kam 1996 von Rostock nicht nach Hause, plötzlich wurden ihre Eltern erpresst.

Auch der dritte Band wäre ohne die tatkräftige Hilfe einiger Kriminalisten nicht entstanden. Sie haben in Mord- und Sonderkommissionen zumeist an den Fällen mitgearbeitet und für das Buch noch einmal ihre persönlichen Aufzeichnungen hervorgeholt oder in den Ermittlungsakten geblättert. Die Herausgeber danken deshalb besonders den Kriminalisten Christian Krebs, Frank Nicolaus,, Dieter Wolfram und Bernd Merbitz, die als Autoren und teilweise als Berater mitgearbeitet haben.

Thomas Schade, Karsten Schlinzig

TOD IN DEN RIESAER ELBWIESEN

VON FRANK NICOLAUS

„Meine Tochter ist verschwunden." Aufgeregt sitzt der 54-Jährige Karl H. am 2. Mai 1963 dem VP-Leutnant Hans Albrecht im Volkspolizeikreisamt Riesa gegenüber. Es ist 10.30 Uhr, ein ganz normaler Donnerstag nach dem Feiertag.
„Wie alt ist denn Ihre Tochter?", fragt Albrecht.
„Ruth wird am 4. Oktober zehn Jahre alt."
„Und seit wann vermissen Sie Ihre Tochter?"
Karl H. rutscht ein wenig auf seinem Stuhl nach vorn. „Seit gestern Abend haben wir von Ruth nichts mehr gehört. Sie war die ganze Nacht nicht zu Hause."
Bei Leutnant Albrecht macht sich ein flaues Gefühl in der Magengegend breit. Es passiert schon mal, dass Kinder nicht zur verabredeten Zeit nach Hause kommen. Ärger mit den Eltern, schlechte Noten oder Zeugnisse sind Gründe dafür, dass Kinder ausreißen. Andere vergessen beim Spielen einfach nur die Zeit. In den meisten dieser Vermisstenfälle sind die Kinder nach wenigen Stunden wieder zu Hause. Doch der erfahrene Polizist Albrecht weiß: Jeder Fall eines vermissten Kindes ist mit besonderer Aufmerksamkeit zu behandeln. Verschwundene Kinder können auch durch einen Unfall in unwegsamer Gegend in Not geraten sein und brauchen vielleicht schnelle Hilfe. Da muss gar kein Verdacht auf eine Straftat vorliegen. Ermittlungs- und Suchmaßnahmen müssen daher unverzüglich in die Wege geleitet werden.

„Beschreiben Sie Ihre Tochter und die Kleidung, die sie gestern trug. Und schildern Sie mir kurz ihren gestrigen Tagesablauf!", sagt Leutnant Albrecht zu Vater H. In seine „Optima"-Schreibmaschine spannt der Polizist das Formular „Nachricht über eine vermisste Person". Dann hämmert er die Angaben des Vaters in die Tasten: Ruth H., wohnhaft in der Friedrich-Engels-Straße 65 in Riesa, ist 135 Zentimeter groß, hat dunkelblondes, kurz geschnittenes und leicht gewelltes Haar, einen so genannten Bubikopf. Sie hat ein ovales Gesicht, auffallend große blaue Augen und vollständige Zähne. Bekleidet ist sie am Tag ihres Verschwindens mit einem bräunlichen Trägerrock und langen beigefarbenen Strümpfen sowie einem schwarz-blau gemusterten Pullover mit V-Ausschnitt. Darüber trägt sie einen roten Anorak mit Knöpfen, von denen der oberste, anders als die restlichen, gold-

Nach der Beschreibung ihres Vaters gestalten Kriminalisten eine Puppe, mit vergleichbaren Kleidungsstücken, die auch die zehnjährige Ruth getragen hatte, als sie verschwand.

farben ist. Auch die Unterwäschestücke kann Karl H. detailliert beschreiben und setzt hinzu: „Sie hatte auch ihre weiße Tasche mit aufgedruckten bunten Bildern bei sich." Im Weiteren lässt der besorgte Vater den 1. Mai Revue passieren und gibt seine Erinnerungen zu Protokoll.

*

Es war kein besonders schöner Tag, dieser 1. Mai 1963. Wechselhaftes Wetter, eigentlich zu kühl für die Jahreszeit. Doch in Riesa war viel los am Internationalen Kampf- und Feiertag der Werktätigen, und viele Menschen waren schon früh auf den Beinen. Obwohl man eigentlich ausschlafen könnte, gingen die meisten Menschen zur Maidemonstration und feierten anschließend mit den Kollegen oder ganz in Familie bei einem Ausflug beispielsweise. Der Frühjahrsrummel war geöffnet. Die Fahrgeschäfte lockten Groß und Klein gleichermaßen an, und es gab einen Platz im Freien für die abendliche Tanzveranstaltung.

*

Seit 1944 schon wohnen Karl H. und seine Frau in Riesa. Er ist Teilinvalide und arbeitet als Vulkaniseur im VEB Reifenwerk Riesa. Seine Frau Helene ist als Reinigungskraft in der Gaststätte „Reichelbräu" beschäftigt. Das Ehepaar hat zwei gemeinsame Kinder: den 17-jährigen Ralf, der bei der Deutschen Post beschäftigt ist, und die 9-jährige Ruth. Sie wurde 1960 eingeschult und gilt als eher mittelmäßige Schülerin. Aber im letzten Schuljahr verbesserte sie ihre Leistungen immerhin auf die Durchschnittsnote 2. In ihrer Freizeit malt und zeichnet Ruth gern. Häufigen Kontakt pflegt sie zu ihrer Schulfreundin Gisela R. und deren größerer Schwester Christine. Karl H. gibt später noch zu Protokoll, dass Ruth ein aufgewecktes Mädchen und lebhaft veranlagt sei. Fremden gegenüber sei sie aber eher zurückhaltend. Auf Versprechungen würde sie nicht reagieren. Sie beherzige die häufige Ermahnung ihrer Eltern, auf keinen Fall mit Fremden mitzugehen.

Ausführlich schildert der Vater, was Ruth an diesem 1. Mai getan hatte: Gegen 8.30 Uhr ist sie zur Mutter in die Gaststätte „Reichelbräu" gegangen. Auch ihr Bruder Ralf hat um diese Zeit die elterliche Wohnung verlassen, um an der Maidemonstration teilzunehmen. Karl H. holt seine Tochter gegen neun Uhr in der Gaststätte ab und geht mit ihr zum Treffpunkt seiner Brigade, die sich auch in den Demonstrationszug der Reifenwerker einreiht. Anschließend sitzt Karl H. mit sechs seiner Kollegen im Bierzelt zusammen. Bis gegen 14.30 Uhr ist Ruth stets in seiner Nähe. Immer mal wieder kommt sie zu ihm an den Tisch. Er gibt seiner Tochter Geld für Bockwurst und Limonade. Als seine Kollegen ab 16.30 Uhr in kurzen Abständen nach Hause gehen, bleibt Karl H. noch im Bierzelt sitzen. Ruth habe er dann heimgeschickt, sagt er. Bis dahin habe er etwa fünf oder sechs Biere und fünf Schnäpse getrunken. Danach kommen weitere vier Biere hinzu, bis er sich gegen 20.15 Uhr auch auf den Weg nach Hause macht. Daheim sorgt man sich schon, weil Ruth noch nicht da ist. Seine Frau erzählte ihm, dass Ruth gegen 16 Uhr zwar schon mal zu Hause war, aber nach einer Stunde zum Rummel gegangen sei. Die Mutter hatte dem Mädchen zehn Mark gegeben. Dafür sollte sie Gebäck für die Familie mitbringen. Für den Rest des Geldes durfte sie Lose oder Naschereien kaufen oder Karussell fahren. Als Sohn Ralf gegen 21.30 Uhr nach Hause kommt, berichtete er, dass er seine Schwester gegen 19 Uhr auf dem Rummel das letzte Mal gesehen habe. Noch mehrere Stunden warten die Eltern vergeblich. Dann fragt die Mutter im Haus bei den Familien K. und R. nach, die ebenfalls Kinder haben. Aber dort war Ruth nicht. „Meine Frau und ich nahmen nun fest an, dass Ruth bei Familie R. übernachtet, die in der Nähe wohnt", sagt Karl H. Gegen 23 Uhr seien er und seine Frau zu Bett gegangen. Ruth ist mit den Töchtern der Familie R. befreundet und hatte sich schon öfter gewünscht, dort übernachten zu dürfen. Einmal hatte ihr die Mutter das auch erlaubt. Vom Spielen kam Ruth nie später als 20 Uhr nach Hause. Lediglich ein einziges Mal im vergangenen Jahr, sie war zusammen mit dem etwa zwei Jahre älteren Nachbarsjungen Joachim K. zum Kulturfest auf dem Leninplatz gewesen, kam sie erst um 21.30 Uhr. Am 2. Mai ist

Karl H. gleich früh in Ruths Schule und anschließend zu den R.'s gegangen. Aber nirgends war Ruth zu finden.

*

Unmittelbar nach dieser Schilderung rollt die polizeiliche Fahndungsmaschinerie an. So genannte Sofortmaßnahmen werden eingeleitet. Das VPKA informiert das städtische Volkspolizei-Revier Riesa, die Transportpolizei Riesa und Wasserschutzpolizei. Alle Abschnittsbevollmächtigten (ABV) von Riesa machen sich auf den Weg. Sie suchen in allen Kinderkrippen, Kindergärten und Heimen. Sie fragen im Kreiskrankenhaus Riesa und in den Betriebspolikliniken nach. Auch in Ruths Schule, der Pestalozzi-Oberschule, holen sie Erkundigungen ein. Ruth ist am 2. Mai nicht erschienen. Nach Auskunft der Schulleitung fehlt kein weiteres Kind. Ruths Freundinnen, mit denen sie am Vortag Kontakt hatte, und deren Familien werden befragt. Kripo- und Schutzpolizeikräfte suchen im Riesaer Stadtpark und im Gebiet der Freilichtbühne sowie am rechten Elbufer bis hinauf zur Ortschaft Moritz. Sogar die Nationale Volksarmee bietet ihre Hilfe an. Ein Lautsprecherwagen der benachbarten NVA-Dienststelle Zeithain fährt durch Riesa und ruft die Bevölkerung zur Mithilfe auf. Mit einer Blitzmeldung wird die übergeordnete Dienststelle, die Bezirksbehörde der VP Dresden, informiert.

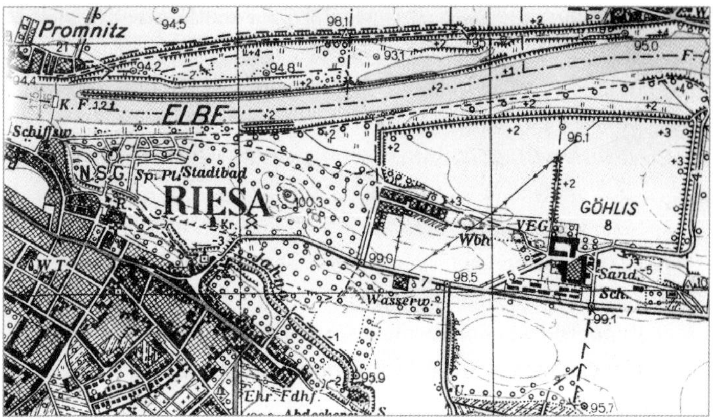

Die Karte zeigt die Elbauen zwischen Riesa und Gohlis, wo Ruth H. tot aufgefunden wurde.

Noch am Abend des 2. Mai, um 19.30 Uhr, meldet der Rohrwalzer-Lehrling Eberhard K., der Sohn einer Nachbarfamilie aus dem Wohnhaus der Vermissten, dass er soeben gemeinsam mit anderen Jugendlichen, unter anderem Ruths Bruder Ralf, die Vermisste in der Nähe des alten Wasserplatzes bei Göhlis am Elbdamm gefunden habe – tot. Ein VP-Schnellkommando unter der Leitung von Oberleutnant Richter rast zum Fundort. Gleichzeitig werden der Chef des VPKA Riesa, die Staatsanwaltschaft und der Kriminal-Dauerdienst der BDVP Dresden verständigt. Weisungsgemäß informiert der operative Stab das MfS sowie die SED-Kreisleitung. Ein Fährtenhund wird angefordert, und der Bereitschaftsdienst der Morduntersuchungskommission Dresden rückt nach Riesa aus. Ein Kommando der Schutzpolizei sichert das Terrain rund um die Leiche zunächst im Umkreis von hundert Metern ab. Der Fundort befindet sich beim Kilometer 105,3 am linken Elbufer in Höhe des Ortsteils Göhlis etwa zweihundert Meter landeinwärts. Erste Feststellungen ergeben, dass der Lehrling Eberhard K. mit anderen eigenständig nach Ruth gesucht hatte. Sie fanden die Tote auf den Elbwiesen hinter dem Hochwasserdamm zwischen der alten Rüster und der ehemaligen Moritzer Fähre gegenüber dem Volksgut Riesa-Göhlis.

Der Notarzt kann nur noch den Tod des Mädchens feststellen. Für den kleinen Suchtrupp war sofort klar, dass es sich um Ruth H. handelt, obwohl sie die Leiche nach eigenen Angaben lediglich von der etwa zwei Meter hohen Dammkrone des Elbdammes gesehen hatten und nicht näher heran gegangen waren.

Für VP-Leutnant Richter, der die kriminaltechnische Tatortarbeit erledigt, erhärtet sich anhand der Spuren der Verdacht auf ein Tötungsverbrechen. Ruths Leiche wird in einer eindeutigen Position vorgefunden. In der gerichtsmedizinischen Literatur wird ihre Lage als klassische Auffindungssituation einer Leiche nach einem Lustmord bezeichnet. Der Körper des toten Mädchens befindet sich in Rückenlage. Die gespreizten Beine liegen noch im Elbdammbereich, wobei die Spitze des rechten Fußes die linke Beinferse berührt. Beide Arme sind in Kopfrichtung angewinkelt, so dass die Handrücken auf dem Erdboden aufliegen. Die sonst so groß wirkenden blauen Augen des Kindes sind geschlossen. An der linken Nasenöffnung haftet ein bräunlich-rötliches Sekret, das bereits verkrustet ist. Dem Kriminaltechniker fällt auf, dass sich in der Mundhöhle der Toten ein Kleeblatt befindet. Der Kopf liegt etwas seitwärts gedreht im Übergang des Hochwasserdammes zum angrenzenden Kleefeld. Die Bekleidung stimmt überein mit der Beschreibung, die Karl H. bei seiner Vermisstenanzeige abgegeben hatte. Die Tote trägt einen roten Anorak. Vom obersten Knopf hängt nur noch die Öse am Stoff, das Knopf-Oberteil fehlt. Der Unterkörper der Leiche ist entkleidet, wobei das rechte Bein noch in dem weißen Schlüpfer steckt und dieser unter dem Knie liegt. Zahlreiche Einblutungen in den Augenbindehäuten deuten darauf hin, dass das Kind erstickt ist. Zuvor wurde es möglicherweise gewürgt oder gedrosselt. Die Lage der Leiche wird fotografisch dokumentiert. Das Gras im Bereich der Beine ist auf einer Fläche von etwa 70 mal 70 Zentimetern niedergedrückt. 200 Meter von der Leiche entfernt liegt auf der Wiese ein rechter brauner Halbschuh. Und fast zwei Meter daneben, an einem Baum, wird das goldfarbene Oberteil eines Knopfes gefunden, dessen Öse fehlt und der offensichtlich zu Ruths roter Jacke gehört. Der linke Schuh liegt 31 Meter vom rechten Schuh entfernt, mitten in der Elbwiese. Die Schuhbänder beider Schuhe sind zugeschnürt. Ungünstiges Wetter erschwert die Untersuchungen vor Ort. Es ist nasskalt, zeitweilig fällt auch leichter Regen. Deshalb ist die Kleidung der Toten schon durchfeuchtet.

21.45 Uhr trifft VP-Hauptmann Alfred Wolf am Elbdamm ein. Der Chef der Dresdner Morduntersuchungskommission übernimmt die weiteren Ermittlungen. Bis zum frühen Morgen gegen 5.30 Uhr hoffen die Einsatzkräfte, dass der Regen aufhört. Sie sind überzeugt: Der Fundort der Leiche ist zugleich auch der Tatort. Trotz Regen versucht die Polizei in der Morgendämmerung mit Fährtenhund die Spur zu Ruths Mörder aufzunehmen. Der Hund kreist zunächst etwa zwei Meter neben der Toten. Am Fundort des rechten Schuhs nimmt er jedoch eine Fährte auf, die nach etwa 50 bis 60 Metern etwa drei Meter vor dem Elbwasser endet. Ob diese Fährte für den Fall Bedeutung hat, vermag in dieser Situation niemand zu sagen. Dennoch ist der Einsatz eines ausgebildeten Spezialhundes in solchen Fällen stets ratsam. Vielfach führen die vierbeinigen Helfer zu noch nicht entdeckten Spuren oder laufen schnurstracks zur Wohnung eines Verdächtigen. Aber in diesem Fall ist dem leider nicht so.

Die beiden jungen Männer, die Ruths Leiche gefunden hatten, werden noch am Abend des 2. Mai von der Mordkommission vernommen. Dabei schildert der fast 16-jährige Eberhard K., dass er am Vortag zusammen mit Ralf, Ruths Bruder, gegen 18.30 Uhr auf dem Rummel auf dem Leninplatz gewesen sei. An der Schießbude habe er Ruth zum letzten Mal gesehen. Ralf habe seiner Schwester gesagt, sie solle sofort nach Hause gehen. Am 2. Mai gegen 14.45 Uhr habe er von seiner Mutter erfahren, dass Ruth vermisst wird, sagt Eberhard. Gegen 18 Uhr habe er sich dann seinem Bruder Heinz und Ruths Bruder Ralf angeschlossen, um bei der Suche nach dem Mädchen zu helfen. In der Breiten Straße habe man sich getrennt. Er selbst, so Eberhard K., sei die Ernst-Thälmann-Straße entlang gelaufen. Am Kino „Capitol" habe er dann zufällig seinen Freund Günter getroffen. Günter W. fragte ihn, wohin er gehe. Eberhard antwortete, dass er mit anderen nach Ruth H. suche. Da Günter W. das Mädchen ebenfalls kannte, schloss er sich an. An den Freitreppen des Stadtparks, in Höhe der Jahnabrücke, trafen sie wieder Heinz und Ralf. Zu viert suchten sie nun den Stadtpark ab. Anschließend seien sie nach Göhlis gegangen, am Sportplatz abgebogen und weiter in Richtung Elbwiesen gelaufen. An der Brücke hinter dem Göhliser Konsum habe man sich wieder getrennt. Gemeinsam mit Günter W.

sei er dann in Richtung Volksgut Göhlis am Flutgraben entlang gelaufen, sagt Eberhard. Sein Bruder Heinz und Ruths Bruder Ralf wären auf der Asphaltstraße zum Wasserplatz und dann nach rechts in Richtung Leutewitz gegangen. „Günter und ich liefen am Wäldchen des Volksgutes vorbei und suchten die Gegend ab. Gegenüber vom Volksgut in Richtung der Elbe am Damm fanden wir Ruth. Günter lief hinter mir, und so sah ich zuerst die Tasche liegen und dann das Mädchen", gibt Eberhard K. zu Protokoll. Später schildert er auch seinen Tagesablauf am 1. Mai, der von den Maifeierlichkeiten und dem Rummelaufenthalt geprägt war.

Der an der Suche ebenfalls beteiligte 22-jährige Brenner Heinz K., Eberhards Bruder, schildert ebenfalls den Verlauf der Suche bis zum Auffinden des toten Mädchens. Gegenüber den Aussagen der anderen ergeben sich daraus keine Widersprüche. Er selbst sei am Vortag früh bei der Maidemonstration und anschließend auf dem Rummel sowie in der Tanzdiele bei der Konzertmuschel gewesen. Von 21.45 Uhr bis 5.50 Uhr war er in der Nachtschicht, und dann hatte er zu Hause von 6.15 Uhr bis 14.45 Uhr geschlafen.

Auch der 26-Jährige Günter W. wird noch am Abend des Leichenfundes als Zeuge vernommen. Er arbeitet im Stahl- und Walzwerk Riesa als Anhänger in der Kaltzieherei des Rohrwerkes II. Er sei am 2. Mai gegen 17 Uhr mit Bekannten im Tagescafe in Riesa gewesen, gibt er zu Protokoll. Dort habe er von Ruths Bruder Ralf erfahren, dass dessen Schwester gesucht werde. Über „Ralle", wie er Ralf nennt, sei ihm auch dessen Schwester Ruth bekannt. Daher habe er sich der Suche nach ihr angeschlossen und sei dann noch auf den Rummel gegangen. Später habe er noch Eberhard K. getroffen, der noch immer nach dem Mädchen suchte und sich ihm angeschlossen. „Wir liefen über die Elbwiesen bis fast nach Göhlis, kehrten dann um und liefen auf dem Elbdamm entlang in Richtung des Stadtparks", berichtet Günter. Plötzlich habe Eberhard K. gerufen: „Dort liegt sie!" Wie die anderen drei wird auch Ralf H. eingehend als Zeuge vernommen und muss der Polizei über den genauen Ablauf der Suche nach seiner Schwester Rede und Antwort stehen.

Nach der ersten Tatortarbeit wird die Tote am Morgen des 3. Mai von den Mitarbeitern des Bestattungsinstituts in die Leichenhalle des Krankenhauses Riesa gebracht. Dort untersucht Prof. Dr. med. Wolfgang Dürwald, ein in der DDR und international bekannter Gerichtsmediziner, vom Institut für Gerichtliche Medizin und Kriminalistik der Karl-Marx-Universität Leipzig, die Leiche von Ruth H. Die Obduktion wird unter der Sektionsnummer 658/63 aktenkundig. Auch ein Vertreter der Mordkommission und ein Kriminaltechniker nehmen daran teil. Erkenntnisse aus der gerichtsmedizinischen Untersuchung sollen möglichst schnell in die

Ermittlungen einfließen. Andererseits sollen sie weitere Spuren an der Leiche sichern und Detailfotos machen, die für die Beweisführung wichtig sein könnten. Bei der äußeren Besichtigung der Leiche werden akribisch alle Kleidungsstücke benannt und deren Form, Farbe und Zustand beschrieben. Jedes Teil wird getrennt verpackt und später mit Untersuchungsfragen versehen, die in der kriminaltechnischen Untersuchungsstelle zu klären sind.

Die Gerichtsmediziner kommen zu dem Ergebnis: Es liegt zweifelsfrei ein Tod durch Ersticken vor. Trotzdem sind deutliche Würgemale, etwa durch den Abdruck von Fingernagelenden, nicht erkennbar. Die Gerichtsmediziner kommen in Wertung aller Erkenntnisse zu dem Schluss, dass hier ein breites Drosselwerkzeug, das keine Strang- oder Drosselmarken hinterlässt, benutzt worden sein musste. Als möglich wird angenommen, dass der Täter die Windjacke des Opfers am oberen Rand zusammenzog und diese so als Drosselwerkzeug benutzte. Darauf ließe auch der abgerissene goldfarbene Knopf schließen, der nur durch größere mechanische Krafteinwirkung zerstört worden sein kann, beispielsweise durch die hier angewandte körperliche Gewalt. Weitere Verletzungen deuten daraufhin, dass das Mädchen vor seinem Tod sexuell missbraucht worden war.

„Was is`n nu los?" Erstaunt drehen sich Passanten zur Fahrbahn um, als ein Lautsprecherwagen der Volkspolizei mit dem Martinshorn eine Durchsage ankündigt: „Achtung! Achtung! Hier spricht die Deutsche Volkspolizei! Am 2. Mai 1963 wurde die Schülerin Ruth H., geboren am 4.10.1953, in Riesa am Elbdamm zwischen dem Wasserplatz und der alten Moritzer Fähre tot aufgefunden. Ruth ist 1,35 bis 1,50 Meter groß, scheinbares Alter zehn Jahre. Bekleidet war sie mit einem roten Anorak und trug eine weiße Kinderhandtasche bei sich. Alle Personen, welche sich am 1. Mai 1963 in der Zeit von 19 bis 23 Uhr auf dem Wasserplatz bis zur alten Moritzer Fähre aufgehalten haben und dabei Ruth H. allein oder in Begleitung einer männlichen Person gesehen haben, oder die Angaben über das Tatgeschehen machen können, werden aufgefordert, sich sofort im Volkspolizei-Kreisamt Riesa oder beim zuständigen Abschnittsbevollmächtigten zu melden."

So lautet der Text, den der Polizist durchsagen muss. Am 3. Mai von 18 bis 19.30 Uhr erschallt dieser Aufruf im Stadt- und Randgebiet von Riesa. Hauptmann Wolf, der die Ermittlungen leitet, vermerkt in der Untersuchungsakte, dass der Mitteilungstext zum Sexualverbrechen auch in allen Großbetrieben über Sprechfunk im Kreisgebiet Riesa bekannt gegeben wurde. Auch die Zeitungen in den Kreisen Riesa, Großenhain, Meißen, Torgau, Oschatz, Döbeln und Liebenwerda berichten darüber.

Einem Zeugen war am 1. Mai gegen 23 Uhr ein junger Mann aufgefallen, der von der Ziegeleistraße an der Gartenanlage „Reiter" vorbei in Richtung der Großenhainer Straße gerannt war. Nach dieser Information werden die Meldungen an die Presse zur Fahndung ergänzt. Gesucht wird nun nach einer unbekannten 15- bis 20-jährigen männlichen Person.

Einer Schaufensterpuppe ziehen die Polizisten jene Kleidungsstücke an, die das ermordete Mädchen zum Zeitpunkt ihres Verschwindens getragen hatte. Mehrere Tage lang wird die Puppe in einem Schaufenster in der Riesaer Innenstadt ausgestellt. Die Ermittler hoffen, dass der Anblick der Puppe bei Zeugen schon verblasste Wahrnehmungen in die Erinnerung zurückruft. Eine heute nur selten anzutreffende Methode der Fahndung.

In den folgenden Tagen prüft die Polizei vor allem die Hinweise aus der Bevölkerung. Auch die vier jungen Männer, die das Opfer fanden, werden erneut vernommen. So beteuert Günter W., dass er Ruth letztmalig gegen 20 Uhr mit Jochen K., einem weiteren Bruder von Eberhard und Günter, an der Tanzdiele gesehen habe, wo die Kinder herumtollten und Hasche spielten. Günter W. macht die Kripo auf Willi Z. aufmerksam. Ein Mann, der angeblich manchmal Damenschlüpfer mit nach Hause bringen würde.

Wenig später schwitzt Willi Z. in einer polizeilichen Vernehmung Blut und Wasser und muss peinliche Fragen ertragen. Seiner Aussage nach habe er am 1. Mai von 13 Uhr bis gegen 15 Uhr im Stadtpark mit anderen Bier getrunken und anschließend bis 18 Uhr das Tanzbein geschwungen. Mit einer Friseuse sei er Karussell gefahren, und bis gegen 20.45 Uhr habe er getanzt. Weil ihm der anschließend gezeigte Film „Revue um Mitternacht" nicht gefiel, ging er gegen 21.30 Uhr nach Hause. Zuvor traf er auf die jungen Männer, die nach Ruth suchten. Ob er dabei auch Günter W. gesehen habe, wisse er nicht mehr. Kriminaltechniker untersuchen den stahlblauen Anzug, den Willi Z. am 1. Mai getragen hatte. Er zeigt keinerlei Auffälligkeiten. Gegen Willi Z. ergibt sich somit kein begründeter Verdacht.

Am 3. Mai führen die Ermittler ein Experiment durch, an dem die Brüder Günter und Eberhard K. sowie Günter W. teilnehmen. Die Kripo will prüfen, wie die tatsächlichen Sicht- und Wahrnehmungsverhältnisse am Fundort der Leiche waren. Auf diese Weise sollen die Aussagen der jungen Männer überprüft werden. Konnten sie tatsächlich die Tasche des Opfers und die Leiche von ihren Standorten aus sehen? Doch dabei ergeben sich keine Widersprüche zu ihren Aussagen.

An den folgenden Tagen versuchen die Ermittler auch das Geschehen am Tanzboden aufzuklären, wo Ruth von Zeugen zuletzt gesehen worden war. VP-Major Ursula Marschall von der Kripo der BDVP Dresden befragt dabei auch den fast zehnjährigen Helmut, einen Spielkameraden von Ruth H. Gemeinsam mit Ruth und einem anderen Jungen hatte er am 1. Mai nachmittags auf dem Hof gespielt. Später kaufte Ruth jedem ein Eis und wechselte dabei einen Zehn-Mark-Schein. Sie bezahlte auch mehrere Karussellrunden, kaufte Lose und gewann sechs Untersetzer und ein Teesieb. Anschließend waren sie alle an der Tanzfläche im Stadtpark und spielten dort. Das letzte Mal, bevor er durch seinen älteren Bruder nach Hause geschickt wurde, sah Helmut Ruth bei Tanzbeginn am Rande der Tanzfläche. Gegen 20 Uhr bemerkte die 16-jährige Zeugin Renate H. die später Vermisste an der Tanzfläche. Ruths Tasche lag auf einem Stuhl. Auf Renates Rat, dass sie nach Hause gehen sollte, meinte Ruth aber, sie könne noch bleiben. In Ruths Nähe hatte die Zeugin keine Leute gesehen, die sie kannte. Auch die Alibis der Arbeitskollegen von Ruths Vater werden überprüft. Insgesamt sieben Männer hatten mit Karl H. im Bierzelt gesessen und getrunken. Aber auch diese Ermittlungen führen zu keinem Verdacht.

Alfred Wolf, der Chef der Mordkommission, verfasst nun einen weiteren Zeugenaufruf. In der Hoffnung, dass der entscheidende Hinweis kommt, wird der Aufruf über den Betriebsfunk aller großen Riesaer Betriebe gesendet. Tausende hören ihn auf diese Weise. Danach meldet sich der 55-jährige Herbert W. bei der Polizei. Er hätte am 1. Mai bei seinem abendlichen Spaziergang auf dem Leinpfad gegen 20.15 Uhr für etwa eine Viertelstunde auf einer Bank gesessen und Geräusche aus Richtung des Rummels gehört. Sein Rückweg führte entlang der Asphaltstraße, parallel zum Hochwasserdamm. Die Ermittler rekonstruieren den Weg des Mannes. Vom Fundort der Leiche aus werden von einer Frau die Schreie „Hilfe" und „Mama" nachgestellt. Doch das Experiment ergibt, dass der Zeuge derartige Rufe niemals hätte hören können.

In Ruths Schule erfahren die Männer von der Mordkommission, dass die Neunjährige ein sehr zurückhaltendes Mädchen war, das sich im Hintergrund hielt, besonders wenn sie sich beobachtet fühlte. Nach Unterrichtsschluss sei sie vielfach nicht gleich nach Hause gegangen. Stattdessen wanderte sie öfters an der Elbe entlang. Ruth war körperlich gegenüber ihren Klassenkameradinnen schon etwas weiter entwickelt.

Zu dieser Zeit arbeiten 16 Kriminalisten und 7 Abschnittsbevollmächtigte täglich zwischen 12 und 14 Stunden an dem Fall. Alfred Wolf, der Chef der Mordkommission, hat fünf Brigaden gebildet, die täglich Aufgaben erhalten und zum Dienstschluss abrechnen müssen. Aus der Bevölkerung gehen 112 Hinweise ein. 170 Schulkinder werden befragt. 163 bekannte Straftäter aus den Kreisen Riesa, Großenhain und Meißen sowie weitere 70 Ganoven innerhalb der DDR werden überprüft. Es finden 34 Gegenüberstellungen statt. Bei insgesamt 26 Elbeschiffern, acht Schaustellern und elf psychisch kranken Personen überprüft die Polizei das Alibi. Sie stellt 13 unbekannte Personen fest, die sich in den Kreisgebieten aufhalten und in Scheunen, Ställen und Heuschobern nächtigten. Drei von ihnen werden ermittelt und überprüft – alles vergebens. Nach zwei Wochen führt die Spur wieder zurück in den Bekanntenkreis der Ruth H.

Eine neuerliche Vernehmung von Günter K., dem etwa gleichaltrigen Freund von Ruths Bruder Ralf. Er hatte am 3. Mai unter anderem ausgesagt, dass er seine Freundin Betty um 18.21 Uhr an der Bushaltestelle verabschiedet habe. Danach habe er an der Konzertmuschel Günter W., den bereits 26-jährigen Rohrzieher aus dem Walzwerk II, getroffen und mit ihm noch ein Bier getrunken. Sein Namensvetter sei dann weggegangen, ohne zu sagen wohin. Kurz nach 19 Uhr habe Günter K. seinen Bruder Joachim gemeinsam mit Ruth H. und anderen an der Tanzfläche gesehen. Gegen 20.15 Uhr habe er dann seinen Bruder Eberhard getroffen und mit ihm Ruths Bruder Ralf. Zu dritt hätten sie dann an der Konzertmuschel auch gegen 21 Uhr den älteren Günter W. wiedergetroffen. Da der kein Geld mehr hatte, bezahlte Günter K. ihm die „Walzerfahrt". Gegen 21.45 Uhr habe man sich dann von dem Stahlwerker Günter W. vor dessen Wohnhaus verabschiedet.

In den Vormittagsstunden des 21. Mai 1963 rutscht Günter K. auf einem unbequemen Holzstuhl bei der Riesaer Polizei unruhig hin und her. „Na dann erzählen Sie mal", fordert ihn einer der Ermittler auf, „was haben Sie in Ihrer ersten Vernehmung denn verschwiegen?" Und Günter K. berichtet: Er habe den älteren Günter W. beim zweiten Zusammentreffen gegen 21 Uhr gefragt, woher er denn jetzt komme. W. habe ihm da gesagt, dass er einen Kerl mit einem Mädchen getroffen habe. Über das Mädchen seien er und der Kerl dann „hinweggerutscht." Mit „über-sie-hinweg-rutschen" hätte W. unzweifelhaft den Geschlechtsverkehr gemeint, zumal er ihm noch gesagt hätte, dass ihm „alles in die Hose gegangen" sei. Auch habe ihm Günter W. die durchnässten Kniestellen seiner Hose gezeigt. Wer der andere „Kerl" und wer „das Mädchen" waren, das habe ihm Günter W. nicht erzählt.

Wenige Stunden später sitzt der 26-jährige Stahlwerker vor den beiden VP-Offizieren Günter Schütze und Heinz Drechsler im VPKA in Riesa. Günter W. versucht anfangs mit Ausreden an der Wahrheit vorbeizukommen, gibt aber bald auf. Den von ihm benannten „Kerl" und dessen „Mädchen" gibt es gar nicht. Schließlich verfasst er ein kurzes, vor Fehlern strotzendes Geständnis. Daraus geht hervor, dass er Ruth H. zunächst vergewaltigt und anschließend getötet hat – aus Angst entdeckt zu werden. In den folgenden fast 15 Stunden berichtet er ausführlich über das Verbrechen: Günter W. hatte am 1. Mai früh gegen halb sieben die Wohnung seiner Mutter verlassen und nahm ab 8 Uhr am Maiumzug teil. Zwischen 10.30 Uhr und 11 Uhr besuchte er seine Mutter in der Gaststätte „Stadt Leipzig", die dort als Reinigungskraft arbeitet. Sie gab ihm fünf Mark. Davon kaufte er sich zwei Bockwürste und Fassbrause. In den Mittags- und Nachmittagsstunden hielt er sich allein im Stadtpark auf und besuchte den Rummel am Leninplatz. Gegen 17 Uhr sah er die ihm bekannten Brüder Günter und Eberhard K. und „Ralle", Ruths Bruder Ralf, sprach aber nicht mit ihnen. Gegen 19.30 Uhr habe er Ruth H. und einige andere Kinder an einem Tisch in unmittelbarer Nähe der Konzertmuschel bemerkt. Er sah auch Günter K., der gerade mit seiner Schwester Jutta tanzte. Kurz vor 20 Uhr hörte Günter W., wie „Ralle" seine Schwester Ruth aufforderte, nach Hause zu gehen. „Ich stand unmittelbar neben den beiden", sagt er. „Ralle" sei dann weggegangen, und er sei neben Ruth stehengeblieben. Es war der erste Kontakt zu seinem Opfer an diesem Abend.

Günter W. berichtet, dass er an diesem Tag eine stetig stärker werdende sexuelle Erregung gespürt habe. Einige Mädchen seines Alters und auch jüngere, die er gesehen hatte, ließen bei ihm den Gedanken reifen, Ruth zu missbrauchen.

Damit sie mit ihm kommt, fragt er sie, ob sie Hunger habe und verspricht ihr eine Bockwurst sowie Limonade. Ruth willigt ein, und beide gehen zum Imbiss. Es wird langsam dunkel, die Parkbeleuchtung schaltet sich ein. Als Ruth bei Bockwurst und Limo an einem Tisch sitzt, steht Günter W. ein Stück von ihr entfernt und wartet, „damit man mich nicht zusammen mit ihr sieht", sagt er. Nachdem sie gegessen und getrunken hat, fordert Günter W. das Mädchen auf, zum neuen Bootshaus zu gehen und dort auf ihn zu warten. „Ruth hatte Vertrauen zu mir. Sie kannte mich ja als Freund ihres Bruders Ralf", sagt Günter W. Etwa fünf Minuten später ging er zu dem Treffpunkt, schaute sich immer wieder um. Niemand sollte ihn sehen. „Ich will einmal!", habe er zu Ruth gesagt. „Ficken" habe er gemeint, sich aber nicht getraut, es ihr gegenüber so offen auszudrücken.

Die neunjährige Ruth verstand wohl nicht ganz, was ihr Begleiter tatsächlich wollte. Sie habe nur geantwortet: „Das darfst du nicht." Auf seine Frage, ob sie wüsste, warum er mit ihr am Bootshaus sei, habe sie geantwortet: „Nein". Während dieses

Gespräches laufen beide in Richtung alte Moritzer Fähre und biegen schließlich auf den schmalen Pfad unter der Lindenallee ein. Dort ließ Günter W. das Mädchen vorausgehen, damit er sie im Auge behalten konnte. Sie sollte ihm nicht weglaufen. Dann habe Ruth gesagt, dass sie nun nach Hause müsse. Günter W. überredet sie jedoch, weiter mitzukommen. Etwas später habe Ruth gesagt, dass sie nicht mehr weiterlaufen könne und er habe vorgeschlagen, etwas auszuruhen.

Günter W. berichtet weiter, dass sie sich am Hang in Richtung der Elbe ins Gras gesetzt hätten. Dort habe er den Schlüpfer des Mädchens zur Seite gezogen und ihr Geschlechtsteil berührt. „Ach, das willst du", habe Ruth gesagt. Das Mädchen schien zu begreifen, was Günter W. von ihr wollte. Der 26-Jährige gibt an, dass er zu diesem Zeitpunkt schon stark sexuell erregt gewesen sei. Das Mädchen sei verstört gewesen und wollte nach Hause. Noch einmal gelingt es Günter W., Ruth zu überreden, noch ein Stück zu gehen, aber jetzt hält er sie am Arm fest. Ruth reißt sich los und rennt davon. Günter W. holt sie ein, packt sie wieder am Arm und sagt: „Komm nur, es dauert nicht lange." Ruth habe nun richtig Angst bekommen und versucht, sich wieder loszureißen. Aber der körperlich überlegene Stahlwerker packt sie von hinten und hält ihr mit seiner rechten Hand den Mund zu. „Ich wollte verhindern, dass sie schreit", sagt er. Dann bringt er das Kind zu Fall. Ruth liegt schließlich rücklings im Gras. Körperliche Gewalt paart sich jetzt mit Günter W.s rasender sexueller Lust. Er schlägt dem Mädchen zweimal ins Gesicht, um ihren Widerstand zu brechen. Ruth versucht, mit dem Oberkörper nach oben zu kommen. Sie weint. Ihr Peiniger hält ihr Mund und Nase zu und drückt sie mit seinem Oberkörper fest auf den Erdboden. Als er ihr den Schlüpfer herunterzieht, habe sie keinen Widerstand mehr geleistet, sagt der 26-jährige.

Bis ins Detail beschreibt er den Ermittlern den grausamen Akt der Vergewaltigung des Kindes. Am Ende habe das Mädchen regungslos am Boden gelegen, als er sich die Hose wieder zugeknöpft habe, sagt Günter W. „Sie gab keinen Laut von sich. Ich dachte, sie wäre erschöpft."

Aus Angst, entdeckt zu werden, zieht Günter W. dem leblosen Mädchen den Schlüpfer wieder an, umfasst sie von hinten und zieht sie etwa 150 Meter in Richtung des Hochwasser-Schutzdammes. Er bringt den Mädchenkörper über den Hochwasserdamm und lässt ihn auf der anderen Dammseite in das angrenzende Feld hinabrollen. Dort schaut er nach, ob er das Mädchen verletzt hat und bekommt Angst. Die ganze Sache könnte herauskommen, wenn Ruth aufwacht und darüber redet. Das will er unbedingt vermeiden und fasst den Entschluss, das Kind zu töten. Hastig reißt er Gras und Klee aus der Wiese und stopft es Ruth in den Mund. Mit der rechten Hand hält er ihr die Nase zu, mit der linken Hand drückt er auf ihren Kehlkopf. Ruths Arme hätten noch mehrmals stark gezuckt, schildert Günter W. Dann weicht das Leben aus dem kindlichen Körper.

Günter W. ist sicher, dass sein Opfer nicht mehr lebt und nichts mehr über ihn sagen kann. Er handelt überlegt, sucht fieberhaft nach der Tasche des Mädchens. Es soll nichts gefunden werden, was eine Suche nach dem Kind in dieser Gegend auslösen könnte. Am Weg findet er die Tasche und legt sie ohne hineinzusehen neben dem Kopf der Toten ab.

Rasch kehrt Günter W. exakt auf demselben Weg zurück zum Tanzboden und achtet darauf, dass ihm niemand begegnet. Er kommt gerade zur Tanzpause an und sucht nach seinem Namensvetter Günter K. Er findet ihn und trifft dabei auch auf dessen Bruder Eberhard und Ruths Bruder Ralf.

Günter K. fragt ihn, woher er komme, und der Stahlwerker erzählt die Geschichte von dem „Kerl", den er getroffen habe und dem „Mädchen", über das sie „hinweggerutscht" seien. Der Vernommene beendet seine Schilderungen damit, dass er zu Hause noch mit seiner Mutter gesprochen habe und anschließend zu Bett gegangen sei.

Nach dieser Vernehmung wird Haftbefehl wegen heimtückischen Mordes erlassen. Um ein Notzuchtverbrechen zu verdecken, hatte er einen Menschen getötet. Am 22. Mai 1963 wird Günter W. in die Untersuchungshaftanstalt Dresden eingeliefert.

Durch weitere Ermittlungen werden dem Beschuldigten – so steht es in den Akten – noch andere Verbrechen nachgewiesen. So hatte er zuvor, vom Dezember 1962 bis April 1963, homosexuelle Beziehungen zu einem Jugendlichen. Im Sommer 1962 verging er sich gemeinsam mit neun anderen, größtenteils jugendlichen Personen wiederholt gewaltsam an einer geistig verwirrten weiblichen Person im Stadtpark von Riesa. Alle seine Mittäter werden inhaftiert.

Noch ehe die Ermittler den Fall an die Staatsanwaltschaft abgeben, befragen sie Zeugen, die zum bisherigen Leben des Günter W. Auskunft geben können. Sie wollten wissen, warum es soweit kommen musste.

Günter W. verlor seinen Vater und seinen ältesten Bruder im Krieg. Beide fielen 1944. Im Alter von elf und zwölf Jahren fiel Günter erstmals durch Diebstähle auf.

Er verbrachte längere Zeit in Jugendwerkhöfen, wo er auch in einer Gärtnerei arbeitete. Mit 18 Jahren wurde er entlassen und wohnte seitdem bei seiner Mutter. Sie hatte schon lange keinen Einfluss mehr auf ihren Sohn. Niemals hatte er sich seiner Mutter in persönlichen oder sonstigen Dingen anvertraut. Günter galt als Einzelgänger und Eigenbrötler, der oft stures Verhalten an den Tag legte. In seiner geistigen Entwicklung blieb er zurück, kann aber seiner Handlungen steuern und kontrollieren.

Die psychiatrische Begutachtung des Beschuldigten erfolgt im Haftkrankenhaus Waldheim. Dort soll die medizinische Seite des Falles geprüft werden, auch wenn die Ermittler während der Vernehmungen keine Hinweise auf eine seelische Erkrankung feststellen konnten. Eine geistige Erkrankung könnte seine Verantwortung für den Mord mindern. Aber auch der Chefarzt des Haftkrankenhauses und Leiter der psychiatrischen Beobachtungsabteilung Waldheim, Dr. Manfred Ochernal, kommt in seinem 31-seitigen Gutachten zum Schluss, dass Günter W. „während der Beobachtungszeit zeitlich und örtlich voll orientiert gewesen" sei. Hinweise oder Beweise für Schizophrenie, manische Depressionen oder andere seelische Krankheiten werden nicht festgestellt.

Aber Günter W. war ein unsteter Mensch. Oft wechselte er die Arbeitsstelle. Mal war er als Transportarbeiter und Beifahrer in der Felsenkeller-Brauerei und im Ölwerk Riesa tätig. Auf dem Bahnhof verdingte er sich als Güterbodenarbeiter. Auch als Losverkäufer bei einem Schausteller arbeitete er. Die LPG „Neuland", die Zuckerfabrik, die Zündholzfabrik und schließlich das Stahl- und Walzwerk Riesa folgten als Arbeitsstellen. Vor seiner Einstellung als Anhänger in der Kaltzieherei des Rohrwerkes II war Günter W. auch Hofkehrer im Stahlwerk. Er wurde meist nur zu Nebenarbeiten eingesetzt. Aber die erledigte er zur Zufriedenheit seiner Vorgesetzten. Doch Günter W. meldete sich oft krank und fehlte öfters unentschuldigt. Während der Nachtschicht trafen ihn Kollegen schon mal schlafend an. Nach Feierabend trieb er sich gern auf der Straße herum. Seine Vorliebe galt der Mitropa-Gaststätte des Bahnhofes Riesa, wo er fast täglich einkehrte.

Günter W. hat auch Leben gerettet. Bei einem Betriebsausflug am 30. Juni 1962 zog er einen kleinen Jungen aus einem See und bewahrte ihn vor dem Ertrinken. Während der Ermittlungen zum Tod von Ruth H. erzählt Günter W. seinen Kollegen, dass er zwar die Leiche gefunden habe, aber darüber schweigen müsse. Einen Tag vor seiner Verhaftung sagt er dennoch zu Kollegen, dass der Fährtenhund der Polizei wegen des Regens keine Spur aufnehmen konnte. Deswegen werde der Täter wohl nie gefunden. Als ein Kollege darauf erwiderte, dass man den Täter

Nach der Festnahme rekonstruiert die Polizei mit dem mutmaßlichen Mörder das Verbrechen am Tatort.

vielleicht schon ergriffen hätte, da verplapperte sich Günter W. und sagte: „Das müsste ich doch wissen!". Der erstaunte Kollege fragte: „Wieso?" Ausweichend äußerte Günter W. daraufhin, dass man ihn dann schon längst als Zeugen geladen hätte. Günter W. gibt vor der Polizei später zu, dass er sich in diesem Augenblick fast selbst verraten hätte.

Günter W. hatte während der polizeilichen Ermittlungen aufmerksam alle Veröffentlichungen und Aufrufe verfolgt. Er spielte mit dem Gedanken, acht Tage Urlaub im Vogtland zu machen und von dort nach Westdeutschland zu fliehen. Das habe er aber wieder verdrängt, da ihm einerseits die finanziellen Mittel für die Reise fehlten und andererseits ein so kurzfristig beantragter Urlaub auch aufgefallen wäre.

Günter W. wird angeklagt und vom 2. Strafsenat des Bezirksgerichtes Dresden wegen Mordes entsprechend des Antrages der Staatsanwaltschaft zu lebenslangem Zuchthaus verurteilt.

Wie lange Günter W. in Haft blieb, ob er noch lebt und wenn ja, wo, ist unbekannt. Ruth H. wäre jetzt 53 Jahre alt.

DAS DRAMA IM „HIRSCH" ZU RADEBURG

VON FRANK NICOLAUS

Es ist neun Uhr am Donnerstag, dem 5. November 1964, als Elsa Sch. den Schlüssel an der Tür „Zum Hirsch" im Schloss herumdreht. Jeder in Radeburg kennt das Gasthaus am Markt. Elsa betritt es wie jeden Morgen. Seit elf Jahren arbeitet sie nun schon für die Wirtsleute Thomschke. Die Wirtin heißt Elsa wie sie und ist 54 Jahre alt. Paul Thomschke ist schon 72 und hat viel erlebt in der Gaststätte, in der es öfter hoch hergeht. Hier tagt der Karnevalsverein, und für viele Radeburger ist der „Hirsch" zu dieser Zeit die Stammkneipe.

Paul Thomschke wohnt seit 1951 in dem Haus. Zuerst hatte er das damalige Hotel „Zum Hirsch" nur gepachtet. 1953 entschloss er sich zum Kauf. Hier lernte er auch seine Frau kennen. Sie war als Wirtschafterin beschäftigt. Aber geheiratet hat er Elsa erst zehn Jahre später – 1963, nachdem er wegen eines Schlaganfalls längere Zeit im Krankenhaus verbringen musste. Seit dem Frühjahr 1964 beherbergt der „Hirsch" keine Übernachtungsgäste mehr. Aber die Thomschkes führen das Haus als Gaststätte weiter.

Putzfrau Elsa Sch. reinigt hauptsächlich die Gaststätte, kümmert sich aber auch um verschiedene andere Dinge im Haus. Sie versteht sich mit Thomschkes sehr gut und hat fast schon ein familiäres Verhältnis zu dem Ehepaar. Vor drei Tagen, am 2. November, hatte sie von 9 bis gegen 17.45 Uhr zuletzt im „Hirsch" sauber gemacht. Dienstags und mittwochs hat die Gaststätte geschlossen – Ruhetag.

An diesem Donnerstag spürt Elsa Sch. eine ungewöhnliche Stille, als sie das Haus betritt. Sie geht wieder hinaus und klopft an die Fensterläden der Gaststätte. Aber niemand reagiert. Sie geht durch die Durchfahrt im Haus und will in den Hausflur. Auch diese Tür ist verschlossen. Thomschkes sind offensichtlich nicht daheim. Sie hat ein Paket aus Westdeutschland für die Thomschkes bei sich. Der Postbote hatte gestern zwei Mal vergeblich am „Hirsch" geklingelt, aber Thomschkes hatten nicht geöffnet. Dann hatte der Postbote das Paket bei Elsa Sch. abgegeben, als er sie vor dem Lokal traf. Elsa Sch. wusste, dass die Wirtsleute am Dienstag oder Mittwoch nach Königsbrück fahren wollten. Das hatte Elsa Thomschke ihr

Die stadtbekannten Wirtsleute vom Radeburger „Hirsch": Paul und Elsa Thomschke.

am Montag erzählt. Deshalb geht die Putzfrau ins Haus, um das Paket und einige Weidenkätzchenzweige zu hinterlassen. Sie erschrickt, als sie Blutspritzer an der Küchentür entdeckt.

Die Stille, das Blut – Elsa Sch. wird es unheimlich, sie macht kehrt und läuft zurück zu ihrem Auto. Dort legt sie das Paket und die Zweige ab und kehrt zum Haus zurück. Sie geht bis zur Küche und klinkt an der Tür. Die ist unverschlossen. Ungewöhnlich, denkt Elsa Sch., denn Thomschkes schließen stets alle Türen, sogar in der Nacht und erst recht, wenn sie das Haus verlassen. Ohne die Küche zu betreten, verlässt die Putzfrau völlig verstört das Haus und trifft draußen auf Karl O., den sie alle nur „Eis-Otto" nennen. Er kommt jeden Morgen gegen neun Uhr auf ein Bier zu Thomschkes. Er ist mit den Wirtsleuten befreundet.

„Mensch Karl, komm mal mit, mir ist das unheimlich", spricht Elsa Sch. ihn unvermittelt an. Elsa zeigt ihm das Blut an der Küchentür. Nun überlegen beide, ob es kürzlich eine Kneipenschlägerei gegeben oder ob Paul Thomschke wieder einen Blutsturz erlitten haben könnte. Gemeinsam gehen sie in die Küche. Dort ist niemand, doch auf dem Küchenstuhl entdecken sie Paul Thomschkes Kleidung. Elsa Sch. weiß, dass Paul gewöhnlich vor dem Zubettgehen seine Sachen dort ablegt. Nun gehen beide eine Etage höher und klopfen an die Schlafzimmertür. Keine Antwort. Karl O. entschließt sich, zum Bürgermeister zu gehen, und Elsa wartet vor der Haustür. Bürgermeister Herrmann Schild versucht, den Abschnittsbevollmächtigten (ABV) Gerhard Neugebauer zu erreichen. Doch der ist wegen einer anderen Sache unterwegs. Deshalb verständigt der Bürgermeister das Volkspolizei-Revier Radebeul. Auch der Schlossermeister wird gerufen. Er soll Haustür, Schlafzimmertür und Keller öffnen. Der Handwerker kennt sich mit den Schließgewohnheiten der Thomschkes aus und weiß, dass sie in der Haustür und in der Tür zur Gaststube stets den Schlüssel von innen stecken lassen. Doch diesmal sind die Schlüssel abgezogen. Wenig später suchen Volkspolizisten im Haus nach den Thomschkes. Sie folgen auch einigen Blutspuren, die von der Küchentür in Richtung Kellertreppe führen. Im Hausbrunnen finden sie schließlich Elsa und Paul Thomschke. Beide liegen in mehreren Metern Tiefe, und es ist kein Lebenszeichen mehr zu vernehmen. Sie müssen tot sein. Der Brunnen befindet sich etwas verborgen in einer Nische an der Treppe. Diese Nische ist nur 50 Zentimeter breit und 94 Zentimeter hoch in die Wand eingelassen und mit einem Holzverschlag verdeckt. Die Umstände begründen den Verdacht eines Tötungsverbrechens.

Die Morduntersuchungskommission (MUK) in Dresden wird alarmiert. Unter Leitung ihres Chefs, Hauptmann Alfred Wolf, fährt sie auf schnellstem Wege nach Radeburg. Es vergehen Stunden, ehe die beiden Leichen aus dem tiefen Brunnen geborgen sind. Währenddessen sind im Haus die alten „Spurenfüchse" Hauptmann Helfried Stiefenhofer und Oberleutnant Heinz Drechsler bei der Arbeit.

Der Hausflur des Gasthauses „Zum Hirsch" direkt am Markt. Hier findet die Polizei einige Blutspuren.

„Na Stiefel, wie sieht es aus, haben wir was Brauchbares?", fragt Wolf den Kriminaltechniker, der auf dem Küchenboden umherkriecht. Helfried Stiefenhofer richtet sich leise ächzend auf. „Also, auf dem Steinfußboden im Hausflur gegenüber der Küchentür wurde Blut aufgewischt, da gibt es eingetrocknete Blutflecke. An der Außenseite der Küchentür und auch an der Wand sind in 120 Zentimeter Höhe angetrocknete Blutspritzer verschiedener Größe. Auch ein Haarbüschel und einen blutigen Schneidezahn haben wir gefunden. In Richtung Kellertür gibt es geringe Blutwischer. An der braunen Kachelwand der Küche haben wir bis jetzt zwölf Fingerspuren gesichert und an der Kachelwand zum Keller hin noch mal zwei. Auf der Kellertreppe abwärts bis zum Hausbrunnen gibt es jetzt noch feuchte Verwischungen aus Blut und Wasser mit Ablaufspuren an den Kellerstufen. Und auf der achten Kellerstufe ist ein pfenniggroßer Blutfleck erkennbar. Direkt vor den Brettern der Brunnenabdeckung haben wir einen blutigen Backenzahn gefunden. Interessant ist auch ein in Blutwasser getretener Schuhabdruck, der ist zwar nur teilweise sichtbar, aber ein Rhombenmuster ist deutlich zu erkennen." Stiefenhofer holt kurz Luft und rasselt seinen ersten mündlichen Bericht weiter runter. „Den Teilabdruck habe ich mit Kupferoxyd und Transparentfolie gesichert. Ist garantiert vom Täter."

Stiefenhofer ist sichtlich stolz. Nicht an jedem Tatort kann er dem Chef so gute Nachrichten von der Spurenlage geben. Hier schon. „Eine Vorprobe mit Wasserstoffperoxyd auf Blut ist positiv. Übrigens ist die Telefonanschlussschnur links von der Theke abgetrennt worden. Tja, und der Stecker fehlt. Auf der sechsten und achten Betonstufe zum ersten Obergeschoss ist wieder das gleiche in Blut getretene Rhombenmuster. An der rechten Ölwand im Obergeschoss im Gang

Die Kriminalisten finden auch an der Tür zur Küche Blutspuren, aber im Raum schien nichts verändert.

gegenüber dem Wohnzimmer sind in 130 Zentimetern Höhe auch mehrere Blutwischer. Auch an der Seitenwand und an den vorderen Stufenteilen zum Aufgang in das zweite Obergeschoss haben wir ebenfalls welche gefunden. Schließlich gibt es in einem Bett am Kopfkissen geringe Blutspuren", berichtet Stiefenhofer. Oberleutnant Drechsler fügt hinzu, dass bis jetzt alles darauf hindeute, dass der oder die Täter in der Gaststube irgendetwas gesucht hätten.

In Gedanken versucht Hauptmann Wolf, sich aus den Spuren ein Bild zu machen. Er rekonstruiert den Anblick, der sich im Brunnen bot: Die Leiche von Elsa Thomschke lag mit Gesäß und Rücken nach oben und mit dem Kopf und den Armen nach unten auf der Leiche ihres Ehemannes Paul im Brunnen. Der Mann selbst lag auf dem Rücken mit nackten, angewinkelten Beinen auf dem Grund des mit Wasser gefüllten Brunnens. Seine graue Unterhose war bis auf die Unterschenkel und Füße hinabgezogen, sein grau-weiß gestreiftes Hemd bedeckte das Gesicht. Auf den Leichen lag ein grauer Wassereimer, darin ein blutgetränkter Scheuerlappen, eine Haarklemme, einige dunkle und künstlich gekräuselte Haare, ein Hammer mit abgebrochenem Stiel und der 26,5 Zentimeter lange dazugehörige Stielrest sowie ein Stück menschliche Kopfhaut mit Haaren. Auch eine beigefarbene Damenstrickjacke, eine blutige Tischdecke und ein Paar beigefarbene Damenhalbschuhe lagen bei den Leichen im Brunnen. Das alles hatten die Bergungskräfte zutage gefördert. Vom Brunnenrand bis hinunter zum Wasserspiegel wurden 2,90 Meter gemessen. Wolf grübelt einige Minuten, denn er will weiter. „Na dann, auf in die Gerichtsmedizin", sagt er zu seinen Mitarbeitern und veranlasst die Überführung der Leichen nach Dresden.

Im Dresdner Institut für gerichtliche Medizin werden die Toten in den frühen Morgenstunden des 6. November 1964 unter der Leitung des Institutsdirektors Professor Dr. med. Wolfgang Reimann untersucht. Die beiden Obduktionen werden unter den Sektionsnummern 253/64 und 254/64 registriert. Elsa Thomschke, 159 Zentimeter groß und 85 Kilogramm schwer, war noch bekleidet als sie starb. Die Mediziner finden insgesamt 14 mehrere Zentimeter lange Platzwunden vorwiegend am Hinterkopf. Dazu gehört auch eine dreiangelförmige Wunde, an der ein Stück Kopfhaut völlig fehlt. Das im Wassereimer gefundene Stück der Schädeldecke entspricht genau dieser Größe und fügt sich in das Verletzungsbild ein. Dieses Knochenstück muss demnach vom Täter in den Eimer geworfen worden sein. Auch die obere Gesichtshälfte ist weitgehend zertrümmert. Eine kräftige Bluteinatmung in die Lungen lässt darauf schließen, dass diese Verletzungen dem Opfer zu Lebzeiten beigebracht wurden. Die Gerichtsmediziner stellen fest, dass die Schädelverletzungen durch Schläge mit einem stumpfen und kantigen Gegenstand verursacht wurden. Der Täter muss mit erheblicher Wucht zugeschlagen haben. Der Hammerkopf mit einem Gewicht von 530 Gramm, der ebenfalls im Brunnen lag, entspricht den Verletzungen am Schädel. Er kommt als Tatwerkzeug in Frage. Das Blut am Hammer wird später mit der Blutgruppe A bestimmt – Elsa Thomschkes Blutgruppe. Die Morduntersuchungskommission kennt damit das Tatwerkzeug – eines der wichtigsten Beweismittel. Die Blutspuren an der Küchentür deuten daraufhin, dass die Wirtin dort niedergeschlagen worden ist. Als sicher

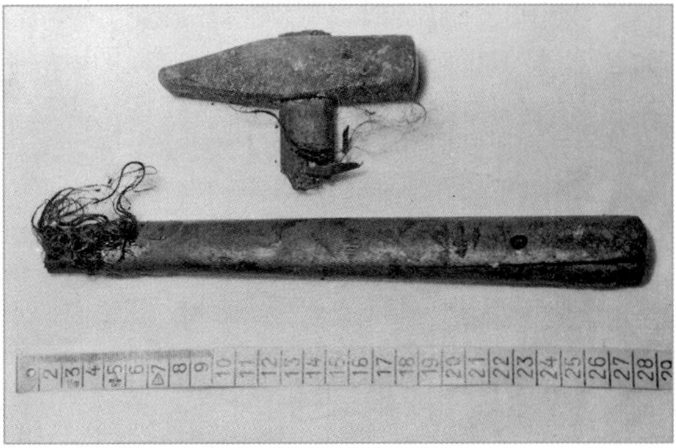

Die Mordwaffe – ein 530 Gramm schwerer Hammer. Mit ihm wurde die Wirtin Elsa Thomschke erschlagen. Dabei zerbrach der Täter sein Mordwerkzeug.

gilt auch, dass der Täter dem am Boden liegenden Opfer noch mehrfach in bereits blutende Verletzungen hineingeschlagen haben muss.

Die Untersuchung der Leiche von Paul Thomschke, der 171 Zentimeter groß und 93 Kilogramm schwer war, führt zu anderen Ergebnissen. Er wurde erdrosselt. Um Paul Thomschkes Hals war noch ein 115 Zentimeter langer und drei Zentimeter breiter Lederriemen geschlungen. Am Hals finden die Mediziner die drei Zentimeter breite Strangmarke. Der Lederriemen war somit das Tatwerkzeug. Zahlreiche punktförmige Blutungen in den Augenbindehäuten sind Folgen eines Blutstaus durch die Drosselung. Eine dreieinhalb Zentimeter lange Platzwunde an der rechten Schläfe, eine stark blutunterlaufene Platzwunde am linken Auge, der Bruch der Halswirbelsäule zwischen dem sechsten und siebenten Wirbelkörper sowie ein Rippenserienbruch von der vierten bis zur zehnten Rippe links zeugen von der Gewalt, mit der der Täter gegen Paul Thomschke vorgegangen war. Er war von mehreren Faustschlägen getroffen worden. Die Mediziner versuchen auch zu unterscheiden, welche Verletzungen der Sturz in den Brunnen verursacht hat, nach dem der Gastwirt vermutlich bereits tot war.

Nach der Obduktion steht fest: Die Morduntersuchungskommission hat es mit einem Doppelmord zu tun, für den es auf den ersten Blick keinen Tatverdächtigen gibt. Bei einem Rundgang mit den Kriminalisten nach der Tatortarbeit fällt der Putzfrau Elsa Sch. auf, dass die wichtigsten Schlüssel im Haus fehlen. Den Hammer, den die Kriminalisten ihr zeigen, kennt sie nicht. Die beiden Hämmer, die sie im Haushalt schon gesehen hat, liegen beide an ihrem Platz. Das Nachthemd aus dem Brunnen identifiziert sie als Kleidungsstück von Elsa Thomschke. Den Lederriemen, der um Paul Thomschkes Hals geschlungen war, kann sie nicht eindeutig zuordnen.

Bei der morgendlichen Lagebesprechung der Morduntersuchungskommission am nächsten Tag sitzen auch Kriminalisten aus anderen Abteilungen mit am Tisch. „Wir müssen in alle Richtungen ermitteln. Am wichtigsten ist aber zunächst, alles über die Opfer zu erfahren. Insbesondere deren unmittelbaren Kontakte in den letzten Tagen. Außerdem müssen wir den Tatzeitraum möglichst eng eingrenzen. Wir suchen alle Personen, die mit Thomschkes zuletzt Kontakt hatten. Jeder wird überprüft. Das sind nach bisherigen Feststellungen die Gaststättenbesucher vom 2. November. Die Gerichtsmediziner gehen davon aus, dass die Tat in der Nacht zum 3. November verübt wurde", sagt Hauptmann Wolf, der Chef. Er teilt seine Männer einzelnen Ermittlungsabschnitten zu. Bald sind die Kriminalisten mit reichlich Arbeit eingedeckt, und jedem ist klar: Der Feierabend liegt wieder mal in weiter Ferne. Ermittlungen nach einem Tötungsverbrechen verlangen vollen Einsatz aller Kräfte, Überstunden sind da selbstverständlich.

Bald wissen die Kriminalisten, dass die Thomschkes in Radeburg als sehr vermögend gelten. Die durchschnittlichen Tageseinnahmen belaufen sich auf 350 bis 400 Mark. Das Geschäftskonto wies einen Kontostand von 667 Mark auf. Nachprüfungen ergeben, dass sich dort nie mehr als 3 000 Mark befanden. Doch Thomschkes besaßen ein Gesamtbarvermögen in Höhe von 125 000 Mark, eine Getreidemühle mit Landwirtschaft in Oberrödern, eine weitere Getreidemühle in Oberlichtenau bei Kamenz, ein Zweifamilienhaus in Königsbrück sowie das Hotel Hirsch in Radeburg. Dieses lief recht gut. Ein Blick in die Bücher verrät für 1962 Umsätze von 83 700 Mark, bei einem Reingewinn von 7 400 Mark und für 1963 von 122 000 Mark bei einem Reingewinn von 10 250 Mark. Paul Thomschke hat drei Söhne, von denen zwei bereits gestorben sind. Der dritte lebt in Westdeutschland. Außerdem hat der Wirt zwei Brüder und zwei Schwestern. Seine Geschwister werden von der Polizei vernommen, können jedoch keinerlei Angaben machen, die die Kriminalisten weiterbringen. Von Elsa Thomschke können die Ermittler kaum Verwandte ausfindig machen, lediglich zwei Tanten und einen Onkel, zu denen sie jedoch schon seit vielen Jahren keinen Kontakt mehr hatte.

Die Ermittlungen konzentrieren sich deshalb auf den letzten Öffnungstag des Lokals, den 2. November 1964, einem Montag. Serviererin Maria Sch., seit knapp drei Jahren im „Hirsch" beschäftigt, wird ebenso wie Elsa Sch. in den nächsten Tagen mehrfach von der Kripo vernommen. Die 33-jährige Kellnerin bedient stets montags und am Wochenende von Freitag bis Sonntag im „Hirsch". Von ihr erfahren die Ermittler, dass die Gaststätte am Montag gut besucht war, der Umsatz sei vermutlich sogar überdurchschnittlich gewesen. Die Zeugin weiß auch, was es mit den so genannten Wechselgeld-Tassen in der Gaststube auf sich hat, die noch wichtig werden sollen. Aus den Schilderungen der beiden Frauen ergibt sich vom Ablauf am Abend des 2. November folgendes Bild: Kellnerin Maria Sch. war in der Nacht zum 3. November gemeinsam mit ihrem Ehemann Saarfried im „Hirsch". Das Personal zählt insgesamt 27 namentlich bekannte Gäste und einige unbekannte Leute auf, die ab 18 Uhr bis zur Schließung gegen halb eins im Lokal waren. Mit Beginn der Polizeistunde um 24 Uhr mussten sich alle Gäste von ihrem Bierglas trennen. Nachdem der letzte Gast die Kneipe verlassen hatte, rechnete Elsa Sch. mit der Wirtin ihre Einnahme von 102 Mark ab. Elf Mark bekam sie sofort ausgezahlt. Währenddessen ging Paul Thomschke schon zu Bett. Er rief noch von oben nach seinem Nachthemd, welches Maria Sch. ihm brachte. Sie und ihr Mann saßen mit Elsa Sch. bis gegen zwei Uhr bei Elsa Thomschke in der Küche. Man plauderte noch. Die Wirtin spendierte jedem einen Schnaps. Sie sagte auch, dass sie mit Paul am nächsten Morgen nach Königsbrück fahren wolle, um Mietangelegenheiten in dem Haus zu klären, das sie dort besäßen.

Maria Sch. hätte wegen der Ruhetage erst am 6. November wieder arbeiten müssen. Am 5. November hatte ihre Kollegin Ilse S. Dienst. Bei der Vernehmung von Ilse S. stellt sich heraus, dass auch sie durch ihre langjährige Arbeit bei den Thomschkes von vielen ganz persönlichen Lebensgewohnheiten der Wirtsleute weiß. Als ihr der Lederriemen gezeigt wird, der um den Hals der Leiche geschlungen war, erkennt sie an der Schnalle, dass es der Gürtel ist, den Paul Thomschke immer nachts getragen hat. Auch das Nachthemd aus dem Brunnen gehöre Thomschkes, weiß Ilse S. Sie weiß auch von Thomschkes Angewohnheit, seine Oberbekleidung stets auf einem Stuhl in der Küche abzulegen, bevor er ins Bett geht und dort auch seine Schuhe abstellt.

Die Öffentlichkeit erfährt offiziell erst am 7. November von dem Doppelmord im „Hirsch". Mit einer knappen Nachricht in der Tagespresse wendet sich die Polizei an die Bevölkerung und bittet um Mithilfe bei der Suche nach dem Täter. Doch die Kripo kann keine Personenbeschreibung liefern. 1.000 Mark Belohnung werden für Hinweise ausgesetzt, die zur Aufklärung des Falles führen. Wenige Tage später veröffentlicht die Polizei ein Bild des Hammers, mit dem die Wirtin erschlagen worden war. Er ist detailliert beschrieben. Die Morduntersuchungskommission hofft, dass jemand das Werkzeug aufgrund der individuellen Merkmale kennt und weiß, wem es gehört.

Tatsächlich melden sich einige Leute und geben Hinweise zu Gaststättenbesuchern am 2. November, zu den Lebensumständen der Opfer, aber auch zu Personen aus dem Umfeld der Thomschkes, von denen die Polizei bisher nichts wusste. So kommen gleich mehrere Hinweise auf den 23-jährigen Forstarbeiter Klaus Schuricht aus Radeburg. Sie werden in den weiteren Ermittlungen immer interessanter. Auch das Bedienpersonal der Gaststätte hatte in den ersten Tagen nach den Morden diesen Klaus Schuricht bereits genannt. Er arbeitet von Zeit zu Zeit als Aushilfskellner im Radeburger „Hirsch" und hat angeblich insgesamt 30 Mark Schulden bei den Wirtsleuten. Die sollte er bei ihnen abarbeiten. So bediente er beispielsweise am 7. Oktober ab 22 Uhr im großen Saal. Schuricht trinkt selbst gern und viel Alkohol und war an diesem Abend bereits angetrunken. Ein Gaststättenbesucher hat Klaus Schuricht auch am 2. November im „Hirsch" gesehen – allerdings als Gast. Schuricht sei jedoch entgegen seiner sonstigen Gewohnheiten nicht lange geblieben. Zwischen 20.15 Uhr und 20.30 Uhr habe er das Lokal betreten und etwas nach 21 Uhr sei er wieder gegangen. Der Zeuge weiß auch noch, dass Schuricht eine braune Manchesterhose getragen und eine ältere, dunkelbraune Aktentasche bei sich trug.

Auch der für Radeburg zuständige Kassierer der Versicherungsanstalt Dresden-Land meldet sich bei der Polizei. Der 25-jährige arbeitet nebenberuflich bei der Versicherung, die damals ihre Kunden zu Hause aufsuchte und die Beiträge in bar kassierte. Auch ihm ist Klaus Schuricht bekannt. Der Forstarbeiter hatte bei ihm eine Lebens- und Unfallversicherung und eine Versicherung für ein Moped, das auf Teilzahlung gekauft worden war. Schuricht lasse sich bei den Kassierungen oft verleugnen und sei offenbar ständig in Geldschwierigkeiten, sagt der Versicherungsvertreter. Vor etwa einem Monat habe ihm Schuricht erzählt, dass er 700 Mark für einen Rechtsanwalt benötige, da er angeklagt worden sei und einen Prozess vor sich hatte. Am 8. September hatte Schuricht seine Lebensversicherung gekündigt und dafür 316,14 Mark ausgezahlt bekommen. Noch im August, als der Versicherungsmitarbeiter 20 Mark für die Mopedversicherung abkassieren wollte, habe Schuricht ihn mit den Worten aus der Wohnung gejagt: „Kommen Sie nicht gleich wieder, sonst hänge ich Sie auf!" Für seine Lebens- und Unfallversicherung war Schuricht bereits seit April 1964 im Rückstand. Im September hatte der Kassierer Klaus Schuricht dreimal erfolglos wegen des ausstehenden Beitrages angesprochen. Auch am 7. November gegen 11 Uhr habe er es erneut versucht. Doch vor Schurichts Wohnungstür sei er einem Mann in Forstuniform begegnet, der ebenfalls zu dem jungen Mann wollte. Zu Hause war aber nur Frau Schuricht. Ihr Mann sei nicht da, habe sie die beiden Besucher wissen lassen. Der Mann vom Forst glaubte aber, Schurichts Stimme gehört zu haben. Eine Stunde später war es dem hartnäckigen Versicherungsangestellten tatsächlich gelungen, Schuricht zu Hause anzutreffen. Dieser versuchte ihn anfangs zu vertrösten, dass er kein Geld habe, bat ihn aber dann in die Küche. Als der Kassierer mit einer Mahnung und einem Bericht an die Versicherungsanstalt drohte, zeigte sich Schuricht einsichtig und verschwand für drei Minuten im Wohnzimmer. Als Schuricht zurückkam, habe er ihm in Ein- und Zweimarkstücken insgesamt 20 Mark und 40 Pfennige vorgezählt, sagt der Versicherungsvertreter aus. „Na ja, es hat gerade so gereicht", habe Schuricht erklärt und dabei sehr ruhig und unauffällig gewirkt. Dem Zeugen erschien diese Menge Kleingeld ungewöhnlich, angesichts der Tatsache, dass Schuricht überhaupt Geld hatte.

Schließlich spricht auch der mit Klaus Schuricht befreundete 24-jährige Rolf M. höchst beunruhigt bei der Polizei vor. Beide würden sich seit 1955 kennen, sagt er. Schuricht habe damals noch im Gasthof seiner Tante gewohnt. Später habe er ihn in Radeburg wieder getroffen, sagt Rolf M. Schuricht habe sich oft kleinere Geldbeträge bei ihm geborgt, am Gehaltstag aber stets alles zurückgezahlt und gelegentlich kleine Geschenke wie Kaffee und Zigarren gemacht. Vor etwa drei Wochen sei er mit Schuricht, wie schon oft zuvor, Pilze sammeln gewesen. Dort habe ihm Schuricht erklärt: „Bis Weihnachten muss Geld her. Es spielt keine Rolle wie." Seit einigen Tagen nun habe sich Schurichts Verhalten ihm gegenüber verändert. Er wirke verstört und gehe nicht mehr wie sonst in die Gaststätte. Schuricht habe ihm erzählt, dass er am 2. November auch im „Hirsch" gewesen sei und das Lokal „hinten raus" verlassen habe. Seit etwa drei Wochen gehe Schuricht keiner Arbeit mehr nach. Schurichts Ehefrau, die ebenfalls zu Hause ist, hätte am 5. November zwei Paar Kinderschuhe gekauft. Und Rolf M. erzählt, dass auch Anoraks für die Kinder angeschafft werden sollten. Er hielt diese Ausgaben für auffällig, da Schuricht eigentlich immer in Geldschwierigkeiten war, auch wenn er arbeiten ging und verdiente.

Besonders beunruhigt Rolf M. jedoch der Umstand, dass zwei seiner insgesamt 15 Hämmer fehlten. Den Tathammer erkennt Rolf M. aber nicht als sein Eigentum wieder. Seine Hämmer seien alle am Stiel ölverschmiert und durch je drei Körnerschläge im Metall gekennzeichnet. Dem Schuricht habe er schon mehrfach Werkzeuge wie Beil, Säge und auch Hämmer geborgt. Das war im Oktober oder November 1961. Schuricht wohnte damals noch bei den Thomschkes im „Hirsch".

Überprüfungen ergeben, dass Klaus Schuricht auf Seite 77 des Gästebuches im „Hirsch" für den Zeitraum vom 8. Dezember bis 20. Dezember 1961 für das Zimmer 7 eingetragen ist. Eine Zusatznotiz verrät, dass nur bis zum 17. Dezember bezahlt wurde. Anschließend war Schuricht, in dessen Ehe es damals kriselte, für sechs Wochen bei Rolf M. untergekommen. Später vertrug er sich wieder mit seiner Frau, verkaufte für 2.100 Mark sein Motorrad und schaffte von dem Geld eine Kücheneinrichtung an. Nach zwei Monaten war jedoch sein Geld wieder aufgebraucht. Im Februar 1963 wurde Klaus Schuricht Leiter der HO-Gaststätte „Weißes Rößl" in Radeburg, musste das Lokal wenig später aber wieder aufgeben. Er hatte ein Alkoholproblem und lebte vermutlich auch über seine Verhältnisse. Danach nahm Schuricht eine Arbeit als Harzer im Forstbetrieb auf, aber die gefiel ihm nicht. Er verdiente sich etwas dazu, indem er auf Autobahnrastplätzen selbst gesammelte Pilze verkaufte und nahm damit angeblich 800 bis 1.000 Mark im Jahr ein.

Zum letzten Mal habe Rolf M. am 9. November gegen 15.30 Uhr mit Schuricht gesprochen, als dieser gerade ein neues Schloss in die Bodentür einbaute. Als Grund für das neue Schloss habe er Angst wegen der Thomschke-Morde angegeben. Auffallend unruhig und nervös habe Schuricht dabei gewirkt und den Blickkontakt vermieden.

Nach dieser Aussage fassen die Ermittler die bisherigen vagen Verdachtsmomente gegen Klaus Schuricht zusammen und entschließen sich, zunächst weitere Informationen über ihn zu sammeln und sein Alibi zu überprüfen. Am 12. November 1964 wird er in Radeburg als Zeuge vernommen. In der Zeit von 16.30 Uhr bis 19.30 Uhr gibt Schuricht Auskunft über seine Lebensumstände in den letzten Jahren und seine Bekanntschaft mit den Thomschkes. Er erzählt, dass er sich hin und wieder mal 20, mal 50 Mark von den Wirtsleuten geborgt, seine Schulden aber stets beglichen habe. 1964 habe er zwei- oder dreimal im „Hirsch" als Kellner ausgeholfen, zuletzt am 7. Oktober 1964. In diesem Zusammenhang erläutert er auch den im Lokal üblichen Umgang mit dem Wechselgeld und den für die Münzen verwendeten so genannten „Wechselgeldtassen". Paul Thomschke hatte die Angewohnheit, vor jeder größeren Veranstaltung ausgemusterte Kaffeetassen mit abgezähltem Wechselgeld zu füllen: jeweils eine Tasse mit Einmarkstücken im Wert von 50 Mark, mit Zweimarkstücken im Wert von 40 Mark, Fünfzigpfennigstücke für 30 Mark, Zehnpfennigstücke für 10 Mark und Fünfpfennigstücke für 5 Mark. Bis zu einer Gesamtsumme von exakt 200 Mark wurde das Hartgeld dann mit Papiergeld aufgefüllt. Zusätzlich gab es auch noch zwei Tassen mit je 100 Biermarken. Eine solche Marke hatte einen Gegenwert von 0,51 Mark.

Die letzte größere Veranstaltung war am 7. Oktober 1964, anlässlich des 15. Jahrestages der Gründung der DDR. Am Nachmittag des 2. November bereitete Paul Thomschke wieder seine Wechselgeldtassen für eine geplante Tanzveranstaltung am 6. November vor. Das Bedienpersonal kam aber mit den Wechselgeld-Tassen nicht direkt in Berührung. Die Tassen befanden sich immer in einer Schublade, der so genannten „kleinen Bar". Der Schlüssel zur „kleinen Bar" wird stets in der Kasse an der Theke verwahrt. Einen Schlüssel zur Theke hatte nur der Verantwortliche für Theke und Bar. All das wird noch wichtig für die Bewertung der an den Wechselgeldtassen gefundenen Fingerspuren.

Klaus Schuricht sagt aus, dass er am 2. November Gast im „Hirsch" war und gegen 23 Uhr wieder zu Hause war. Seine Frau habe ihm noch Vorwürfe gemacht. Dann sei er zu Bett gegangen und habe bis zum nächsten Tag um neun oder zehn Uhr geschlafen. Unverzüglich will die Kripo wissen, ob Schurichts Ehefrau Gisela* diese Aussagen bestätigen kann. Noch in der Nacht wird sie ebenfalls als Zeugin vernommen und sitzt um Mitternacht ihren Vernehmern gegenüber. Die Morduntersuchungskommission hat sich inzwischen selbst in der Gaststätte „Zum Hirsch" einquartiert.

Gisela hatte ihren Mann im Dezember 1959 bei einer Tanzveranstaltung kennen gelernt. Im Juni 1960 war Hochzeit. Erst wohnten beide noch bei ihren Eltern. Aber es gab zunehmend Schwierigkeiten zwischen Klaus und ihren Eltern. Deshalb sei er zwischenzeitlich in den „Hirsch" gezogen, bis ihm die Stadt ein eigenes Zimmer zugewiesen hatte. Mit dem gemeinsamen Kind zog sie dann zu ihm. Doch das Zimmer erwies sich als zu klein für drei Personen. Deshalb zog sie nach sieben Wochen mit dem Kind wieder zu ihren Eltern zurück. Als Klaus Schuricht die Gaststätte „Weißes Rößl" in Radeburg übernahm, bekam das Ehepaar eine Wohnung auf dem Gaststättengrundstück zugesprochen. Sie bezogen mit den mittlerweile zwei Kindern die neue Behausung. Aber es entwickelten sich Schwierigkeiten mit der HO, von der sie das Lokal gepachtet hatten. Einer der Gründe war ein Fehlbetrag über 3.800 Mark in der Kasse. Die hätte ihr Mann aber nicht zu verantworten gehabt, so Frau Schuricht. Dennoch habe ihnen die HO im Juni 1964 den Pachtvertrag gekündigt.

Die Verbindung zu den Thomschkes sei mit der Zeit durch die Arbeit in der Gastronomie entstanden. Man habe sich wechselseitig geholfen, wenn das Bier mal nicht reichte. Klaus habe auch am 7. Oktober aushilfsweise im „Hirsch" gekellnert. Auch waren die Schurichts in der Vergangenheit als Gäste dort. In der Nacht vom 1. zum 2. November sei sie gegen Mitternacht mit ihrem Mann vom Meisterschaftsabend ihres Kegelklubs nach Hause gekommen. Bis gegen 10.15 Uhr habe man am nächsten Tag geschlafen und sich nach dem Mittagessen bis gegen 17 Uhr noch einmal hingelegt. Um 18 Uhr gab es Abendessen, und nach einigen Runden Kartenspiel wurden gegen 20 Uhr die Kinder zu Bett gebracht. Ihr Mann wollte nun noch auf ein Bier in den „Hirsch" gehen. Sie hätte keine Lust gehabt mitzukommen und sei zu Bett gegangen. Deshalb sei er allein losgezogen – bekleidet

* *Name geändert*

mit einem schwarz-weiß karierten Sakko, schwarzen Manchesterhosen, einem hellblauen Oberhemd und einem grauschwarzen Pullover und braunen Schuhen. Gegen 23.15 Uhr – sie habe auf den Wecker gesehen – sei ihr Mann unerwartet zeitig zurückgekommen. Gegen 2.30 Uhr musste eines der Kinder aufs Töpfchen. Zu dieser Zeit sah sie ihren Mann schlafend im Bett liegen. Am nächsten Tag sei er erst gegen Mittag aufgestanden. Abends wäre man im Kino gewesen, sagt Frau Schuricht. Ihre Vernehmung im „Hirsch" endet nach drei Uhr morgens.

Die Ermittlungen ergeben, dass Klaus Schuricht vom Forstwirtschaftsbetrieb letztmalig am 27. Oktober 1964 ein Abschlag in Höhe von 100 Mark ausgezahlt wurde. Der Restbetrag des Gehalts für den Monat Oktober in Höhe von 217,58 Mark (brutto) wird am 12. November fällig.

Im Februar 1963 hatte sich Schuricht von einem ortsbekannten Bäckermeister 1.000 Mark geborgt. Für die davon noch offenen 660 Mark überwies er nachweislich am 4. November 1964 um 15 Uhr im Postamt Großenhain 200 Mark an den Bäcker. Am Vormittag desselben Tages kaufte er im HO-Fahrzeughaus Radeburg ein Paar Kradstulpenhandschuhe aus Leder für 44,85 Mark und zahlte mit Papiergeld. Gleich darauf ging er zum Kürschnermeister Pflaume in Radeburg und bestellte für diese Handschuhe eine Fellfütterung. Am 10. November holte er sie ab und zahlte dafür 26,60 Mark, wieder mit Papiergeld. In der Nacht vom 4. zum 5. November erschien Klaus Schuricht in Begleitung eines jungen Mannes beim Lebensmittelhändler Erwin D. und verlangte vier Flaschen Wein á 4,80 Mark. Er bezahlte mit einem 20-Mark-Schein und gab zusätzlich ein Trinkgeld von 2,50 Mark. Der unbekannte Mann konnte durch die Polizei ausfindig gemacht werden. Er gehörte zu einer Feiergesellschaft der Schurichts. Die verbrachte den Abend des 4. November zusammen im „Ratskeller" in Radeburg und zog anschließend weiter in eine Wohnung. Dort habe Klaus Schuricht großspurig geäußert: „Ich kann noch einen ausgeben. Ich habe 1.000 Mark von der HO wiederbekommen, da kommt es nicht so genau darauf an." So kam es zum nächtlichen Weinkauf. Die HO konnte den Polizisten aber eine Rückzahlung an Klaus Schuricht nicht bestätigen. Bei einem Tanzabend im „Ratskeller" am 11. November spendierte Schuricht Bekannten insgesamt acht Schnäpse und zahlte seine Zeche wiederum mit einem 20-Mark-Schein.

„Ich glaube, es reicht nun", sagt Hauptmann Wolf, der Chef der Morduntersuchungskommission, als er am 13. November seinen Aktenordner zuschlägt. „Irgendwas stimmt da mit Schurichts Finanzen nicht. Seine Ausgaben sind in den Tagen nach der Tat erheblich höher als die Einnahmen, die er haben dürfte". Zwei

Mitarbeiter bekommen den Auftrag, diese Widersprüche zu klären. „Fühlt der Frau Schuricht nochmal auf den Zahn. Vielleicht klären sich die Widersprüche", rät er ihnen. Am Abend des selben Tages wird Gisela Schuricht erneut vernommen. Diesmal bringt die Polizei sie ins Rathaus, wo die Morduntersuchungskommission ein Vernehmungszimmer eingerichtet hat. Sie ist innerlich aufgewühlt, unsicher und nervös. Zu groß war der Druck der Ereignisse in den letzten Tagen. Sie kann das von ihr bis jetzt gehütete Geheimnis nicht länger für sich behalten. Sie hat wohl über ihr bisheriges Leben, ihre Zukunft und vor allem die Zukunft ihrer Kinder nachgedacht. Bald weicht sie den Fragen der Kriminalisten nicht mehr aus und entschließt sich, die Wahrheit zu sagen. Sie hatte ihrem Ehemann ein falsches Alibi gegeben. „Meine Angaben zum 2. November stimmen bis gegen 21 Uhr. Aber dann ..."

Zum Ablauf der Dinge bis um sieben Uhr des folgenden Tages gibt sie nun etwas ganz anderes zu Protokoll. Als die Kinder im Bett waren, habe Klaus Schuricht noch einmal die Wohnung verlassen. „Was willst du denn um die Zeit mit der Aktentasche?", habe sie ihren Mann gefragt. „Ich habe etwas vor", habe er geantwortet. Sie sieht noch, wie er den Schuppenschlüssel in einen Eimer neben der Treppe wirft. Doch was wollte er noch im Schuppen? „Stell den Wecker auf drei Uhr. Und zieh den Riegel von der Haustür", ruft er seiner Frau zu. Er ermahnt sie noch, sich nicht mehr auf der Straße blicken zu lassen, sie solle sofort zu Bett gehen.

„Ich stellte ihm keine Fragen und dachte mir nur, dass er bestimmt eine krumme Sache vorhat." Auch ihre Angaben zur Bekleidung ihres Mannes korrigiert sie. „Er hatte seine braune Manchesterhose, schwarze Söckchen mit gelblichem Muster und seine hellgrauen Pantoletten an. Dazu ein blaugestreiftes Oberhemd, eine braungelbe Schafwollstrickjacke, eine schwarze samtartige Jacke und schwarze Lederhandschuhe."

Gisela Schuricht stellt den Wecker auf drei Uhr und wartet im Bett auf die Rückkehr ihres Mannes. Sie grübelt. Ihr Mann will unbedingt wieder eine Gaststätte mit Saal führen. Als Harzer zu schuften, dazu hatte er keine Lust. Aber eigentlich hatte er auch sonst keine Lust zum Arbeiten. Damals im „Rößl" hatte sie die meiste Arbeit allein erledigt. Der schrille Ton des Weckers lässt Gisela Schuricht hochschrecken. Nun war sie doch eingeschlafen. Rasch zieht sie den Bademantel über und begibt sich nach unten, um den Riegel an der Haustür zu öffnen. Da schon der zweite und somit letzte Haustürschlüssel verschwunden ist, konnten Schurichts ihre Haustür nur von innen verriegeln, aber von draußen nicht mehr aufschließen.

Zwischen 3.30 Uhr und 3.45 Uhr sei ihr Mann dann zurückgekommen und habe sich auf das Sofa in der Küche gesetzt. Apathisch habe er gewirkt und ungewöhnlich blass sei er gewesen. Kalter Schweiß habe ihm auf der Stirn gestanden. Auf dem Küchentisch lag seine Aktentasche, sie war voll gepackt.

„Mach mir einen Grog!", habe er von ihr gefordert. Doch seit Tagen war schon kein Schnaps mehr im Haus. „Wovon denn?", wollte sie wissen. Daraufhin habe er ihr eine kleine Flasche Korn gereicht. Während sie Wasser kochte, zog er sich aus. „Wasch die Sachen gleich morgen!", habe er verlangt. Erschrocken sah sie, dass die Ärmel seiner Jacke und die seines Oberhemdes voller Blut waren. Die Socken waren völlig blutdurchtränkt. Die Schuhe sahen aus, als hätte er sie bereits abgewischt. Als ihr noch die blutigen Lederhandschuhe auf dem Küchenschrank auffielen, fragte sie angstvoll: „Wo warst du?" Da sei er ihr um den Hals gefallen. Völlig verwirrt habe sie ihn von sich gestoßen. Sie sah Tränen in seinen Augen, aber er sagte nichts.

„Was ist eigentlich los?", fragte sie nun lauter. Statt einer Antwort verlangte er nach seinem Grog. Aus der Aktentasche nahm er eine Schachtel Zigarren, steckte sich eine an und setzte sich wieder auf das Sofa. Schweigend rauchte er, bis seine Frau schließlich den dampfenden Grog brachte und sich neben ihn setzte. Klaus Schuricht blies eine dicke Rauchwolke in die Küche und sah seine Frau an. „Ich bin von der Wohnung aus gleich in den Hirsch, habe Bier getrunken", begann er seinen Bericht. „War nicht viel los. So viertel oder halb zwölfe bin ich dort zum Hausflur raus, durch die hintere Tür auf die Straße. Ich habe gewartet. Bin dann durch die gleiche Türe wieder rein. In der ersten Etage habe ich mich dann auf dem Klo versteckt. Als erster kam der Paul nach oben und rief nach seinem Nachthemd, die Maria kam dann und brachte ihm sein Hemd. Bis wieder Ruhe eingetreten war, wartete ich weiter auf dem Klo. Dann bin ich nach unten gegangen." Klaus Schuricht kreiste mit seiner Zigarre im Aschenbecher und stieß so die Asche ab. „Na ja, und dann war ich an der Küche. Da ist die Else raus gekommen. Ich hab' ihr sofort mit dem Hammer auf den Kopf geschlagen."

Auf die Zwischenfrage ihrer Vernehmer, woher er den Hammer plötzlich hatte, kann Gisela Schuricht nicht antworten. „Ich habe ihn nicht danach gefragt", sagt sie und fährt fort. Die Hände ihres Mannes hätten leicht gezittert, als er weiter erzählte. „Die Else war nach dem Schlag nicht stille, da schlug ich weiter auf sie ein. Sie fiel auf den Fußboden und stöhnte immer noch. Ich schlug weiter auf ihren Kopf und auf ihr Gesicht ein. Dabei ging der Hammer kaputt. Dann bin ich hoch in die erste Etage. Im Schlafzimmer brannte Licht, die Tür stand einen Spalt offen. Der Paul saß in seinem Bett, als ich rein ging." Gisela wollte wissen: „Was hat denn der Paul gesagt, als du zu ihm reinkamst?" Fassungslos und erschrocken habe sie ihren Mann angesehen. „Der Paul fragte mich: Was suchst du denn hier? Und ich sagte, dass ich Bargeld brauche. Er lachte: Ich hab keins und fragte, wo die Else sei. Ich antwortete, die Else ist unten. Paul wollte dann wissen, wer sich sonst noch unten aufhielte. Ich sagte ihm, dass die Maria und deren Mann noch unten sind. Die waren da aber schon weg. Paul langte dabei nach seinen Hosen. Dazu kam er aus seinem Bett und stand nun vor mir. Da schlug ich mit der bloßen Hand auf ihn ein. Es kam zu einem Handgemenge, wir wälzten uns beide auf dem Boden. Nun ja, dem Paul hätte ich gar nicht soviel Kraft zugetraut. Ich wollte auf ihm zu liegen kommen, hatte dabei aber große Mühe. Irgendwie bekam ich dabei den Riemen zu fassen. Der lag auf dem Stuhl. Den hab ich dem Paul um den Hals gelegt und zugezogen." Nach dieser Schilderung habe ihr Mann einen kräftigen Schluck aus dem Grogglas genommen und an der Zigarre gezogen.

Die Kriminalisten wollen weitere Einzelheiten hören, aber Gisela Schuricht sagt nur: Zuerst habe ihr Mann den Paul in den Keller geschleift. Der sei aber abgeschlossen gewesen. Später habe er den Paul im Keller in einen Brunnen geworfen. Es sei sogar noch Wasser in dem Brunnen gewesen. Danach habe er die Else in den Keller geschleppt und ebenfalls in den Brunnen geworfen und den Hammer hinterher.

„Was hast du mit dem Blut gemacht?", wollte Gisela Schuricht in jener Nacht von ihrem Mann wissen. „Hab's aufgewischt und den Eimer in den Keller gestellt. Den Brunnen habe ich abgedeckt. Ich bin dann wieder nach oben und hab das Schlafzimmer und noch einen anderen Raum durchsucht." Ob er von dort etwas mitgenommen hat, sagte Klaus Schuricht seiner Frau nicht. Auch was er aus den Gasträumen mitgenommen hat, habe er nicht erzählt. „So, nun weißt du alles und nun frage mich nicht wieder!", habe er zum Schluss gesagt und er wollte nicht mehr darüber reden. Seine Frau konnte kaum glauben, was sie soeben gehört hatte. „Bist du wahnsinnig?", habe sie ihn gefragt, und ob er eigentlich wisse, was er da getan habe. „Ich hab das alles nur aus Liebe gemacht, damit unsere Schulden beglichen werden können. Nun ist aber Schluss, ab ins Bett. Räume aber vorher noch die Sachen weg!", seien seine letzten Sätze in dieser Nacht gewesen.

Gisela Schuricht gibt weiter zu Protokoll, dass ihr Mann mehrere Schachteln und Kisten mit Zigarren aus seiner Aktentasche ausgepackt habe. Die hätte sie ins unterste Fach des Wäscheschrankes gelegt, so wie er es wollte. „Ein paar kleinere

Schachteln legte er noch in den Schreibtisch. Er gab mir auch vier Päckchen Kakao und ein Päckchen ungerösteten Bohnenkaffee, die legte ich in den Küchenschrank. Zwei Päckchen Kakao haben wir bereits verbraucht", sagt sie den Kriminalisten. Dann sollte sie die Kassette holen. Aus seiner Hosentasche habe ihr Mann Hartgeld geholt, aus seiner Jackentasche Papiergeld. „Wie viel es war, weiß ich nicht", sagt sie. Gisela Schuricht berichtet, dass in der Aktentasche auch eine große Flasche brauner Schnaps war, die ihr Mann zusammen mit der kleinen Flasche Korn in den Schreibtisch stellte. Die blutigen Sachen blieben in der Küche liegen. Sie gingen schlafen.

Gegen neun Uhr sei sie am nächsten Tag aufgestanden und habe Kaffee gemacht, sagt Gisela Schuricht. Von den 20 Mark in Münzen, die er ihr noch in der Nacht gegeben hatte, bezahlte sie beim Bäcker die Brötchen. „Ich nahm es, weil kein anderes Geld mehr da war", sagt sie.

Die Polizisten wollen wissen, was mit den blutigen Sachen geschehen ist. „Nach dem Frühstück nahm er die Lederhandschuhe und sagte mir, dass er sie in den Wald schaffen würde. Es wäre besser, wenn ich nicht wüsste, wohin er sie bringe, damit ich ihn bei einem Streit nicht verraten könne." Gisela Schuricht erzählt auch, dass ihr Mann mehrere Schlüssel vom Küchenschrank nahm und ihr erklärte, dass es Schlüssel aus dem „Hirsch" seien. An diesem Schlüsselbund befand sich auch noch ein etwa zwei Zentimeter langes Stück Schnur mit einem Stecker dran. Er erklärte ihr, dass der Stecker zum Telefon im „Hirsch" gehöre. In die Kassette mit dem Geld habe ihr Mann auch noch drei goldfarbene Taschenuhren mit Deckel, zwei goldfarbene Ketten gelegt – eine davon mit Anhänger. Auch ein Ring mit Stein gehöre offenbar zu seiner Beute aus dem „Hirsch". Am Nachmittag des 3. November, dem Tag nach der Tat, sei ihr Mann aus dem Haus, um festzustellen, ob die Luft rein wäre und ob man die Morde schon entdeckt hätte. Vorher habe er die Zigarrenkisten noch im Schuppen versteckt. An diesem Abend seien sie dann im Kino gewesen. Gezeigt wurde an diesem Tag „Die Lachparade".

„Als wir auf dem Heimweg am ‚Hirsch' vorbeigingen", berichtet Frau Schuricht der Polizei weiter, „sagte mein Mann so was wie, es würde ihn gruseln oder dass er Angst habe. An dem Abend habe ich sein mit Blut verschmutztes Oberhemd eingeweicht und am anderen Tag im Kessel gekocht. Zusammen mit der Kinderwäsche habe ich auch die anderen Sachen gewaschen. Seine Schuhe reinigte ich mit Seife und Bürste." Ihr Mann sei fest davon überzeugt gewesen, dass die Morde nicht entdeckt würden. Daher habe er ihr auch geraten, die dringend benötigten Winterschuhe und Anoraks für die Kinder zu kaufen.

„Von seiner Zuversicht habe ich mich dann anstecken lassen und war auch einverstanden, das Geld für uns und die Kinder auszugeben. Zumal ich wusste, dass mein Mann das Geld sonst allein verjubeln würde", versucht Gisela Schuricht zu erklären, warum sie von dem geraubten Geld genommen habe. Später erhielt sie von ihrem Mann erneut Geld und gab es für ein Paar Perlonstrümpfe und für Strumpfhalter für die Kinder aus. Die Zeche zum Auftakt des Karnevals im Radeburger Ratskeller zahlten sie ebenso vom Raubgeld wie eine Rate von 102 Mark bei der Sparkasse für das Moped.

Am Donnerstag, den 5. November 1964, ging Gisela Schuricht Milch holen. Auf dem Rückweg gehörte sie zu denen, die am „Hirsch" von der Putzfrau Elsa Sch. aufgefordert worden, mit ins Haus zu gehen, wo Türen und Wände voller Blut wären. Sie ging nicht hinein, erzählte davon aber ihrem Mann, der jedoch nicht darauf reagierte. Am Abend sah sie erneut viele Menschen und die Volkspolizei vor der Gaststätte. Sie gesellte sich zu den Leuten und hörte dabei allerlei Gerüchte. Ihr Mann hingegen ging an diesem Abend zum Kegeln und kam erst nach Mitternacht nach Hause. Sie erzählte ihm, dass gegen 22 Uhr die Leichen fortgeschafft worden sind. „Fang nicht wieder davon an", habe er daraufhin nur gesagt.

Wegen dringendem Verdacht auf Beihilfe und Begünstigung zum Mord wird gegen Gisela Schuricht ein Haftbefehl erlassen. In den Vernehmungen während ihrer Untersuchungshaft wiederholt sie ihre Aussage detailliert und macht auch Angaben zu weiteren Straftaten ihres Mannes und belastet sich dabei auch selbst. In den Wohn- und Nebenräumen der Familie Schuricht sichert die Polizei jede Menge Beweismaterial.

In der Nacht zum 13. November nimmt die Polizei den nun dringend verdächtigen Klaus Schuricht fest. Er wird sofort nach Halle gebracht und noch in der Nacht als Beschuldigter vernommen. Die Morduntersuchungskommission wollte ihn offensichtlich möglichst weit weg von seiner Ehefrau unterbringen. Vermutlich um Kontakte zu verhindern und aus Sicherheitsgründen, da sie ihn so schwer belastete.

Doch Klaus Schuricht behauptet, dass er mit dem Tod von Elsa und Paul Thomschke nichts zu tun habe. Bereitwillig gibt er Auskunft über sein Verhältnis zu den Wirtsleuten. Schon sein Großvater habe Paul Thomschke gekannt, deswegen durfte er den Paul auch duzen. Auch über seine Aushilfstätigkeit im „Hirsch" redet Schuricht und über den Umgang mit den „Wechselgeldtassen". Vieles dreht sich um seine Einnahmen und Ausgaben. Zum Zeitpunkt der Morde hatte er nahezu kein Geld zur Verfügung, gab aber Tage später ungewöhnlich hohe Beträge aus, obwohl der nächste Lohn erst am 12. November gezahlt wurde. Dabei kommen auch seine hohen Einnahmen zur Sprache, die er angeblich durch den Verkauf selbst gesammelter Pilze erzielte. Im Oktober habe er 14 Tage lang Pilze gesammelt und an Autobahnrastplätzen verkauft. Bis zu 50 Mark habe er dabei täglich eingenommen. Auch zu dem anderen Geld, das die Polizei bei ihm fand, hat er jede Menge Erklärungen: 500 Mark in bar stammten angeblich noch aus dem „Rößl". Davon wisse seine Ehefrau jedoch nichts. Die Uhren und Halsketten habe er einem sowjetischen Soldaten für 150 Mark abgekauft, den er aber nicht näher kenne. Auch davon wisse seine Frau nichts. Den beschlagnahmten Westkakao habe er durch den Tauschhandel mit gesammelten Pilzen erworben. Der Bohnenkaffee sei der Rest von zwei Kilo ungerösteten Kaffees, den er im September oder Oktober 1964 ebenfalls einem Sowjet-Soldaten für 70 Mark abgekauft habe. Am Schluss der Vernehmung ist den Kriminalisten klar, dass sie sich unter diesen Umständen auf einiges gefasst machen müssen. Offensichtlich ist ein Geständnis des mutmaßlichen Täters nicht zu erwarten.

Die Begründung des Haftbefehls gegen Klaus Schuricht beinhaltet unter anderem den Fakt, dass mehrere der „Wechselgeldtassen" Fingerspuren des Beschuldigten aufweisen. Während seiner letzten Tätigkeit im „Hirsch" am 7. Oktober 1964 konnte er diese Spuren aber nicht verursacht haben. Auch der Schuhabdruck vom Tatort in Thomschkes Küche passt zweifelsfrei zu einem Paar Herrenschuhe, das in der Wohnung des Beschuldigten gefunden wurde und an dem Blutspuren nachgewiesen werden. Klaus Schuricht ist damit schon in beträchtlicher Erklärungsnot.

Alfred Wolf, der Chef der Morduntersuchungskommission, schaltet sich ein und nimmt an der zweiten Vernehmung des Beschuldigten teil. Nun erfährt Klaus Schuricht erstmals, dass seine Frau ihn schwer belastet hat, doch er bleibt bei seinen bisherigen Angaben. Die Kriminalisten halten ihm auch vor, dass er seine Frau zu einer falschen Aussage veranlasst habe. Doch Schuricht wiederholt: „Ich weiß von nichts." Ihm werden die Kleidungsstücke gezeigt, die seine Frau gewaschen hatte. Schuricht bestätigt, dass sie ihm gehören und vermutet wohl, dass das anhaftende Blut nach dem Waschen nicht mehr nachweisbar ist.

Zehn Tage nach seiner zweiten Vernehmung überrascht der Beschuldigte am 30. November 1964 mit einem zwölfseitigen „Geständnis", von einem Mitgefangenen handschriftlich mit Bleistift zu Papier gebracht. Darin bezichtigt Klaus Schuricht seine Ehefrau des Doppelmordes. Sie habe auch noch andere Einbrüche begangen. Nur ihretwegen habe er bis jetzt geschwiegen und gelogen. Falls tatsächlich

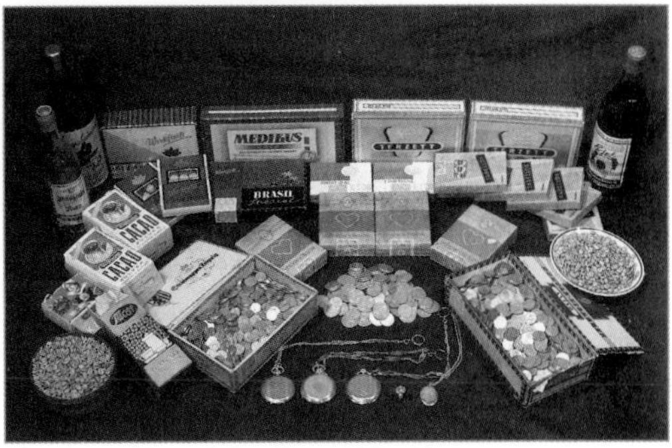

Kaffee, Kakao, Zigarren, Schnaps, Münzgeld und ein paar Taschenuhren waren die Beute. Deswegen mussten die Wirtsleute vom „Hirsch" sterben.

Blut an seiner Kleidung festgestellt wurde, so müsse das von einem verletzten Bekannten sein, dem er geholfen hatte, oder es könnte auch von einem geschlachteten Schaf stammen.

Daraufhin werden Klaus und Gisela Schuricht einander gegenübergestellt. Dabei wiederholt sie ihre ihn belastende Aussage detailgetreu. Tage später gibt Schuricht mehrere Diebstähle zu: Weißkraut, einen Mähdreschermotor, ein Schaf, welches er in seiner Küche schlachtete. Im Forst habe er Kollegen sogar Harz gestohlen, um seine eigene Ertragszahlen aufzubessern. Hauptmann Wolf sieht Schuricht lange in die Augen und wiederholt seine Frage: „Woher stammen die Zigarren, der Schnaps, das Bargeld, der Kakao, der Kaffee, die Uhren und der Schmuck?"
„Vermutlich aus dem Hirsch", sagt Klaus Schuricht.
„Warum vermuten Sie das?"
„Darauf kann ich keine Antwort geben. In der letzten Vernehmung habe ich nicht die Wahrheit gesagt."
„Also, woher stammen nun die ganzen Sachen?"
„Darauf kann ich keine Antwort geben."
„Woher stammt ihr Wissen über den Ablauf des Tatgeschehens, wie Sie ihn Ihrer Frau nach Ihrer Rückkehr in die Wohnung schilderten? Zu diesem Zeitpunkt war das Verbrechen noch nicht entdeckt! Und woher kennen Sie solche Einzelheiten wie, dass der Hammer bei der Tat zerbrach oder wer von dem Ehepaar zuerst getötet wurde? Woher wissen Sie die konkrete Lage der Leichen im Kellerbrunnen und die Beseitigung der Tatwerkzeuge? Woher war Ihnen bekannt, dass Paul Thomschke nach seinem Nachthemd rief und eine andere Person es ihm brachte? Woher wussten Sie davon, dass Elsa Thomschke im Bereich der Küchentür mit einem Hammer erschlagen wurde?" Hauptmann Wolf torpediert den Beschuldigten förmlich mit seinen Fragen. „Ich kann mich heute nicht mehr daran erinnern, meiner Frau so etwas erzählt zu haben", sagt Schuricht.

Die Kriminalisten im Raum holen hörbar Luft. „Wie erklären Sie sich dann, dass Ihre Frau eine derartige Tatschilderung zu Protokoll geben und die bei der Gegenüberstellung in Ihrem Beisein wiederholen konnte?", wollen sie wissen. „Das kann ich mir nur damit erklären, dass meine Frau die Morde begangen hat", gibt Klaus Schuricht zur Antwort. Er beteuert, nicht zu wissen, wie das Blut an seine Sachen kam. Er habe seine Frau auch nicht aufgefordert, seine Sachen zu waschen. Zudem wisse er nicht, wo seine schwarzen Lederhandschuhe geblieben sind. Er bestreitet, dass er diese Handschuhe und die Schlüssel mit dem Telefonkabelstück samt Stecker am 3. November aus dem „Hirsch" mit nach Hause gebracht habe.

Natürlich hat er auch keine Erklärung dafür, wie seine Frau, die keiner als Gast im „Hirsch" gesehen hat, nach 23.15 Uhr in die Gaststätte gelangt sein soll, um die Tat zu begehen. Paul Thomschke hatte wie immer 23.30 Uhr seine Haustür verschlossen und den Schlüssel von innen stecken gelassen. Wie das Sohlenprofil seiner Schuhe an den Tatort kam, weiß er auch nicht. Das Geld und der Schmuck aus dem „Hirsch" in seiner Kassette und die zwei Zigarrenkisten mit Hartgeld unter dem Kohlenhaufen in seinem Schuppen sind Klaus Schuricht ein Rätsel.

Mit den weiteren Vernehmungen wird Kripo-Hauptmann Dieter Haase beauftragt. Nun rücken „Ha(a)se und Wolf" diesem „harten Brocken" zuleibe. Bis Mitte Februar 1965 vernehmen sie Klaus Schuricht noch acht Mal, teilweise stundenlang. Doch der Beschuldigte gesteht die Morde im „Hirsch" nicht. In 90 Stunden Vernehmung erklärt Schuricht wieder und wieder, dass er die Tat nicht begangen hat, obwohl die Indizien und Beweise erdrückend sind. „Ich habe kein Geständnis abzulegen", erklärt er bis zum Schluss, hebt die Hände und lehnt sich zurück.

So endet auch die letzte polizeiliche Vernehmung am 8. Februar 1965. Fünf Tage später wird die Untersuchungsakte der Morduntersuchungskommission an die Staatsanwaltschaft abgegeben. Auch sie versucht noch einmal, Klaus Schuricht ein Geständnis zu entlocken – vergeblich. Bevor die Staatsanwaltschaft auf zweiundzwanzig Seiten ihre Anklage zu Papier bringt, will sie noch einen letzten Zweifel beseitigen und lässt zwei Bewohner des Hauses, in dem die Schurichts leben, befragen. Einer dieser Zeugen hatte in der Tatnacht gegen 0.45 Uhr das Haustor verschlossen. Das bestätigt die Aussage von Gisela Schuricht, die in der Nacht gegen drei Uhr das Haustor von innen öffnete, um ihren Mann hereinzulassen. Wäre sie die Täterin, wie ihr Mann es behauptet, so wäre sie in der Nacht angesichts der verschlossenen Tür nicht mehr ins Haus gekommen. Schurichts besaßen bekanntlich zu diesem Zeitpunkt keinen Haustürschlüssel mehr.

Der 3. Strafsenat des Bezirksgerichtes Dresden verhandelt im Mai 1965 sechs Tage lang und hört zahlreiche Zeugen und Sachverständige. Am Ende des Prozesses beantragt die Staatsanwaltschaft eine lebenslange Zuchthausstrafe gegen Schuricht und den Verlust der bürgerlichen Ehrenrechte auf Lebenszeit. Auch der Verteidiger des Angeklagten schließt sich diesem Antrag für den Fall einer Verurteilung seines Mandanten an. Die Richter sind am 28. Mai 1965 von der Schuld des Angeklagten überzeugt. Aber sie folgen nicht dem Antrag der Staatsanwaltschaft, sondern verurteilten den Angeklagten Klaus Schuricht „wegen fortgesetzten Mordes in zwei Fällen, begangen in Tateinheit mit einem besonders schweren Raub" zum Tode. Die Verteidigung legt am 3. Juni 1965 gegen dieses Urteil Berufung ein. Sie wird am 20. Juli 1965 vom 5. Strafsenat des Obersten Gerichtes der DDR in einer öffentlichen Sitzung zurückgewiesen.

Damit ist Klaus Schuricht einer der letzten verurteilten Todeskandidaten in der DDR. Am 2. Juni 1965 wird er aus der Untersuchungshaftanstalt Dresden in die Strafvollzugseinrichtung Torgau verlegt. Zwei Mitarbeiter des Gefangenentransportes schnappen unmittelbar nach Verkündung des Urteils durch Zufall auf, was Schuricht seinem Verteidiger sagt: „Wenn ich in Berufung gehen würde, müsste ich die Wahrheit sagen und das kann ich nicht." Im September 1965 wird die Ehe zwischen Klaus und Gisela Schuricht auf Antrag der Ehefrau geschieden. Sie wird zu einem Jahr und neun Monaten Haft verurteilt.

Zu welchem konkreten Zeitpunkt das Urteil vollstreckt wird, geht aus der archivierten Gerichtsakte nicht hervor. Auf eine Anfrage der Bezirksstaatsanwaltschaft Dresden teilt der Generalstaatsanwalt der DDR am 6. Januar 1966 mit, dass das Urteil gegen Schuricht vollstreckt sei. Auch eine am 26. Februar 1966 vom Bürgermeister der Stadt Radeburg anlässlich einer Einwohnerversammlung schriftlich an die Staatsanwaltschaft gestellte Anfrage, ob denn die Todesstrafe vollstreckt sei, wird am 28. Februar 1966 mit dem Hinweis beantwortet, dass das Urteil rechtskräftig sei und bereits vollstreckt wurde. Allerdings gibt es auch Zweifel. Einem Zeitungsbericht zufolge wurde Klaus Schuricht noch Mitte der 80er Jahre im Zuchthaus Brandenburg gesehen.

Das traditionsreiche Gasthaus am Radeburger Markt heißt nach den tragischen Ereignissen aus dem November 1964 im Volksmund eine Zeitlang „Hammerschänke". Auf dem Friedhof der Stadt erinnert eine unauffällige Stele an Elsa und Paul Thomschke. Der bekannte Radeburger Karnevalsverein hat bis heute im „Hirsch" sein Domizil.

TODESURTEILE IN DER DDR

Bis 1952 war die Vollstreckung von Todesurteilen in der DDR dezentral in der Zuständigkeit der Länder geregelt. In Sachsen gab es fünf Hinrichtungsstätten. Nach der Einführung der Bezirke wurde das Gebäude des ehemaligen Landgerichts Dresden am Münchner Platz zur zentralen Hinrichtungsstätte für die DDR bestimmt. Ab 1960 – am Münchner Platz war inzwischen eine Gedenkstätte für NS-Opfer eingerichtet worden – wurden Todesurteile in Leipzig vollstreckt. Die Hinrichtungen sind etwa bis Ende 1967 nach den Vorgaben des bis dahin gültigen Reichsstrafgesetzbuches von 1871 durch Enthaupten mit dem Fallbeil vollzogen worden. 1968 wurde in der DDR ein neues Strafgesetzbuch eingeführt. Zur Vollstreckung einer Todesstrafe war der „unerwartete Nahschuss in das Hinterhaupt" als Ersatz für die Guillotine vorgesehen.

In der Bundesrepublik Deutschland wurde die Abschaffung der Todesstrafe 1949 im Artikel 102 des Grundgesetzes geregelt, 1950 per Gesetz in Berlin (West). In West-Berlin wurde die letzte Hinrichtung am 11. Mai 1949 im Zellengefängnis Lehrter Straße vollzogen. Obwohl das dort bis 1990 fortgeltende Alliiertenrecht die Verhängung der Todesstrafe ermöglichte, wurde später nie mehr Gebrauch davon gemacht. In dem in der Bundesrepublik gültigen Strafgesetzbuch von 1871 war die Todesstrafe für Mord noch vorgesehen. 1953 wurde das im Dritten Strafrechtsänderungsgesetz durch lebenslange Zuchthausstrafe ersetzt.

In der Gesetzgebung der DDR war die Verurteilung zum Tode noch bis 1987 im Gesetz verankert. 231 Todesurteile sind bis dahin verkündet worden, etwa 164 wurden vollstreckt, das letzte im Jahr 1981. Das 13. Zusatzprotokoll zur Europäischen Menschenrechtskonvention vom 3. Mai 2002 verpflichtet die Vertragsstaaten des Europarats, auch in Kriegszeiten oder bei unmittelbarer Kriegsgefahr niemanden mit dem Tode zu bestrafen. In der am 29. Oktober 2004 unterzeichneten Verfassung der Europäischen Union wird die Todesstrafe verboten.

DIE LEICHE AUF DER MÜLLKIPPE

VON KARSTEN SCHLINZIG

Rudolf Büttner ärgert sich über das Taxi. Es steht halbschräg auf der Straße vor der Grundstückszufahrt Hanfgrundstraße 6 in Neusörnewitz, einer kleinen Industriesiedlung bei Coswig zwischen Dresden und Meißen. „So stellt man doch sein Auto nicht ab!", murmelt der 65-jährige und beschließt, sich die Sache aus der Nähe anzusehen. Eigentlich will er am Morgen des 3. Oktober 1976, einem Sonntag, nur die Regenwassertonne in seinem Gartengrundstück ausschütten. Aber nun steht da dieses Taxi so eigenartig im Weg, das macht ihn neugierig. Vielleicht trinkt der Taxifahrer nur irgendwo einen Kaffee und kommt gleich wieder? Als Rudolf Büttner schon bis auf vier Meter an dem Taxi heran ist, da erscheint im Haus gegenüber Frau Reif am Fenster und ruft herüber: „Das Taxi steht schon seit halb sieben so da." Merkwürdig, denkt Büttner und beschließt, seinen Nachbarn Kümmel zu holen. Der ist freiwilliger Helfer der Volkspolizei und eigentlich der Experte für solche Verkehrsverstöße. Doch dann überlegt er es sich anders und geht zu Eberhard Kunath. Der wohnt gleich um die Ecke und ist sogar bei der Bereitschaftspolizei und für Büttner damit noch mehr Experte als Kümmel.

Ein rollender Tatort. Dieser Moskwitsch 412, ein Taxi, wird am 3. Oktober 1976 in der Neusörnewitzer Hanfgrundstraße gefunden.

Herr Kunath hört sich die Sache an, geht mit Büttner zum Taxi und schaut in den Innenraum des hellen Moskwitsch 412. Dann versucht er, die Türen zu öffnen. Die Fahrertür ist abgeschlossen, die hinteren Türen und die Beifahrertür lassen sich jedoch öffnen. An der Innenverkleidung der Beifahrertür bemerkt er viel Blut,

Die Verkleidung der Beifahrertür des Taxis ist blutverschmiert. Wahrscheinlich wurde in dem Auto ein Verbrechen begangen.

ebenso am Beifahrersitz. Für Eberhard Kunath ist die Sache klar: Hier liegt der Verdacht eines Verbrechens vor. Er lässt Büttner am Fahrzeug als Wache zurück, eilt zum Telefon und wählt den Polizei-Notruf 110.

Die Einsatzzentrale des Volkspolizei-Kreisamtes (VPKA) Meißen schickt sofort einen Streifenwagen nach Neusörnewitz zur Hanfgrundstraße. Zugleich werden zwei Kriminalisten, Leutnant der Kripo Manfred Müller und der Kriminaltechniker Kriminal-Leutnant Karl Pfefferl nach Neusörnewitz geschickt. Auch die Bezirksbehörde wird über den Fund des Taxis informiert. Sie schickt gleich drei Leute zum Einsatz: Hauptmann Ullrich Kienzle, Hauptmann Hellfried Stiefenhofer und Oberleutnant Heinz Maurer. Als sie eintreffen, ist der Moskwitsch 412 mit dem Kennzeichen YE 93 - 88 schon zum Tatort erklärt. Kriminalisten untersuchen das Auto und befragen die Anwohner. Am Auto ist nur die Fahrertür verschlossen, allen anderen Türen lassen sich öffnen. Auch an der Rückenlehne des Fahrersitzes finden die Kriminaltechniker einen Blutspritzer, ebenso an der Verkleidung der linken hinteren Tür. Das meiste Blut befindet sich aber vorn rechts im Fahrzeuginnenraum beim Beifahrersitz. An der Seitenverkleidung der rechten Tür ist das Blut verwischt. Im Kofferraum des Fahrzeuges entdecken Kriminaltechniker eine Umhängetasche aus braunem Kunstleder. Darin befinden sich unter anderem 110 Mark Papiergeld, 1,17 Mark Hartgeld, ein Sozialversicherungsausweis auf den Namen Manfred Pöschel und ein Lohnstreifen, ebenfalls auf den Namen Pöschel. Die Kriminalisten bringen das Taxi in das VPKA Meißen. Dort soll das Auto nochmal intensiver untersucht werden. Wie schon Bereitschaftspolizist Kunath sind auch Kienzle und Stiefenhofer an diesem Sonntagnachmittag überzeugt: In dem Taxi muss es zu einem Verbrechen gekommen sein.

Am nächsten Tag, dem 4. Oktober 1976, bildet die Bezirksbehörde der Volkspolizei Dresden (BDVP) eine Einsatzgruppe der Kripo, in der zehn Kriminalisten aus

Dresden und Meißen zusammen ermitteln. Ullrich Kienzle von der Morduntersuchungskommission soll sie leiten. Er und seine Leute haben in den folgenden Tagen reichlich Arbeit. Nach ersten Befragungen sind die Anwohner in Neusörnewitz als Zeugen noch einmal gründlich zu vernehmen. Beim VEB Taxi in Dresden müssen Manfred Pöschels Fahrten am 2. und 3. Oktober so genau wie möglich rekonstruiert werden. Andere Taxifahrer in Dresden und Mitarbeiter der Taxizentrale müssen befragt werden. Neben alldem bleibt jedoch die zentrale Frage: Wo ist Manfred Pöschel?

Es wartet eine unangenehme Aufgabe. Einer der Kriminalisten muss mit Pöschels Ehefrau Sigrid sprechen. Das übernimmt Leutnant Frank Jäckel. Er ist aus Freiberg der Ermittlungsgruppe zugeordnet und wird in den nächsten Wochen Kontakt zu der Frau halten. Kein leichter Auftrag. Jäckel braucht Fingerspitzengefühl, denn noch ist unklar, warum Manfred Pöschel verschwunden ist.

Sigrid Pöschel wohnt in Dresden. Sie sagt, dass es keine Probleme in der Ehe gebe und sie auch nicht wisse, ob ihr Mann Feinde habe. Sie beschreibt die Kleidung, die der Taxifahrer am Sonntag trug und die Gegenstände, die er bei sich hatte. So erwähnt sie auch eine Geldtasche für die Tageseinnahmen und das Wechselgeld. Mit 100 Mark Wechselgeld habe ihr Mann stets den Dienst begonnen. Nach Dienstende rechnete er ab und ließ das Geld gleich für den nächsten Dienst in der Tasche. Diese Wechselgeldtasche hatten die Kriminaltechniker im Taxi nicht gefunden. Den Abrechnungen in Manfred Pöschels Fahrtenbuch zu Folge hätten etwa 144 Mark in der Tasche sein müssen.

Die Fahrten des Taxis YE 93-88 lassen sich mit Hilfe des Fahrtenbuches und der Aussagen von Kollegen gut rekonstruieren. Den letzten Auftrag erhält Pöschel am Sonntag um 23.30 Uhr am Taxistand Lübecker Straße: Eine Fahrt zur Louisenstraße in der Dresdner Neustadt. Der Verkehrsmeister des VEB Taxi schätzt ein, dass Pöschel von der Louisenstraße zum Taxistand vor dem Bahnhof Dresden-Neustadt gefahren ist. Damit beginnt die Fleißarbeit. Alle Dresdner Taxifahrer dieser Nacht sind zu befragen. Einen Teil der Ermittlungen übernehmen Kriminalisten des VPKA Dresden. Sie finden sogar die vorletzte Kundin des Taxifahrers. Die Frau ließ sich 23 Uhr vom Elbe-Hotel in Loschwitz, wo sie gefeiert hatte, nach Löbtau auf die Clara-Zetkin-Straße fahren. Ein Meißner Taxifahrer gibt zu Protokoll, dass er in der Nacht kurz vor ein Uhr in der Porzellanstadt ein helles Taxi vom Typ Moskwitsch mit den Kennzeichen-Buchstaben YE und der ersten Ziffer 9 gesehen habe. Genau dort, wo von der heutigen Bundesstraße 6 die Auffahrt zur Elbbrücke abzweigt. Er musste die Vorfahrt beachten, das andere Taxi sei ziemlich schnell auf die Elbbrücke gefahren. Der Meißner Taxifahrer dachte noch: „Das muss ein Dresdner sein." Denn die Taxis in Meißen und Umgebung kannte er alle. Auch ein Bäckermeister sah etwa zur gleichen Zeit ein helles Taxi vom Typ Moskwitsch 412 auf dem Meißner Neumarkt in Richtung Elbe fahren. Er kann sich genau an den Typ erinnern, da er selbst einen Moskwitsch 412 besitzt. Ein Ehepaar aus Dresden, das in dieser Nacht in Coswig gefeiert hatte, war gegen 3.20 Uhr mit den Fahrrädern nach Neusörnewitz zu den Eltern gefahren, um dort zu übernachten. An der Hanfgrundstraße Ecke Elbgaustraße sahen sie ein Taxi vom Typ Moskwitsch unbeleuchtet stehen.

Nach einer Woche können die Ermittler die Wochenendschicht des Taxifahrers Manfred Pöschel einigermaßen rekonstruieren. Er selbst wurde zuletzt am Bahnhof Dresden-Neustadt gesehen. Sein Taxi registrierten Zeugen in der Nacht zum 3. Oktober in Meißen auf dem Neumarkt und an der Auffahrt zur Elbebrücke. Gegen 3.20 Uhr stand es in Neusörnewitz, wo es später gefunden wurde. Aber wo war es zwischen 23.30 und 1.00 Uhr? Erst später wird sich herausstellen, dass ein junges Paar aus Wilsdruff in dieser Nacht in Meißen im Kino und anschließend in der Gaststätte „Burgkeller" gewesen ist. Kurz nach Mitternacht sind sie mit dem Trabant des jungen Mannes von Meißen nach Wilsdruff gefahren. In Höhe des Bockwener Weges sahen sie in einer Senke der Wilsdruffer Straße rechts auf einem Weg etwa zehn Meter von der Straße entfernt einen hellen Pkw stehen. Der junge Mann könnte schwören, dass es ein Moskwitsch gewesen ist. Fatal für die Kriminalisten: Das Paar fährt am 7. Oktober für zehn Tage nach Ungarn in den Urlaub. So erfährt die Polizei erst Ende Oktober, was das Paar beobachtet hatte. Anfang Oktober wäre es ein sehr wertvoller Hinweis gewesen.

Im Moskwitsch stellen die Kriminaltechniker neben den Blutspuren auch Fingerabdruck- sowie Faserspuren sicher. Sie werden im Kriminalistischen Institut der DDR in Berlin ausgewertet und tragen später wesentlich zur Beweisführung bei. Zwei Gerichtsmediziner begutachten die Blutspuren im Fahrzeug und vermuten, dass eine Person mit dem Kopf an der Beifahrertür gelegen haben könnte. Die Ermittler führen daraufhin am 14. Oktober Versuche mit einem Taxi vom gleichen Typ Moskwitsch 412 durch. Es legt sich ein Kollege auf den Beifahrersitz, ein anderer fährt. Beobachtet wird, wie sich ein liegender Mensch bei Tempo 40, 45 und 55 jeweils verhält. Sie stellen fest, dass eine Fahrt ohne Behinderung möglich ist und der Liegende von außen nicht gesehen werden kann.

Am 9. Oktober stoßen die Ermittler in der LPG „1. Mai" in Coswig auf zwei wichtige Zeugen. Die beiden sind Melker und beginnen ihre Arbeit morgens um 3.30

Uhr. Auch am Sonntag, den 3. Oktober, sind sie gegen 3.15 Uhr gemeinsam in Coswig mit den Fahrrädern losgefahren. Unmittelbar am Eingang des Schweinemastbetriebes zwischen Neusörnewitz und Meißner Stadtteil Zaschendorf haben sie einen Mann auf der linken Seite der Straße gehen sehen. Der Fremde sprang in ein Gebüsch, als die beiden Melker an ihm vorbeifuhren. Sie sahen nur, dass es sich um einen etwa 30 Jahre alten Mann handelte. Er war etwa 1, 80 Meter groß und auffallend schlank.

Da die Kriminaltechniker auch im Taxi Schmutz im Fußraum und an den Türschwellern gesichert haben, werden 13 Bodenproben im Umland zwischen Dresden, Meißen, Coswig und Weinböhla gesammelt. Wenig später stellen die Spezialisten fest: Nur die Proben 7 und 8 ähneln dem Schmutz im Auto. Sie stammen vom Rand der Ortsverbindungsstraße zwischen Weistropp und Hühndorf auf der linkselbischen Höhe zwischen Dresden und Meißen. Am 21. Oktober erfahren die Ermittler zudem, dass die als Spur Nr. 20 im Auto gesicherten Fasern für Vergleichsuntersuchungen geeignet sind. Besonders blaue Polyester- und Zellwollfasern sollen noch eine große Bedeutung erhalten.

*

Einen Tag später, am 22. Oktober, spielen Jens (17), Holger (14) und Sven (12) wieder mal auf der Schutthalde in Bockwen bei Meißen. Da findet sich immer mal etwas Brauchbares, das für andere Menschen wertlos geworden ist. Das macht die Halde so interessant für Jungen in diesem Alter. Doch an diesem Tag machen die Jungen beim Stöbern einen schrecklichen Fund. Erst werden sie nur auf einen Schuh aufmerksam, der irgendwie seltsam mitten im Müll liegt. Nichts ahnend zieht Holger an dem Schuh und merkt: Da ist ein Fuß und ein Bein daran. Mit den Händen graben die Jungen weiter und legen den Unterkörper eines Mannes frei. Als ein alter Mann vorbeikommt, rufen sie ihn heran. Er hilft, den Körper ganz freizulegen und sagt: „Jungs, das ist 'ne Leiche. Wir müssen die Polizei holen."

Die Jungen laufen mehr als vier Kilometer bis nach Meißen zum VPKA und melden dort, dass sie eine Leiche gefunden haben. Nach dem langen Fußmarsch dürfen sie im Polizeiauto zurück zum Schuttplatz fahren. Als die Ermittler der BDVP an der Halde eintreffen, wird ihnen schnell klar: Die Kleidung des Toten ähnelt der, die Manfred Pöschel getragen hat, als er verschwand. Hier könnte der dringend gesuchte Taxi-Fahrer liegen. Die Schutthalde wird über Nacht von der Schutzpolizei bewacht. Am nächsten Morgen beginnt eine intensive Untersuchung des Fundortes. Ein halbes Dutzend Experten wühlen buchstäblich im

Bockwen bei Meißen. Auf der Müllkippe hinter dem Teich finden drei Jungen beim Spielen eine Leiche.

Müll. Sie fotografieren die Schutthalde. Alles, was mit dem Tod des Mannes in Verbindung stehen könnte, wird eingesammelt. Der Tatortbericht wird später einen ganzen Aktenordner füllen.

An der Leiche werden Gegenstände gefunden: Eine Uhr sowjetischer Bauart und ein goldener Ehering mit der Prägung „Sigrid 27.11.65". Nun ist es ziemlich sicher: Der Tote ist Manfred Pöschel. Die Energieversorgung beginnt wenig später, quer über den Zufahrtsweg zu dieser Schutthalde einen Kabelgraben zu schachten. Danach ist es nicht mehr möglich, an diesem Ort Schutt und Müll abzukippen. Die Kippe wäre kaum noch zugänglich gewesen – auch für die drei Jungen nicht. Ohne sie wäre Pöschels Leiche wohl für immer unter dem Schutt verschwunden. Der Zufall hat gegen den Mörder des Taxifahrers gearbeitet. Die Staatsanwaltschaft ordnet am 25. Oktober die gerichtsmedizinische Untersuchung der Leiche an. Die Gerichtsmediziner stellen eine runde Verletzung etwa sechs Zentimeter hinter dem linken Ohr fest. Von dort verläuft ein etwa fünf Zentimeter langer Kanal in den Schädel. Zuerst halten die Mediziner den Kanal für eine Stichverletzung. Später legen sie sich jedoch auf einen Schusskanal fest. Zu Tode gekommen ist der Mann nach Ansicht der Experten jedoch durch eine Verletzung des verlängerten Halsmarkes im Bereich des ersten Halswirbels. Da lebenswichtige Funktionen unterbrochen wurden, muss der Tod sofort eingetreten sein. Im Schädel Pöschels wird ein Stück Metall gefunden. Handelt es sich um ein Projektil? Die erste Ansicht des Stückes lässt diesen Schluss nicht unbedingt zu. Es sieht nicht aus wie ein gebräuchliches Projektil aus einer Pistole oder einem Gewehr. Ein Vergleich des Gebisses der Leiche mit den Unterlagen von Pöschels Zahnarzt beseitigt auch die letzten Zweifel. Die Gutachter halten fest: Der Tote ist Manfred Pöschel, 37 Jahre alt, verheiratet, Vater eines zehnjährigen Sohnes, getötet in der Nacht vom 2. zum 3. Oktober 1976.

Schon während der ersten Besichtigung am Fundort der Leiche fragen sich die Kriminalisten: Wer ist in der Lage, die Leiche ausgerechnet hier verschwinden zu lassen? Gibt es Tatverdächtige in der näheren Umgebung? Welche Rolle spielt die Ortskenntnis? Bei der Suche nach Antworten kreisen die Gedanken mehrerer Ermittler um einen Mann: Er wohnt gar nicht weit entfernt und war vor einigen Monaten schon einmal im Visier der Kripo – ebenfalls wegen einer Leiche. Es ist Heiner Rank*. Einige Kriminalisten der Mordkommission kennen diesen jungen Mann sehr gut. Sie haben ihn mehrfach vernommen. Erst legte er ein Geständnis ab, widerrief es aber später. Von August 1975 bis Februar 1976 saß er in Untersuchungshaft. Dann wurde das Verfahren gegen ihn von der Staatsanwaltschaft Dresden eingestellt. Ihm war jenes schreckliche Geschehen vom 4. Juli 1975 nicht nachzuweisen.

*

An diesem Tag ist Polterabend in einem kleinen Ortsteil am Stadtrand von Meißen. Mehrere Dutzend Verwandte und Bekannte sowie Kollegen der Brautleute feiern in der alten Schmiede des Dorfes den Abschied vom Junggesellendasein. Es geht hoch her, Bier und Schnaps fließen reichlich und einmal prügeln sich auch zwei Männer. Aber bald vertragen sich alle wieder. Der Vorfall ist schnell vergessen. Die Feier neigt sich dem Ende. Auf einmal zerreißen gegen 1.30 Uhr furchtbare Schreie die nächtliche Ruhe. Ein Mann läuft brennend auf der Dorfstraße entlang, fällt hin und bleibt bewusstlos liegen. Männer, die gerade vom Polterabend kommen, laufen zu ihm und erleben einen grauenhaften Anblick. Die Kleidung des Mannes ist fast verbrannt oder klebt verschmolzen mit der verbrannten Haut am Körper. Die beherzten Männer versuchen dem Mann zu helfen. Einer läuft zum nächsten Telefon und ruft Hilfe. Polizei und Rettungswagen treffen ein. Der Verletzte kommt ins Kreiskrankenhaus Meißen. Noch in der Nacht beginnen auf der Dorfstraße die Ermittlungen.

Der junge Mann, ein 22-jähriger Porzellanmaler aus Meißen, lebt mit seinen schweren Verbrennungen noch neun Tage. In dieser Zeit macht er kurze Aussagen zum Geschehen. Am 13. Juli 1975 stirbt er. Die Polizei erfährt von ihm nur, dass er vom Polterabend kommend an die Bushaltestelle ging und sich dort im Wartehäuschen auf die Bank gelegt hat. Dann sei er eingeschlafen und erst durch die Hitze und die Schmerzen aufgewacht. Wie war der Mann in Brand geraten mit derartig schlimmen Folgen? Hatte sich eine Streichholzschachtel in seiner Hosentasche entzündet? War er mit einer glimmenden Zigarette einschlafen? Brandexperten und Kriminaltechniker kommen zum Ergebnis, dass diese Varianten nicht

* *Name geändert*

möglich sind. Es muss eine brennbare Flüssigkeit im Spiel gewesen sein. Die Spuren in dem Buswartehäuschen deuten sogar auf eine kleine Verpuffung hin. Der angetrunkene junge Mann hatte jedoch keine brennbare Flüssigkeit bei sich.

Alle Gäste des Polterabends und die Anwohner des ländlichen Stadtteiles werden befragt. Es dauert einige Zeit, bis alle Gäste der Feier gefunden sind. Aber letztlich haben die Kriminalisten doch die komplette Liste beisammen. Aber kein Gast hat mitbekommen, was in der Nacht an der Haltestelle passiert ist. Die Ermittler erfahren aber, dass Heiner Rank aus dem Ort Gast des Polterabends und einer der Männer war, die sich geprügelt hatten. Danach hatte er die Feier vorzeitig verlassen, war aber noch einmal kurz aufgetaucht, als der 22-jährige Porzellanmaler schwer verletzt auf der Straße lag. Ohne zu helfen, war er wieder gegangen. Einige Tage später erwähnt dieser Heiner Rank im Gespräch mit Bekannten, den jungen Mann habe doch jemand angezündet. Vielleicht sei es der Bräutigam gewesen, weil der andere sich an die Braut herangemacht habe. Die Polizei wird hellhörig und vernimmt Heiner Rank ein zweites Mal. Dabei verstrickt dieser sich in Widersprüchen. Seine Angaben passen nicht zum Verlauf des Polterabends, wie ihn andere Zeugen schildern. Schließlich gesteht Heiner Rank, für den Vorfall im Buswartehäuschen verantwortlich zu sein. Er habe Wut wegen der Prügelei gehabt, sei in seine Laube gegangen. Er habe eine Flasche voll Benzin geholt, um „es denen dort irgendwie zu zeigen". Unterwegs zum Polterabend habe er den Mann in dem Wartehäuschen liegen sehen. Dort habe er die Flasche neben dem Schlafenden angezündet. Durch die heftige Entzündung sei ihm die Aluminium-Flasche aus der Hand gefallen und er sei weggelaufen. Er sei wieder in seine Laube gegangen. Später habe er nachschauen wollen, was aus dem Mann im Wartehäuschen geworden ist. Als er gesehen habe, wie schlimm die Verletzungen waren, sei er wieder weggegangen.

Die Kriminalisten sind erschüttert. Hatte Heiner Rank ein Motiv für diese Tat? Warum zündete er das Benzin neben dem Mann an? Wollte er ihn töten? Fest steht: Die beiden Männer kannten sich gar nicht. Sie haben auch auf dem Polterabend kaum miteinander gesprochen. Heiner Rank stellt die Sache als einen bedauerlichen Unfall hin: Es sei leider so passiert, er habe es eigentlich nicht gewollt. Gegen diese Begründung spricht sein Verhalten nach der Tat. Er hebt die Aluminiumflasche auf, geht ruhig zurück zu seinem Garten, spricht noch mit einem Arbeitskollegen und kehrt dann wieder an den Tatort zurück. Dort schaut er kurz, um wieder ruhig davonzugehen. Ist das typisch für ein ungewollt verschuldetes Unglück? Am 7. August 1975 wird Heiner Rank festgenommen und muss in Untersuchungshaft. Hier gibt ihm ein anderer Häftling einen Tipp: „Du musst auf verrückt machen, dann bist du schuldunfähig". Tatsächlich kommt Heiner Rank in die Psychiatrie der Medizinischen Akademie Dresden zur Begutachtung. Dort erzählt er anderen Häftlingen, was nach dem Polterabend passiert ist. Er schildert verschiedene Varianten. Der Gutachter hält Heiner Rank für seelisch normal und voll schuldfähig, so dass er in die Untersuchungshaftanstalt zurückkommt. Hier berät er sich mit seinen Mitgefangenen und einer sagt ihm: „Ein Geständnis kann man auch widerrufen". Das macht Heiner Rank im Januar 1976. Am 6. Februar wird das Verfahren wegen fehlender Beweise eingestellt. Er wird am gleichen Tag aus der U-Haft entlassen.

Die Kriminalisten ärgern sich, denn die Aussagen der Mitgefangenen deuten darauf hin, dass Heiner Rank doch der Täter ist. Gern hätte die Kripo weiter gegen den Mann ermittelt. Sie hatte gemeinsam mit Kriminaltechnikern insgesamt sieben Versuche mit einer Aluminium-Flasche durchgeführt, nur um Heiner Ranks Angaben zu überprüfen. Nun müssen sie das Ende des Verfahrens hinnehmen.

Nach einem Dreivierteljahr erinnern sich nun einige der Kriminalisten wieder an Heiner Rank aus dem kleinen Ortsteil von Meißen gleich bei Bockwen. Heiner Rank kommt im Fall des ermordeten Taxi-Fahrers Manfred Pöschel auf die Liste der zu überprüfenden Männer – als einer der Ersten.

Am 28. Oktober fahren Oberleutnant Günter Bienert und Leutnant Karl Pfefferl zu dem jungen Mann. Sie befragen ihn zu seinem Tagesablauf am 2. Oktober und besichtigen mit seiner Zustimmung sein Zimmer im elterlichen Wohnhaus sowie die von ihm genutzte Gartenlaube. Heiner Rank bleibt gelassen, gibt ruhig Auskunft und überlässt den Ermittlern sogar mehrere Hosen, Hemden und Pullover zur kriminaltechnischen Untersuchung. Er sei am 2. Oktober nach der Arbeit nach Hause gegangen und am Abend in seiner Stammkneipe gewesen. Nach dem Besuch besteht kein Anfangsverdacht, Günter Bienert hat gegen Heiner Rank nichts in der Hand.

Kriminaltechniker untersuchen die Kleidungsstücke sofort, um sie mit den Spuren aus Pöschels Taxi zu vergleichen. Günter Bienert schickt Kriminalisten los, um das Alibi von Heiner Rank zu überprüfen. In der Kneipe kennt man natürlich den Stammgast, aber der Wirt kann nicht bestätigen, dass Heiner Rank am Abend des 2. Oktober anwesend war. Andere Stammgäste sagen, Heiner Rank sei an diesem Abend nicht in der Kneipe gewesen. Außerdem wird bekannt, dass er ein Waffennarr sei und auch schon Schießübungen in seinem Garten veranstaltet habe. Nun wird Heiner Rank für Günter Bienert ein Tatverdächtiger. Und die Kriminaltechniker erhärten den Verdacht: Denn die Polyesterfasern der Hose weisen Besonderheiten auf. Sie sind verschmolzen. Das heißt, die Hose ist sehr oft getragen, gewaschen und zu heiß gebügelt worden. Die gleichen charakteristischen Schmelzerscheinungen haben auch die Fasern der Spur Nr. 20 aus Pöschels Taxi. Also hat Heiner Rank in Pöschels Taxi gesessen. Am 2. November 1976 wird er um neun Uhr auf seiner Arbeitsstelle im VEB Rationalisierung Meißen festgenommen. Noch am selben Tag durchsuchen mehrere Kriminalisten das Grundstück der Eltern und finden eine große Anzahl selbst hergestellter Munition. Mehrere Stücke Metalldraht, ein Metallbarren und ein Topf mit Metallrückständen lassen darauf schließen, dass hier Metall geschmolzen wurde. Auch das notwendige Werkzeug, chemische Substanzen und eine Holzform zum Gießen von Geschossen werden gefunden und beschlagnahmt.

Doch Heiner Rank stellt sich nach seiner Festnahme stur. Er verweigert die Aussage, ist nicht bereit, mit den Ermittlern zu sprechen. Trotzdem wird gegen ihn Haftbefehl erlassen, und er bleibt in der Untersuchungshaftanstalt in der Dresdner Schießgasse. Erst am 19. November 1976 ist Heiner Rank bereit zu reden. Die Vernehmung ist kurz, denn es geht nur um seine Bekleidungsstücke. Er gibt Auskunft über alle seine Hosen, Hemden, Jacken und Pullover. Mehr wird an diesem Tag nicht besprochen, zu weiteren Aussagen ist Heiner Rank auch nicht bereit. Er scheint jedoch zu ahnen, dass die Kriminalisten mit der Kleidung etwas in der Hinterhand haben. Die zweite Vernehmung am 3. Dezember dauert länger, insgesamt zwölf Stunden mit drei Pausen. Gleich zu Beginn erklärt Heiner Rank, dass er nun bereit sei, die ganze Wahrheit zu sagen. Er schildert, wie er am Sonnabend, dem 2. Oktober, nachmittags seine Pistole, eine CZ 27, Kaliber 7,65 mm, in einen Dederonbeutel steckte, mit der S-Bahn nach Dresden fuhr und dort bummeln ging. Am Abend habe er im Radeberger Keller einige Gläser Bier getrunken und sei dann zum Bahnhof Dresden-Neustadt gelaufen. Dort hatte er auf einmal Lust, mit dem Taxi nach Hause zu fahren. Er ging zum Taxistand, dort standen nur drei oder vier Leute vor ihm. So gegen 23.30 Uhr stand er vorn in der Reihe der Wartenden, und es kam ein Taxi vom Typ Moskwitsch 412. Er fragte den Fahrer, ob der ihn nach Meißen fahren könne. Der Taxi-Fahrer nickte. Heiner Rank schildert, dass er sich auf den Rücksitz links hinter den Fahrer gesetzt habe. Das Taxi fuhr über Löbtau, Kesselsdorf und Wilsdruff in Richtung Meißen. Bei Bockwen ließ Rank den Taxifahrer links in einen Weg einbiegen und anhalten. Dann habe er bezahlen wollen, im Beutel nach seiner Geldbörse gesucht. Plötzlich habe sich ein Schuss aus der Pistole gelöst. „Ich kann mir das nur so erklären, dass ich mit meinen Händen im Beutel an das Schlagstück der Waffe gekommen bin“, sagte er den Ermittlern. Er habe auf keinen Fall die Waffe aus dem Beutel genommen. Der Taxifahrer sei vornüber gefallen und er habe bemerkt, dass der Schuss ihn wohl getroffen hatte. Kopflos sei er ausgestiegen und einige Male hin- und hergegangen. Er habe den Fahrer geschüttelt, konnte aber kein Lebenszeichen mehr spüren. Dann habe er den Taxi-Fahrer auf den Beifahrersitz geschoben, sich selbst ans Steuer gesetzt und das Taxi gestartet. Zuerst sei er zurück in Richtung Wilsdruff gefahren, habe dann aber die Richtung geändert und eine Strecke über Taubenheim, Piskowitz und dann zurück in Richtung Meißen gewählt. An der Stadtgrenze habe er angehalten und beschlossen, den Taxifahrer auf der Schutthalde von Bockwen „zu verbuddeln". Das Taxi stellte er an der Schutthalde ab. Zu Fuß sei er zunächst in seinen Garten gegangen, habe dort den Beutel mit der Pistole in der Laube abgelegt und ein Paar Handschuhe und eine Schaufel geholt. Wieder an der Schutthalde, habe er den Toten vergraben. Heiner Rank erzählt, dass er danach versucht habe, alle Fingerspuren am und im Taxi mit einem Lappen zu entfernen. Er sei wieder ins Taxi gestiegen und über Meißen in Richtung Coswig gefahren. Dort sei er einige Zeit einfach umhergefahren und habe dann das Auto auf einer Straße in Neusörnewitz stehenlassen. Aus dem Fahrzeug habe er die Wechselgeldtasche und aus dem Kofferraum eine Brieftasche und den Zündschlüssel mitgenommen. Zu Fuß habe er sich auf den Weg nach Hause gemacht. Den Zündschlüssel habe er unterwegs weggeworfen, die Brieftaschen zu Hause versteckt. Am Morgen habe er dann festgestellt, dass an der blauen Hose, die er in dieser Nacht getragen hatte, Blutspritzer waren. Er habe sie daraufhin in der Küche seiner Eltern in die Waschmaschine gestopft. Seine Mutter hat die Hose dann später gewaschen und gebügelt.

Auf Bienerts Frage, was er mit den beiden Brieftaschen gemacht habe, sagt er: „Da habe ich das Geld herausgenommen und die Brieftaschen dann am Montag auf Arbeit im Kesselhaus in die Feuerung geworfen".

Lange geht es in der Vernehmung um eine silberne Pistole, für die Heiner Rank kein Magazin hat. Er hat sich einen Einsatz gefertigt, um eine einzelne Patrone in den Lauf einsetzen zu können und die Waffe durchzuladen. Noch am Abend beschließen die Kriminalisten, am nächsten Tag alle angegebenen Orte mit dem Tatverdächtigen abzufahren. Die Vernehmung wird auf Tonband aufgezeichnet, Heiner Rank unterschreibt jede Seite des Protokolls. Bleibt die Frage: Ist dies die volle Wahrheit?

Am 4. Dezember fahren die Kriminalisten zusammen mit Heiner Rank alle von ihm benannten Orte ab. Der zeigt, wo der Zündschlüssel sein müsste. Er wird tatsächlich gefunden. Er zeigt die Stelle, wo er die Pistole vergraben hat. Die Ermittler graben sie aus. In dem Stoffbeutel ist ein Plastebeutel. Darin eingewickelt ist die Pistole CZ, Modell 27, Kaliber 7,65 mm und eine Kakaodose aus Blech. In der Dose sind 166 Patronenhülsen Kaliber 7,65 mm; drei Kartuschenhülsen Kaliber 9,5 mm; zwei Hülsen Gewehrpatronen Kaliber 7,65 mm, mehrere leere Patronenhülsen verschiedener Kaliber, elf zylindrische Bleikörper, eine selbstlaborierte Patrone 7,5 mm und 4,4 g Pulvergemisch. Am selben Tag durchsucht die Kripo nochmals das elterliche Grundstück des Verdächtigen. Im Bienenhaus der Großmutter werden zwei Dederon-Einkaufsbeutel gefunden. Die Eltern versichern, dass dies die einzigen Beutel seien, die ihr Sohn immer genutzt habe. Andere Beutel kennen sie nicht. Die Beutel werden im weiteren Verfahren eine große Bedeutung haben, denn einer müsste ein Loch haben – von dem Schuss.

Dederonbeutel, DDR-typische Einkaufsutensilien, spielen bei der Überführung des Mörders eine entscheidende Rolle.

Die beiden Dederonbeutel sind Bestandteil weiterer Vernehmungen am 10. und am 14. Dezember. Heiner Rank soll Farbe und Beschaffenheit der von ihm genutzten Beutel beschreiben. Am 14. Dezember legen ihm die Ermittler vier Beutel vor. Er soll die beiden Beutel identifizieren, die er benutzt hat. Heiner Rank zeigt auf die beiden Beutel, die im Bienenhaus seiner Großmutter gefunden wurden. Einen roten Beutel habe er immer genutzt, und der liege jetzt vor ihm. Es ist der Beutel, den er bereits in einer früheren Vernehmung beschrieben hat. Angeblich hatte er darin am 2. Oktober die Pistole mit sich herumgetragen, auch als er in das Taxi einstieg. Doch nun hat Heiner Rank ein Problem: Der Beutel hat kein Loch!

Rank behauptet unerwartet, es gäbe einen dritten Beutel. Die Kripo sucht nach einem dritten Beutel. Kollegen, Freunde und Bekannte werden zu Heiner Rank und seinen Beuteln vernommen. Es stellt sich heraus, dass er tatsächlich fast immer Einkaufsbeutel für unterwegs oder auf dem Weg zur Arbeit benutzte. Aber alle Zeugen kennen nur zwei Beutel. Der Arbeitsplatz von Heiner Rank wird durchsucht. Auch dort findet sich kein dritter Beutel. Wochenlang beschäftigt sich die Kripo nur mit den Dederonbeuteln. Auch die Mutter des Verdächtigen gibt an, dass ihr Sohn nur die beiden Beutel hatte, die im Bienenhaus gefunden wurden. Die Kripo vernimmt auch einen seiner Kumpel. Mit dem will Heiner Rank zu Pfingsten 1976 nach Karl-Marx-Stadt gefahren sein. Dort habe er den Beutel gekauft. Günter Bienert entwickelt sich zum Experten für Einkaufsbeutel aus Dederon. Er fragt immer wieder Heiner Rank nach seinem Beutel, doch der bleibt dabei: Es muss einen dritten Beutel geben. Nur wo der ist, kann er nicht sagen. Dieser wird nie gefunden.

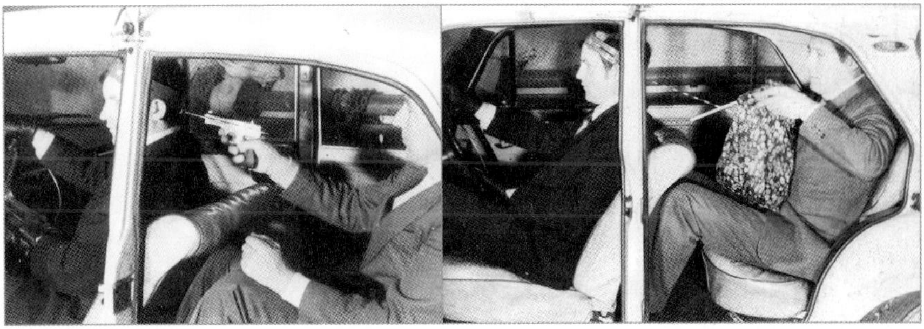

Im Taxi des Mordopfers Manfred Pöschel wird die Tat rekonstruiert.

Der 15. Dezember ist für die Ermittler ein wichtiger Tag. Im Volkspolizei-Kreisamt Meißen wollen sie den Tathergang am Originaltaxi von Manfred Pöschel rekonstruieren. Ein Ballistik-Experte aus Berlin und ein Gerichtsmediziner reisen extra dafür an. Auch Heiner Rank ist dabei und soll erklären, was sich in der Nacht vom 2. zum 3. Oktober in dem Auto abgespielt hat. Die Rekonstruktion wird fotografiert und mit einer 8mm-Kamera gefilmt. Ein Kriminalist, der in Größe und Statur dem Getöteten gleicht, hat auf dem Fahrersitz Platz genommen. Ein zweiter Mann, so groß wie Heiner Rank, sitzt hinten im Fonds. Heiner Rank schildert noch einmal, wie er die Geldbörse aus dem Beutel holen wollte. Die Kriminalisten stellen das Gesagte im Taxi nach. Alles wird in Bild und Film festgehalten.

Beim zweiten Teil der Rekonstruktion ist Heiner Rank nicht mehr dabei. Die Ermittler führen verschiedene Experimente durch. Der Mann auf dem Fahrersitz bekommt ein Band um die Stirn, an dem ein Stab befestigt wird. Er stellt die Schussbahn dar. Nun kramt der Mann auf dem Rücksitz in dem Beutel nach der

Geldbörse. Insgesamt vier Varianten mit und ohne Beutel werden dokumentiert. Zugleich beauftragt die Kripo die Gerichtsmediziner der Medizinischen Akademie Dresden mit einem Gutachten. Sie sollen die Frage beantworten, ob der Schusskanal in Manfred Pöschels Kopf mit den Angaben von Heiner Rank übereinstimmen kann. Professor Dr. Reimann legt das Gutachten am 21. Dezember vor. Er kommt zu dem Schluss, dass die vom Tatverdächtigen gezeigte Haltung der Waffe nicht zu dem Schusskanal im Kopf des Toten führen konnte.

Die Kriminalisten besorgen sich vom Meteorologischen Dienst der DDR die genaue Aufzeichnung der Wetterverhältnisse im Bereich des Tatortes. Sie untersuchen die Lichtverhältnisse vor Ort. Sie wollen damit eine frühere Aussage des Verdächtigen überprüfen. Er hatte behauptet, er habe den Beutel hochgehalten, weil Licht durch das Heckfenster des Taxis fiel. Auf diese Weise wollte er seinen Geldbeutel finden. Aber am Bockwener Weg, wo er damals zahlen wollte, gibt es keine Straßenlampe. Die Nacht zum 3. Oktober war auch keine Vollmondnacht. Woher sollte Licht durch die Heckscheibe ins Auto fallen?

Das Kriminalistische Institut der Volkspolizei in Berlin legt ein über hundert Seiten starkes Gutachten vor. Chemiker, Biologen, Daktyloskopie- und Trassologie-Experten sowie Ballistiker kommen zu folgenden Ergebnissen:

Zwischen der Hose des Heiner Rank und der Hose des getöteten Manfred Pöschel sowie dem Fahrersitz und dem linken hinteren Sitz des Moskwitsch 412 mit dem Kennzeichen YE 93-88 gab es engen Kontakt. Das beweist der Vergleich der gefundenen Fasern. – Das Tatgeschoss aus dem Kopf Manfred Pöschels und die untersuchten zylindrischen Bleikörper aus dem Grundstück der Familie Rank stimmen überein. Sie sind in Holzformen gegossen und anschließend mechanisch bearbeitet worden. – Das Tatprojektil und beschlagnahmte Schmelzreste aus dem Grundstück der Familie Rank sind aus dem gleichen Material. – Zur Herstellung der selbstlaborierten Patronen wurden Werkzeuge benutzt, die bei Heiner Rank beschlagnahmt wurden. Das Tatgeschoss wurde mit einem bei Heiner Rank beschlagnahmten Messer bearbeitet. – An der in einem Beutel gefundenen Pistole und der Patronen wurden ausschließlich Fingerabdrücke von Heiner Rank gefunden.

Diese objektiven Beweise der Gutachter zeigen, dass Heiner Rank die Patronen selbst hergestellt und auch mit seiner Pistole verschossen hat.

In den kommenden Monaten bis Sommer 1977 wird Heiner Rank noch neunmal vernommen. Doch der bleibt immer bei seiner Darstellung, er habe im Beutel seine Geldbörse gesucht und dabei habe sich der Schuss gelöst. Dass er im Laufe der Monate widersprüchliche Angaben macht, fällt den Ermittlern natürlich auf. Am 1. und 2. August 1977 konfrontieren Günter Bienert und Gerhard Möller den Beschuldigten mit den Gutachten, den Zeugenaussagen und den Widersprüchen seiner Aussagen. Immer wieder legen sie Fotos vor, verlesen Zeugenaussagen und Gutachten, doch Heiner Rank antwortet in der Regel nur: „Hierzu habe ich nichts zu sagen.". All die Beweise ändern nichts an dem, was er bisher aussagte. Am 3. August 1977 starten Bienert und Möller einen letzten Versuch, doch Heiner Rank bleibt bei seiner Darstellung. Zwei Wochen später werden die Akten der Staatsanwaltschaft übergeben. Diese ist überzeugt, dass Heiner Rank den Taxifahrer Manfred Pöschel kaltblütig erschossen hat. Rank war nach dem Vergraben der Leiche Pöschels der Meinung, diese würde nie gefunden. Dass ihm die Schachtarbeiten für den Kabelgraben quer über den Zufahrtsweg zur Schutthalde Bockwen zum Verhängnis werden würden, das konnte er nicht ahnen.

Obwohl seit seiner Festnahme am 2. November 1976 ein Monat vergangen war, hatte er bei seinem Geständnis am 3. Dezember 1976 eine undurchdachte Version des Geschehens in der Mordnacht präsentiert. Der ungewollte Schuss aus dem Beutel hatte sich als Lüge erwiesen. Alle Zeugen bestätigen, dass Heiner Rank nur die zwei Beutel benutzte, die von der Polizei im Bienenhaus seiner Großmutter gefunden wurden. Keiner dieser Beutel hatte ein Loch von einem Durchschuss.

Im Januar 1978 findet der Prozess gegen Heiner Rank am Bezirksgericht Dresden statt. Die Staatsanwaltschaft Dresden hat ihn wegen Mordes, unbefugten Waffenbesitzes und Diebstahl angeklagt. Am 24. Januar verurteilen die Richter Heiner Rank zu lebenslangem Freiheitsentzug. Neun Jahre später, im Zuge der vom Staatsrat der DDR zum 38. Jahrestag der DDR am 17. Juli 1987 beschlossenen Amnestie, wird seine Strafe auf 15 Jahre herabgesetzt. Mit Beschluss des Obersten Gerichtes der DDR vom 29. Juni 1990 erfolgt eine Strafaussetzung zur Bewährung. Die Reststrafe wurde auf 2 Jahre und 6 Monate Bewährung ausgesetzt.

Wieder auf freiem Fuß lässt sich Heiner Rank im Südwesten der Bundesrepublik nieder. Doch dort wird er wieder straffällig. Am 10. März 1992 verurteilt ihn das Landgericht Ravensburg zu acht Monaten Freiheitsentzug. Heiner Rank hatte wieder unerlaubt Schusswaffen im Besitz und mit Sprengstoff hantiert. Das Gericht verfügt darüber hinaus, dass er nun auch die Reststrafe von 477 Tagen aus seiner Verurteilung im Jahre 1978 durch das Bezirksgericht Dresden absitzen muss.

DIE TOTE IN DER KLÄRANLAGE

VON DIETER WOLFRAM UND THOMAS SCHADE

In Brand-Erbisdorf, etwa drei Kilometer südlich von Freiberg, entspringt der Münzbach. Gemächlich fließt er talwärts, um dann unter der alten Bergstadt zu verschwinden. Schon im 19. Jahrhundert haben die Freiberger den Bach in Rohre verlegt und unter der wachsenden Stadt hindurch geleitet. Seit Jahrzehnten nutzen sie den unterirdischen Münzbach auch als Kanalisation, um ihr Abwasser zu entsorgen. Mit der Zeit entstand ein regelrechtes Spinnennetz aus meterdicken Rohren unter der Stadt. Die Bürger sehen davon nur die schweren runden Gullydeckel auf den Straßen. Aus Wohnhäusern und Fabriken liefen mit der Zeit immer mehr Abwässer in dem Rohrsystem zusammen. Regen- und Schmelzwasser kommen hinzu. Deshalb haben die Freiberger schließlich eine Kläranlage gebaut. Mit einem Zaun umfriedet, liegt sie am Rande der Stadt, dort wo der Münzbach wieder auftaucht und nach der Reinigung des Wassers weiter gen Norden fließt. Nach insgesamt 22 Kilometern mündet er in der Freiberger Mulde.

Der Zufluss zur Kläranlage. Hier muss die Leiche des toten Mädchens angespült worden sein.

In den Morgenstunden des 11. August 1986 entdeckt eine Freibergerin eher zufällig in der umfriedeten Kläranlage eine Leiche. Bäuchlings und fast nackt treibt sie im Abwasser des Zulaufbeckens. Bald stellt sich heraus, dass es ein junges Mädchen ist, das nur noch einen Büstenhalter trägt. Ihr Anblick verrät den herbeigerufenen Polizisten, dass sie vielleicht schon Tage lang in dem schmutzigen und stinkenden Wasser lag. Der tote Körper ist stark aufgedunsen und schon schwarz verfärbt. Das Gesicht des Mädchens ist kaum noch zu erkennen. Wer ist die Tote, und wie war sie in das Abwasserbecken gekommen?

Bei der Untersuchung des Fundortes kann die Freiberger Polizei keine einzige Stelle an der umfriedeten Anlage finden, durch die das Mädchen gekrochen sein konnte. Der Zaun ist nirgends heruntergerissen. Auch ein Loch ist nichtzusehen. Der Fundort deutet vielmehr darauf hin, dass das Mädchen nicht im Abwasser ertrunken ist, sondern dass die Leiche über den Münzbach, dem einzigen Zulauf zur Kläranlage, angeschwemmt worden ist. Für die Freiberger Volkspolizei liegt der Verdacht eines Verbrechens nahe. Sie ruft die Mordkommission der Polizei in Karl-Marx-Stadt, die für solche Fälle zuständig ist.

Die Chemnitzer Gerichtsmediziner bestätigen bereits am selben Tag diese Vermutung. Sie untersuchen die Tote und finden typische Hautblutungen und Druckmarken am Hals. Auch die Blutungen am Zungenbein deuten daraufhin, dass das Mädchen erwürgt wurde. An den Händen trägt es noch Fingerringe, auch ein Armreif, eine Armbanduhr und eine Halskette sind vorhanden.

In den Schmuck setzt die Karl-Marx-Städter Mordkommission große Hoffnung. Er soll ihr bei der Identifizierung der Toten helfen. Zum Vergleich werden alle in Frage kommenden Vermisstenanzeigen herangezogen. Mit Routine durchforsten Kriminalisten die Anzeigen aller in der DDR vermissten Mädchen und jungen Frauen. Sie sind in einer Kartei registriert, die auch in der Mordkommission der Karl-Marx-Städter Polizei immer auf dem Laufenden gehalten wird. Dabei stoßen sie schnell auf die 13-jährige Manuela N. aus Mecklenburg. Das Mädchen war vom Norden zu ihren Verwandten nach Freiberg gekommen, um hier einen Teil ihrer Schulferien zu verbringen. Sie kommt öfter zu Onkel und Tante nach Freiberg, denn hier lebt auch ihre Cousine, mit der sie sich gut versteht. Doch am 2. August war Manuela allein unterwegs und nicht nach Hause gekommen. Am nächsten Tag hatten Tante und Onkel ihre Nichte als vermisst gemeldet. Inzwischen sind auch Manuelas Eltern schon in Freiberg, um nach ihrer Tochter zu suchen.

Noch am Nachmittag des 11. August fährt ein Mitarbeiter der Mordkommission von Chemnitz nach Freiberg, um den Eltern und Verwandten die Ringe, den Armreif, das Halsband und die Armbanduhr der Toten vorzulegen. Sie erschrecken und bestätigen sofort: Vor ihnen liegt Manuelas Schmuck. Nach acht Tagen vergeblicher Suche nach Manuela erfahren ihre Eltern und Verwandten nun, dass die 13-Jährige ermordet wurde. Großes Leid und Trauer brechen über die Familie herein.

Dennoch braucht die Mordkommission ihre Hilfe. Denn sie muss möglichst schnell klären, mit wem Manuela in den Tagen vor ihrem Verschwinden Kontakt hatte. Manuela war zwar erst 13 Jahre, aber körperlich schon wesentlich weiter entwickelt, und sie benahm sich auch sonst schon wie ein echter Teenager – keinesfalls immer zur Freude ihrer Ferieneltern. Denn Manuela kam abends kaum pünktlich nach Hause, baggerte recht ungeniert die Jungen an und übernachtete sogar schon bei Freunden.

So haben die Kriminalisten einen recht umfangreichen Personenkreis junger Leute in Freiberg zu befragen. Sie klappern die Jugend- und Studententreffs in der Bergstadt ab. Einiges kann ihnen auch Manuelas Cousine erzählen. Dabei erfährt die Mordkommission auch, dass Manuela öfter mit einem 17-jährigen Jungen namens Kay* gesehen wurde. Schon am 3. August, dem Tag nach ihrem Verschwinden, waren Manuelas Cousine, der Vater und ein Polizist bei Kay, um zu fragen, ob er wisse, wo das Mädchen ist. Doch als der kleine Suchtrupp gegen 18 Uhr klingelte, war Kay nicht zu Hause. Sein Stiefvater Gerhard K. öffnete die Tür. Der 45-jährige Heizer wusste zwar nicht, wo sich Kay gerade aufhielt. Aber er sagte, er kenne Manuela vom Sehen und bestätigte, dass Kay vor zwei Tagen kurz mit ihr in der Wohnung gewesen war. Vorwurfsvoll hatten die Besucher Gerhard K. gefragt, ob er nicht wisse, dass Manuela noch ein Kind sei. Kays Stiefvater aber sagte, er habe Manuela auf mindestens 17 Jahre geschätzt.

Möglicherweise hat Gerhard K. Manuela zuletzt lebend gesehen. Deshalb ist er für die Mordkommission ein wichtiger Zeuge. Im Freiberger Volkspolizeikreisamt soll er sein Wissen noch einmal zu Protokoll geben und wird deshalb vorgeladen. Exakt wiederholt er, was er schon zuvor ausgesagt hatte. Doch inzwischen wissen die Ermittler, dass dieser 45-jährige Mann für die Polizei kein unbeschriebenes Blatt ist. Vor 21 Jahren, am 24. September 1965, hatte Gerhard K. auf dem Fahrrad eine 15-jährige Schülerin verfolgt. Nachdem er sie auf einem freien Wiesengelände eingeholt und gepackt hatte, versuchte er, sie zu vergewaltigen. Der damals 24-Jährige würgte das Mädchen bis es bewusstlos wurde. Als sie wieder zu sich kam, wehrte sie sich nach Kräften. Daraufhin schlug Gerhard K. mit der Luftpumpe auf sie ein. So steht es in den Akten. Wahrscheinlich war es die Todesangst, die dem Mädchen die Kraft gab, sich aus dem Griff des Mannes zu befreien und zu fliehen. Gerhard K. wurde der Tat überführt und 1966 vom Bezirksgericht Karl-Marx-Stadt zu 15 Jahren Haft verurteilt wegen versuchtem Mord und versuchter Notzucht. Nach zwölf Jahren war er wegen guter Führung aus der Haft entlassen worden. Seitdem arbeitete er als Kfz-Pfleger im Freiberger Kraftverkehrsbetrieb. Im Winter wurde er auch als Heizer eingesetzt. Der Verkehrsbetrieb bescheinigt

* *Name geändert*

Gerhard K. gewissenhafte Arbeit. Er gilt als zuverlässig und ist inzwischen auch verheiratet. Aktuell liegt nichts gegen ihn vor.

Dennoch fragen die Kriminalisten bei der Vernehmung, ob Gerhard K. etwas mit Manuelas Tod zu tun hat und halten ihm die alte Geschichte vor. Vehement weist der mittlerweile 45-Jährige die Vorhaltungen von sich und erklärt kategorisch, dass er so etwas nie wieder versucht habe. Auch habe er erst aus der Zeitung und durch die Polizei vom Tod des Mädchens erfahren. Die Ermittler haben nach der Vernehmung ihre Zweifel an der Aussage des Zeugen. Er ist ihnen etwas zu unruhig und nervös geworden, als sie auf die alte Geschichte zu sprechen gekommen waren. Doch sie haben kein einziges Indiz, das ihn in diesem Fall verdächtig macht. Deshalb schicken sie ihn nach der Vernehmung wieder nach Hause.

Auf diesem Rollfix hat der Mörder sein Opfer in einer kleinen Zinkbadewanne mitten durch Freiberg gekarrt.

Inzwischen sind schon Lautsprecherwagen durch Freiberg gefahren. Über Megaphon informiert die Polizei über das Verbrechen und bittet die Bevölkerung um Mithilfe. Auch in der örtlichen Zeitung werden die Leser um Hinweise gebeten. Daraufhin meldet sich am 12. August ein Mieter des Hauses, in dem auch Kay mit seiner Familie wohnt. Er erzählte der Polizei von einer Beobachtung, die ihm merkwürdig erschienen war. Der Zeuge hatte Kays Stiefvater Gerhard K. am 5. August, morgens um fünf Uhr mit einem „Rollfix" an einer Straßenkreuzung in Freiberg gesehen. „Rollfix" heißen kleine Handwagen auf vier Rädern, auf denen der DDR-Bürger ähnlich wie mit einer Schubkarre Hausrat oder kleine Mengen Baumaterial transportieren kann. Gerhard K. habe „vermutlich einen Sack" weggebracht, sagt der Zeuge. Auf dem „Rollfix" habe eine kleine Zinkwanne gestanden, darin habe der Sack gelegen. Am nächsten Tag habe er Gerhard K. fast zur gleichen Zeit wieder mit dem „Rollfix" gesehen. Da sei er gerade zum Wohnhaus zurückgekehrt. Der Zeuge kennt den „Rollfix" bestens. Er gehöre ihm. Aber sein Nachbar Gerhard K. wisse, dass das Gefährt immer im Keller des Hauses stehe, sagt der Zeuge.

Nun hat die Mordkommission wenige Stunden nach der Zeugenvernehmung wieder mit Kays Stiefvater zu tun. Vollkommen unabhängig von den bisherigen Ermittlungen ist dieser Hinweis des Nachbars aus dem Mehrfamilienhaus gekommen, in dem die Familie von Gerhard K. lebt. Der 45-Jährige kommt damit viel mehr als bisher in Erklärungsnot. Vor einer erneuten Vernehmung werden Kay und seine Mutter befragt. Aber außer, dass Manuela verschwunden war, ist ihnen in den letzten Tagen nichts aufgefallen.

Anders ergeht es den Kriminalisten, die sich am 12. August im Freiberger Kraftverkehrsbetrieb nach Gerhard K. erkundigen. Wie alle Mitarbeiter der Mordkommission, die derzeit in Freiberg unterwegs sind, halten sie nach Gullydeckeln Ausschau. Denn war Manuelas Leiche tatsächlich im Münzbach bis zur Kläranlage getrieben, so muss sie irgendwie in die Kanalisation der Stadt gekommen sein. Schon am nächsten Tag steigen Kriminalisten der Mordkommission in die Freiberger Unterwelt. Mehrere Stunden folgen sie in der Kanalisation dem unterirdischen Verlauf des Münzbaches. Das Ergebnis des Einsatzes in die übel riechenden und schmutzigen Gefilde: Es gibt keine fremden Zuläufe, durch die die Leiche in die Kanalisation gelangt sein könnte. Es blieb nur der Weg über einen der vielen Gullydeckel der Stadt.

Der Betriebshof des Freiberger Kraftverkehrsbetriebes. Hier findet Gerhard K. einen Gullydeckel zum Abwassersystem. In dem Schacht lässt er die Leiche des Mädchens verschwinden.

Aus diesem Grund bleibt beim Dienstbesuch im Freiberger Kraftverkehr der Blick der Ermittler auch an jedem Gullydeckel hängen. An einem werden sie stutzig. Er liegt auf dem gepflasterten Betriebshof keine zwanzig Meter von der flachen Holzbaracke entfernt, in der auch Gerhard K. zu tun hat. Der schwere Eisendeckel hat einen Durchmesser von sechzig Zentimetern und trägt die Nummer 115. Erst fragen die Ermittler nur, wohin er führt. Als sie erfahren, dass man durch diesen Schacht direkt in die Kanalisation gelangt, wollen sie es genauer wissen. Schon beim Hinschauen fällt auf, dass hier die Rille zwischen Schacht und Deckel nicht von Straßenstaub und Sand regelrecht „zugesetzt" ist. Bei anderen Gullys ist das ein Zeichen dafür, dass sie lange nicht geöffnet wurden. Am Gully Nummer 115 ist das anders. Hier klebt der schwere Deckel nicht in der Schachtöffnung, hier lässt er sich leicht hochheben. Es ist offensichtlich, dass Deckel Nummer 115 erst vor kurzem geöffnet worden ist. Der Schacht ist breit genug, dass ein Mensch ihn benutzen kann. Einer der Kriminalisten steigt hinein und entdeckt Wischspuren an der verschmutzten Schachtwand. Als diese Nachricht in der Mordkommission bekannt wird, sind sich alle Ermittler einig, die mit dem Fall befasst sind: Das reicht an Indizien.

Am nächsten Morgen, es ist der 13. August 1986, werden Gerhard K., seine Frau und auch Kay von der Polizei abgeholt und ins Volkspolizeikreisamt gebracht. Der Mann soll seine morgendlichen Touren mit dem „Rollfix" erklären. Nur kurz versucht der 45-Jährige, sich mit einer erfundenen Geschichte aus der Affäre zu ziehen. Doch die kaufen ihm die Ermittler nicht ab. Nach wenigen Minuten erklärt Gerhard K., dass er die Wahrheit sagen werde, wenn sein Frau und sein Stiefsohn wieder nach Hause gehen könnten. Sie hätten mit der Sache nichts zu tun und wüssten von nichts. Gerhard K. will auf keinen Fall, dass seine Familie in den Fall hineingezogen wird. Die Mordkommission entspricht seiner Bitte. Durch ein geöffnetes Fenster kann Gerhard K. sehen, wie seine Frau auf dem Hof das Volkspolizeikreisamt verlässt. Er ruft ihr sein Geständnis nach: „Machs gut, ich komme nicht wieder, ich war es."

In den folgenden Stunden gesteht Gerhard K. umfassend, was sich am frühen Morgen des 3. August 1986 und danach zugetragen hat. Wie fast jeden Tag war der 45-Jährige kurz nach vier Uhr mit seiner Frau zusammen aufgestanden. Sie verließ eine halbe Stunde später das Haus, weil sie sehr zeitig auf Arbeit sein muss. Statt sich noch mal hinzulegen, verrichtete Gerhard K. danach die morgendlichen Hausarbeiten. Er räumte das Frühstück weg, machte die Betten, während sein Stiefsohn Kay noch in seinem Zimmer schlief. In der Nacht zuvor hatte Kays neue Freundin Manuela mit in diesem Zimmer übernachtet – ein Mädchen, das ihm sofort gefallen habe, sagt Gerhard K. Diesmal hatte Kay sie jedoch nicht mitgebracht.

Gegen 4.45 Uhr hätte es dann plötzlich an der Vorsaaltür geklingelt. Gerhard K. war gerade im Schlafzimmer und dachte, seine Frau hätte etwas vergessen und sei deshalb noch einmal zurückgekommen. Als er öffnete, brannte im Hausflur kein Licht. Doch die Vorsaalbeleuchtung reichte. So erkannte Gerhard K., dass Manuela in der Tür stand. Er fragte, was sie wolle. Zu ihrem Freund, antwortete das Mädchen. Viel mehr konnte Manuela nicht sagen. Denn der 45-Jährige packte die 13-Jährige sofort. Sexuelle Lust sei schlagartig über ihn gekommen, sagt er. Das junge Mädchen habe ihn so sehr erregt, dass er sofort Geschlechtsverkehr mit ihr haben wollte. Weil sich Manuela ihm mit Sicherheit verweigert hätte, so erklärt Gerhard K., habe er gar nicht erst gesagt, was er von ihr wollte, sondern sofort mit beiden Händen nach ihrem Hals gegriffen und mit aller Macht zugedrückt. Sie sollte keine Gegenwehr leisten, wenn er sein sexuelles Verlangen an ihr befriedigte. Mit dem Würgegriff habe er sie sich gefügig machen wollen, sagt er.

Manuela hatte keine Chance. Sie konnte sich aus dem Würgegriff nicht befreien. Sie sei vor ihm zu Boden gesackt und habe reglos auf dem Rücken im Hausflur gelegen. Ob Manuela in diesem Augenblick noch lebte, kann Gerhard K. nicht mehr sagen. Doch das war ihm wohl auch egal. Denn er habe sich in diesem Moment an 1965 erinnert, als er schon einmal wegen versuchter Notzucht und wegen versuchtem Mord ins Gefängnis musste. Sein Opfer hatte ihn damals angezeigt. Das sollte ihm nicht noch einmal passieren. Er wollte nicht wieder in den Knast, hatte Angst vor der Haft. Deshalb hätte das Mädchen sowieso sterben müssen, gesteht er den Ermittlern.

Gerhard K. fasste dem leblosen Mädchen von hintern unter die Arme und zerrte sie ins Bad. Dann verschloss er die Vorsaaltür und die Badtür wieder. Er habe an dem Mädchen kein Lebenszeichen mehr gespürt und geglaubt, dass Manuela schon tot war, so schildert er den Ermittlern die Situation. Trotzdem wollte er den Geschlechtsverkehr mit der 13-Jährigen. Deshalb zog er sie im Bad aus. Als er dem Mädchen den Slip abstreifte, habe er Blut festgestellt. Ihm sei bewusst geworden, dass sie offenbar ihre Regel hatte. Das habe ihn geschockt, sagt der Beschuldigte. Seine sexuelle Erregung sei augenblicklich auf den Nullpunkt gesunken. Angst habe ihn jetzt ergriffen, weil sein Stiefsohn ja jeden Augenblick ins Bad kommen konnte. Er wäre Zeuge des Verbrechens geworden. Die letzten Minuten war es schließlich keinesfalls geräuschlos in der Wohnung zugegangen. Vielleicht hatte er Kay schon aufgeweckt. So drehten sich seine Gedanken bald nur noch darum, wie er den leblosen Körper am besten verstecken konnte. Ihm fiel der Keller ein. Zu dem kleinen Gelass hatte nur er einen Schlüssel. Kein anderer aus der Familie durfte da rein. Denn der Keller barg bereits ein Geheimnis. Dort versteckte Gerhard K. Diebesgut, wie sich herausstellte im Wert von mehreren tausend Mark – Bohrmaschinen, Winkelschleifer, Kettensägen und vieles mehr. Damals gab es diese sozialistische Losung: „Aus unseren Betrieben ist noch viel mehr herauszuholen". Mit dem Spruch war zwar etwas ganz anderes gemeint, aber Gerhard K. legte ihn in seinem Sinne aus.

Eilig schaffte der 45-Jährige im Keller Platz zwischen seiner Beute. Sobald das Licht im Hausflur wieder erloschen war, ging er in seine Wohnung im Erdgeschoss zurück. Im Dunkeln zog der das leblose Mädchen durch den Vorsaal seiner Wohnung über das Treppenhaus hinunter in den Keller. Hier legte er die Leiche an einer Wand ab. Er musste den gleichen Weg noch einmal gehen, um Manuelas Kleidung zu holen. Die steckte er in einen Sack. Danach verschloss er seinen Keller sorgfältig, kehrte in die Parterrewohnung zurück und erledigte bis gegen 5.30 Uhr seine Hausarbeiten. Anschließend fuhr er mit dem Rad auf Arbeit, wo er pünktlich um sechs Uhr eintraf. Bis 14 Uhr habe seine Schicht gedauert, sagt er. Dann sei er mit dem Rad wieder nach Hause gefahren, habe mit seiner Frau Kaffee getrunken und anschließend im Keller nachgeschaut. Dabei habe er sich noch keine Gedanken gemacht, wie es mit der Leiche im Keller weitergehen sollte. Erst als am Abend die Polizei und Manuelas Angehörige in der Tür standen und nach dem Mädchen fragten, da habe er gewusst, dass er die Leiche verschwinden lassen musste. Wieder kam Angst auf, dass er als Täter ermittelt werden könnte. Dann würde es teuer für ihn werden. Deshalb hat er nach einer Möglichkeit gesucht, wie er das Mädchen schnellstens aus dem Haus bringen konnte. Tragen konnte er die Leiche nicht, dafür war sie zu schwer. Außerdem hätte man ihn sehen können. Was sollte er dann sagen?

Und wenn er einen Handwagen in der Stadt hinter sich her ziehen würde? „Da würde mir schon was einfallen, wenn ich einen Bekannten treffe", habe er sich gesagt und sei erneut in den Keller gegangen. Dort gab es einen Gemeinschaftskeller für Kinderwagen, Fahrräder und alles, was sonst noch so von Hand gezogen oder geschoben werden konnte. Der „Rollfix" seines Nachbarn sei ihm sofort ins Auge gefallen, sagt Gerhard K. Auch eine abgestellte alte Zinkbadewanne schien ihm als Behälter für einen Leichentransport geeignet. Am nächsten Morgen wollte er das tote Mädchen aus dem Haus bringen. Wohin, das habe er in diesem Augenblick noch nicht gewusst, sagt Gerhard K. der Polizei.

Am anderen Morgen waren seine Frau wie immer schon aus dem Haus und Kay wie immer noch im Bett, als der Stiefvater den „Rollfix" seines Nachbarn aus dem Keller zum Hintereingang des Hauses trug. Daneben stellte er die Zinkbadewanne. Es wurde schon hell, als er die Leiche des Mädchens durch das Treppenhaus zum Hintereingang schleifte. Vergeblich versuchte er mehrmals, das tote Mädchen in die Wanne zu legen. Scheppernd fiel sie um. Doch glücklicherweise schaute keiner wegen des Lärms aus dem Fenster. Nachdem die Wanne mit der Leiche endlich auf dem „Rollfix" stand, warf Gerhard K. den Sack mit Manuelas Sachen darüber, dann zog er los. Aus Gewohnheit macht er sich auf den Weg in Richtung Kraftverkehrsbetrieb, wo er arbeitet. Etwa 30 bis 40 Minuten läuft man zu Fuß dahin. In der Stadt führte die Strecke über mehrere Straßenkreuzungen. Mittlerweile begann in Freiberg der Berufsverkehr. Leute waren auf der Straße. Gerhard K. achtete darauf, dass die Mädchenleiche unter dem Sack nicht zu sehen war. Dass er einem Bekannten begegnen könnte, habe er nicht einkalkuliert, sagt er. Auf Fragen nach seiner seltsamen Fracht wäre er wohl doch nicht vorbereitet gewesen. Er glaubte, dass ihn keiner mit dem „Rollfix" beachten würde.

Etwas anderes beunruhigte Gerhard K. viel mehr. Er hatte den größten Teil des Weges hinter sich und noch immer keinen Plan, wo er die Leiche verschwinden lassen konnte. Im letzten Moment sei ihm der große Betriebshof im Kraftverkehr eingefallen. Er kannte den großen Schacht gleich neben der Baracke, in der er arbeitete. Der führte direkt in die Kanalisation der Stadt. Dort würde das tote Mädchen für immer verschwinden, dachte er.

Im Hauptgebäude des Betriebes, in dem auch die Umkleideräume und die Heizung sind, stellte er den „Rollfix" ab und besorgte sich einen Feuerhaken. Den würde er brauchen, um den Gullydeckel zu öffnen. Ohne das schwere Eisen hätte er den Deckel nie aushebeln können. Aber Gerhard K. war ein kräftiger Kerl. Nach einigen Versuchen habe der Deckel nachgegeben, sagt er. Es war nur noch wenig Zeit bis zum Beginn der Frühschicht und auch schon taghell, als der 45-Jährige am Morgen des 5. August 1986 die Leiche des 13-jährigen Mädchens mitten auf dem Betriebshof des Freiberger Kraftverkehrs in den Abwasserschacht warf – und merkwürdigerweise hatte ihn niemand dabei beobachtet.

Nachdem er auch den Sack mit Manuelas Kleidern in den Schacht geworfen hatte, schob Gerhard K. den Gullydeckel wieder ordnungsgemäß auf den obersten Betonring. Die Zinkbadewanne stellte er im Umkleideraum auf seinen Garderobenschrank. Den „Rollfix" versteckte er in der Heizung. So schnell er konnte, sei er dann nach Hause gelaufen, erzählt er den Ermittlern der Mordkommission bei seinem Geständnis. Dann habe er sein Fahrrad geschnappt und sei wie jeden Tag zur Arbeit gefahren. Erst jetzt sollten die Leute ihn sehen, sagt Gerhard K. Am nächsten Morgen sei er wieder vor der Schicht zu Fuß in den Betrieb gelaufen und habe den „Rollfix" geholt. Er war in Sorge, dass sein Nachbar den Wagen selbst brauchen könnte. Dass ihn sein Nachbar an beiden Tagen mit dem „Rollfix" beobachtet hatte, überraschte Gerhard K. Er war der Meinung, dass ihn bei dem makabren Leichentransport keiner gesehen hatte.

EIN MÖRDER MIT SECHS RICHTIGEN

VON DIETER WOLFRAM UND THOMAS SCHADE

Das Glücksspiel mit dem Tippschein ist Anfang der 90er Jahre in Sachsen noch echte Handarbeit – insbesondere für die Mitarbeiter des Lotteriebetriebes, die allwöchentlich Millionen Lotto-Scheine auswerten. Sofort nach Annahmeschluss beginnt das Procedere der Abrechnung und Auswertung, bei dem es darauf ankommt, pünktlich zu sein und exakt zu arbeiten. Meldet sich erst einmal ein Gewinner, dessen Tippschein bei der Auswertung unbeachtet blieb, so ist der Ärger groß. Damit so etwas nicht passiert, beginnt ein zuverlässiges Räderwerk zu arbeiten, sobald die zahlreichen Annahmestellen schließen.

In Chemnitz setzt sich im Sommer 1990 dieses Räderwerk in der Zschopauer Straße in Gang. Dort hat die Lotto-Hauptannahmestelle ihren Sitz. Hierher kommen alle Lottoscheine des gesamten Bezirkes. Alle Annahmestellen der Deutschen Post und mehr als hundert private Lotto-Läden liefern in diese Zentrale. Am Freitag, den 24. August, endet die 34. Spielwoche. Ein sonniger und heißer Tag geht zu Ende. Diesmal hat Manuela Wippler* den ungeliebten Abenddienst vor dem Wochenende. Die 30-Jährige wartet in ihrem Büro auf die Abrechnungen. Die privaten Lotto-Annahmestellen in der Stadt schließen 17 Uhr. „Vielleicht geht es heute schnell, dann lässt sich mit dem Abend noch was anfangen", denkt die junge Frau.

Aber dieser Freitag wird für Manuela Wippler* ein langer Abend. Es ist schon nach 21 Uhr, als sie leise vor sich hin murmelt: „Warum kommt nur die Chopinstraße 43 nicht und rechnet endlich ab." Im Sommer 1990 rechnen die Inhaber nach Annahmeschluss zuerst die bei ihnen gespielten Tippscheine ab und vergleichen die Summe mit ihren Einnahmen. Mit den Tippscheinen und dem Geld kommen die Ladenbesitzer dann zur Hauptannahmestelle. Hier werden die Abschnitte B und C der Tippscheine getrennt und erneut nachgerechnet. Auf den Abschnitten B und C sind die Zahlen durchgeschrieben, die der Lotto-Tipper auf dem Abschnitt A angekreuzt hat. Die Abschnitte B und C dienen am folgenden Montag zum Vergleich und zur Gewinnüberprüfung der am Wochenende gezogenen Gewinnzahlen. Zur Sicherheit werden alle Abschnitte des Spielscheines

* *Name geändert*

bei der Annahme gestempelt, damit die Herkunft des Tippscheines zu kontrollieren ist. Der Kunde behält grundsätzlich den Abschnitt A. Der Ladeninhaber rechnet nach der Überprüfung der Scheine in der Hauptannahmestelle auch seine Bargeldeinnahmen ab.

An diesem Abend wartet Manuela Wippler nur noch auf Evelin Fischer. Die 41-jährige Frau führt den Lotto-Laden in der Chopinstraße zwar noch nicht lange, sie hat sich aber schnell eingearbeitet und gilt als gewissenhaft und pünktlich. Mittlerweile ist Evelin Fischer vier Stunden über der Zeit. So lange kann ihre Abrechnung nicht dauern, denkt Manuela Wippler. Sie hat schon in dem Laden angerufen, aber keiner meldet sich. Steht das Telefon dort nicht auf dem Schreibtisch, oder liegt der Hörer nicht richtig auf der Gabel? Manuela Wippler wird langsam unruhig. Alle anderen Lotto-Annahmestellen sind da gewesen. Bei keiner gab es Probleme. Manuela Wippler ruft schließlich ihren Abteilungsleiter Klaus Hauptauge* zu Hause an und fragt, was sie tun soll. Außerdem telefoniert sie mit ihrem geschiedenen Mann und bittet ihn, mit dem Auto in der Chopinstraße vorbeizufahren und nachzusehen, ob Evelin Fischer noch im Laden ist.

Das Eckhaus Chopinstraße 43 im Stadtteil Kappel stammt noch aus der Gründerzeit. Es ist ein schnörkelloses dreistöckiges Gebäude, an dem in den letzten Jahren kaum etwas getan wurde. Die Fassade ist grau. Unter einem der Erdgeschossfenster hängt ein Zigarettenautomat. Der Eckladen daneben war früher sicher mal ein typischer Tante-Emma-Laden. Seit Anfang der 80er Jahre werden hier Lotto-Scheine angenommen. Er ist einer dieser hundert privaten Lotto-Läden im Bezirk. Direkt auf der Ecke befindet sich die Ladentür für die Kundschaft. Rechts und links davon zeigen Schaufenster die übliche phantasielose Lotto-Werbung. Ladentür und Schaufenster können durch Rollläden zusätzlich gesichert werden. Es ist bekannt, dass Evelin Fischer die Rollläden nach Feierabend stets herunterlässt, um ihr Geschäft und vor allem die Glasscheiben über Nacht zu schützen. Die Quittung dafür hat sie schon bekommen. Schmierfinken haben zwei der Jalousien mit Farbe verunstaltet.

Evelin Fischer betritt ihr Geschäft stets durch einen Personaleingang im Hausflur. Der hat ebenfalls schon lange keine frische Farbe mehr gesehen, und die Tür zu ihrem Geschäft hat schon einige Jahrzehnte auf dem Buckel. Sie sieht aus wie eine normale Wohnungstür. Ihr Schloss besitzt nur innen eine Klinke. Vom Treppenhaus lässt sie sich mit einem drehbaren Knauf öffnen. Betritt man den Laden, so steht man in einem kleinen Flur. Von dem aus führen Türen in den Kundenraum, in ein Nebengelass, in eine kleine Küche und in die Toilette. Es ist bekannt, dass Evelin

Die Lottoannahmestelle im Eckhaus an der Chopinstraße 43 im Chemnitzer Stadtteil Kappel.

Fischer den Personaleingang und die Tür zum Kundenraum abschließt, wenn sie ihren Laden geöffnet hat. Die 41-Jährige ist als vorsichtig bekannt. Sie will nicht, dass sie jemand im Laden quasi „von hinten" überrascht.

Zwei Mal fährt Manuela Wipplers Ex-Mann an diesem Abend nach 21 Uhr an dem Lotto-Laden in der Chopinstraße vorbei. Jedes Mal sieht er dasselbe: Die Rollläden sind heruntergelassen. Alles scheint ruhig. Von der Straße aus sind keine Geräusche aus dem Laden zu vernehmen. Auch am Personaleingang klopft und klingelt er. Keine Reaktion. Am Türknauf dreht er nicht. Er glaubt, dass Evelin Fischer das Geschäft verlassen hat. Diesen Eindruck schildert er auch seiner geschiedenen Frau, die im Büro die Stellung hält. Sie hat diesen Freitagabend längst abgeschrieben.

Es ist schon gegen 22.30 Uhr, als sich die Wipplers nun gemeinsam ein drittes Mal auf den Weg in die Chopinstraße machen. Der Lotto-Mitarbeiterin lässt das alles keine Ruhe. Seit sie dabei ist, hatte noch nie ein Lotto-Laden vergessen abzurechnen. „Was ist, wenn es deswegen am Montag zum großen Krach kommt?", denkt sie. Ansonsten glaubte sie an nichts Böses.

Es ist längst dunkel, als Wipplers vor dem Laden ankommen. Die Haustür des Eckgebäudes ist nicht verschlossen. Drinnen in dem ungemütlichen und dunklen Flur ist die Lotto-Frau froh, dass ihr Verflossener neben ihr steht. Im Hausflur herrscht eine gespenstige Stille. Sie klingeln und klopfen am Personaleingang des Ladens. Aber im Geschäft rührt sich nichts. „Hat die Fischer tatsächlich einfach Feierabend gemacht, ohne abzurechnen? So kann sie doch ihre Kunden nicht hängenlassen", sagt sich Manuela Wippler zum x-ten Mal an diesem Abend.

Da Evelin Fischer nicht abgerechnet hat, bringt sie sämtliche Lotto-Spieler, die in der 34. Woche in der Chopinstraße getippt haben, um ihre Gewinn-Chance. Denn die B- und die C-Abschnitte lagen nun nicht in der Hauptannahmestelle und würden am Montag bei der Auswertung der gezogenen Gewinnzahlen auch nicht berücksichtigt. Gewinnansprüche könnten von den Spielern nicht geltend gemacht werden. Manuela Wippler ahnt für den kommenden Montag nichts Gutes. Ratlos verlassen sie den Hausflur.

Auch Lotto-Abteilungsleiter Klaus Hauptauge lässt die Meldung seiner Mitarbeiterin aus dem Büro keine Ruhe. Er hatte sich die Telefonnummer des Ladens geben lassen und nach 21 Uhr ebenfalls mehrmals bei Evelin Fischer angerufen. Stets ohne Erfolg. Besorgt fährt Hauptauge am nächsten Tag, dem Sonnabend, gegen zehn Uhr ebenfalls in die Chopinstraße, um nach der Inhaberin des Lottoladens zu sehen. Auch er stellt nichts anderes fest als seine Mitarbeiterin am Abend zuvor. Er klingelt und klopft, doch es meldet sich niemand.

Weder Wipplers noch Klaus Hauptauge können später sagen, warum sie nicht am Türknauf gedreht hatten, um zu prüfen, ob die Tür verschlossen ist. Vielleicht war es doch die Scheu, eine böse Entdeckung machen zu müssen? Denn der Personaleingang zum Lotto-Laden ist, wie sich bald zeigt, schon seit Freitagnachmittag nicht mehr verschlossen. Die Tür ist nur eingeklinkt. Schon bei seinem ersten Besuch hätte Manuela Wipplers Ex-Mann die Tür öffnen können. Er wäre sogar bis in den Kundenraum gekommen und dort sicher zu Tode erschrocken.

Auch so verleben die beiden Lotto-Mitarbeiter kein sorgenfreies Wochenende. Evelin Fischer geht ihnen durch den Kopf. Was war mit der Frau? Warum rechnete sie nicht ab? Wo war sie geblieben?

Die Chemnitzerin Evelin Fischer ist alleinstehend und wohnt mit ihrem zehn-jährigen Sohn in der Dürerstraße. Zum Vater ihres Kindes hatte sie seit Jahren schon keinerlei Kontakt mehr. Ob die 41-Jährige seither in neuen Partnerschaften gelebt hat, ist nicht bekannt. Dafür hält sie engen Kontakt zu ihren Verwandten. In Chemnitz leben ihre vier Brüder, mit denen sie in geordneten Verhältnissen aufgewachsen ist.

Nach der Schulzeit hat Evelin Fischer bei der Post gelernt und nach der Berufsausbildung als Postbetriebsfacharbeiter gearbeitet. Später wechselt sie als Sekretärin in einen Industriebetrieb. Als sich eine berufliche Chance im Staatlichen Kunsthandel der DDR bietet, geht sie in den Kunstbetrieb und ist dort bis zum

Mai 1990 tätig. Überall, wo Evelin Fischer war, schätzt man sie als ehrliche, zuverlässige und korrekte Mitarbeiterin. Dann plötzlich, mitten in der Wende, wird sie arbeitslos.

Doch schon bald bietet sich für die 41-Jährige eine neue Chance. Freundschaftliche Kontakte helfen ihr weiter. Evelin Fischers Freundin Kerstin Simon kennt eine Frau namens Carmen Schellhorn. Die betreibt seit April die Lotto-Annahmestelle Chopinstraße. Carmen Schellhorn bietet Evelin Fischer an, bei ihr einzusteigen. Die Ladeninhaberin möchte expandieren. Neben den Tipp-Scheinen möchte sie künftig auch Souvenirs, Geschenkartikel, Getränke und Süßigkeiten verkaufen. Ein zweiter Raum dafür ist in dem Ladengeschäft vorhanden. Mit der D-Mark zieht gerade auch die Marktwirtschaft in der ostdeutschen Großstadt ein. Selbstständigkeit und Unternehmergeist werden großgeschrieben. Evelin Fischer zögert nicht lange und nimmt das Angebot an. Doch mitten im Aufbruch geht die Ehe der Familie Schellhorn in die Brüche. Carmen Schellhorn zieht an die Nordsee. Die Zeit reicht gerade noch, um Evelin Fischer ins Lotto-Geschäft einzuarbeiten. Dann ist die 41-Jährige auch schon auf sich allein gestellt in dem kleinen Geschäft in der Chopinstraße 43. Anfang August übernimmt Evelin Fischer den Lotto-Laden und versucht erst einmal so gut wie möglich über die Runden zu kommen. In der Hauptannahmestelle in der Zschopauer Straße ist man froh, dass der Wechsel so reibungslos klappt und die Annahmestelle nicht vorübergehend geschlossen werden muss.

Am Nachmittag des 24. August, kurz nach 16 Uhr, bekommt Evelin Fischer Besuch in ihrem Laden. Ihr Bruder Thomas schaut mit seiner Frau vorbei. Viel miteinander plaudern können sie nicht, denn es ist Freitagnachmittag, in einer knappen Stunde ist Annahmeschluss für die 34. Spielwoche. Da stehen die Tipper Schlange im Lotto-Laden. Die Geschwister vereinbaren nur, dass Thomas Fischer seine Schwester am nächsten Tag mit dem Auto von zu Hause abholt. Gemeinsam wollen sie ins benachbarte Kemtau fahren und Verwandte besuchen. In Sachsen sind Schulferien, und Evelin Fischers Junge hält sich bereits bei den Verwandten auf.

Einen Tag später steht Thomas Fischer wie vereinbart in der Dürerstraße vor dem Haus seiner Schwester und wartet. Es erstaunt ihn schon, dass sie nicht öffnet, nachdem er geklingelt und geklopft hat. So wartet er im Auto und denkt: „Vielleicht ist sie nur mal schnell zu ihrer Freundin Kerstin gelaufen." Kerstin Simon wohnt ganz in der Nähe. Evelin Fischer ist häufig bei ihr, aber angesichts der Verabredung an diesem Vormittag kommt ihm das Ganze schon seltsam vor. Nach einiger Zeit klingelt er bei Kerstin Simon und stellt fest, dass seine Schwester nicht bei ihrer Freundin ist. „Das gibt es doch nicht", sagen sich beide. So unzuverlässig kennen beide Evelin Fischer nicht. Deshalb kommt Sorge auf: Vielleicht ist was mit dem Geschäft? Ein Wasserrohrbruch in dem alten Haus oder sogar ein Einbruch? Keiner von beiden weiß, dass Evelin Fischer bereits am Abend zuvor von den Lotto-Mitarbeitern vermisst wurde, weil sie nicht abgerechnet hatte.

So fahren Bruder und Freundin am Sonnabendvormittag in die Chopinstraße und treffen gegen elf Uhr dort ein. Sie bemerken die heruntergelassenen Rollläden und gehen sofort zum Personaleingang. Anders als die Lotto-Mitarbeiter drehen sie am Knauf zur Ladentür und merken, dass nicht abgeschlossen ist. Durch den kleinen Flur gehen sie in den Laden und erschrecken furchtbar. Den Anblick werden sie nie vergessen.

Im Kundenraum finden die Kriminalisten ein Chaos, B- und C-Abschnitte von Tippscheinen liegen überall verstreut auf dem Boden neben der Leiche.

Überall im Kundenraum verteilt liegen B- und C-Abschnitte von Lottoscheinen auf dem Fußboden. Die meisten sind durch Feuer mehr oder weniger stark beschädigt. Viele sind sogar bis zur Unkenntlichkeit verbrannt. Hinter dem kleinen Verkaufstresen entdecken sie Evelin Fischer. Gewöhnlich sitzt sie dort auf einem Drehstuhl, wenn sie die Lottoscheine annimmt und stempelt. Jetzt liegt sie leblos auf dem Bauch neben diesem Stuhl in einer großen Blutlache und ist vermutlich schon längere Zeit tot. War sie unglücklich gestürzt? Kaum. Die sichtbaren massiven Verletzungen am Kopf, im Gesicht und an den Armen kann sie sich nicht bei einem Sturz zugezogen haben. Das erkennen ihr Bruder und die Freundin schnell. Schließlich entdecken die beiden auch ein Stück Strumpfhose. Es ist straff um den Hals der Toten gebunden. Ihnen wird klar, dass hier ein brutales Verbrechen stattgefunden hat, dem Evelin Fischer zum Opfer gefallen ist. Über den Notruf alarmiert Thomas Fischer unverzüglich die Polizei. Auch den ersten Schutzpolizisten am Tatort ist sofort klar, dass der Lotto-Laden zum Ort eines Verbrechens geworden ist. Sie klingeln den Bereitschaftsdienst der Mordkommission raus – zwei Kriminalisten und einen Kriminaltechniker. Sie sehen auf den ersten Blick, dass an diesem Tatort viel Arbeit wartet und rufen alle verfügbaren Mitarbeiter der Chemnitzer Mordkommission in die Chopinstraße – auch Gerhard Keller*. Der übernimmt die Leitung der Ermittlungen.

Keller und den anderen Kriminalisten fallen sofort die Lotto-Scheine auf. Wild verstreut liegen B- und C-Abschnitte auf dem Boden. Haben sie etwas mit dem zu tun, was hier passiert ist? Beim ersten Hinschauen fallen den Kriminalisten zwei fast vollständig verbrannte Scheine auf – ein B- und ein C-Abschnitt mit der gleichen Zahlenfolge im Kontrollabschnitt. Anders als all die anderen Scheine liegen diese beiden Abschnitte mit der gleichen Kontrollnummer dicht beieinander. Ansonsten liegen die bereits getrennten B- und C-Abschnitte beieinander. „Offenbar wurden die meisten B- und C-Abschnitte schon getrennt, ehe jemand hier alles verwüstet hat, denkt Gerhard Keller. Der Leiter der Mordkommission ordnet an, alle Scheine, auch die fast verbrannten Abschnitte, als Spuren zu sichern. Wie wichtig diese Spuren sind, soll sich später zeigen.

Kriminaltechniker finden im Kundenraum zwei Zigarettenkippen der Marke „Cabinett". An den Mundstücken werden später bei den Untersuchungen im Labor Speichelspuren der Blutgruppe Null nachgewiesen. Einen genetischen Fingerabdruck des Rauchers aus dem Speichel abzubilden, gelingt den Kriminaltechnikern 1990 noch nicht. Dafür finden die Ermittler am Tatort heraus, dass die Rollläden offenbar nicht von der Ladeninhaberin heruntergelassen worden sind. Der Rollladen an der Tür hatte sich etwa 20 Zentimeter über dem Fußboden verkantet und war stecken geblieben. Evelin Fischer hätte das korrigiert und die Jalousie wieder hochgezogen, da sind sich alle einig, die sie kennen. Sie hätte solange gezogen, bis der Rollladen ohne hängen zu bleiben auf den Boden gefallen wäre.

Verschwunden sind die Wocheneinnahmen der Lotto-Kundschaft. Erfahrungsgemäß sind das in der Chopinstraße zwischen 2.000 und 3.000 D-Mark, erfahren die Ermittler von der Hauptannahmestelle in der Zschopauer Straße. Auch Evelin Fischers Ausweis und andere persönliche Dokumente sind nicht zu finden. In der Küche liegt lediglich ihre Handtasche, aber die ist leer. Die Brüder sind sich sicher, dass ihre Schwester Ausweis und Geldkarte immer in der Handtasche bei sich trug.

Noch am Wochenende stellen die Chemnitzer Rechtsmediziner bei der Obduktion der Leiche fest, dass Evelin Fischer erstickt worden ist. Ihr Mörder hatte sie mit der Damenstrumpfhose umgebracht, die straff um ihren Hals gelegt war. Zuvor war der 41-jährigen Frau mindestens zwei Mal mit einem stumpfen Gegenstand und großer Wucht auf den Hinterkopf geschlagen worden. Dabei erlitt sie Schädelbrüche und Splitterungen bis in die Schädelbasis. Die Rechtsmediziner gehen davon aus, dass die Tote von hinten angegriffen wurde, als sie im Kundenraum auf ihrem Drehstuhl saß. Durch die Wucht der Schläge ist sie nach vorn gekippt und mit dem Gesicht auf die Schreibtischplatte geschlagen. Bewusstlos sei sie daraufhin vom Stuhl gerutscht und zu Boden gefallen. Erst danach sei sie auf dem Bauch liegend von ihrem Mörder erdrosselt worden. So beschreiben die Rechtsmediziner auch später in ihrem Gutachten, wie sich der Tatverlauf angesichts der Verletzungen des Opfers höchstwahrscheinlich abgespielt hat. Die Verletzungen an Armen und Händen hat sich Evelin Fischer nach Meinung der Experten beim Sturz vom Stuhl zugezogen oder als sie versuchte, sich gegen ihren Mörder zu wehren.

Gerhard Keller und seine Leute von der Mordkommission haben wenig Glück bei ihren ersten Ermittlungen. Wie immer in solchen Fällen gehen sie Klingeln putzen, wie sie es nennen. Insbesondere in der Nachbarschaft müssen sie Zeugen finden, die am Freitag irgendetwas beobachtet haben, das mit dem Mord in Verbindung stehen könnte. Aber es ist Wochenende, obendrein Ferienzeit, und es herrscht bestes Garten- und Badewetter. Dennoch klappern die Ermittler routinemäßig die Nachbarschaft ab. Wie erwartet, ist kaum jemand zu Hause. Auch Lotto-Kunden würden erst am Montag in der Annahmestelle wieder auftauchen. Zum Glück lag die Annahmestelle an einer Straßenecke, so dass Passanten aus mehreren Richtungen an dem kleinen Laden vorbeikommen. Das erhöht die Zahl potenzieller Zeugen. Und so finden Kellers Leute am Wochenende doch noch zwei Zeugen, die mit ihren Beobachtungen zumindest wertvolle Erkenntnisse darüber liefern, was sich am Freitag, den 24. August, nach 17 Uhr im Lotto-Laden abgespielt hat. So ist ein Mann gegen 17.15 Uhr an der Annahmestelle vorbeigelaufen. Er kennt Evelin Fischer und erinnert sich, dass er sie durch die geöffnete Ladentür hinter ihrem Verkaufstresen gesehen hat. Seiner Ansicht nach habe sie gesessen und Schreibarbeiten verrichtet. Vermutlich war die 41-Jährige wie immer freitags eine Viertelstunde nach Annahmeschluss dabei, ihre Abrechnung zu machen. Andere Personen hat der Zeuge im Laden nicht gesehen.

Der Rollladen am Lotto-geschäft. So schräg hätte ihn die Inhaberin nie heruntergelassen, berichten Zeugen.

Ein junger Mann aus der Nachbarschaft erinnert sich, dass er Punkt 17.24 Uhr am Lotto-Laden vorbeigegangen ist. Zu dieser Zeit seien die Rollläden bereits heruntergelassen gewesen, erklärt er. Er kann sich auch daran erinnern, dass das Rollo der Türe nicht vollkommen geschlossen war, sondern sich über dem Fußboden verkantet hatte.

Einen dritten Zeugen treffen die Ermittler am Wochenende in seiner Wohnung direkt über dem Lotto-Laden an. Er hatte am Freitagnachmittag zufällig aus dem Fenster gesehen und dabei beobachtet, wie die Rollläden am Lotto-Laden sehr schnell heruntergelassen wurden. „Jemand ließ sie regelrecht fallen", sagt der Mann der Polizei. Er hatte ebenfalls bemerkt, wie sich dass Rollo der Ladentür dabei verkantet hatte. Der Mann aus dem Haus empfand das alles recht ungewöhnlich. Er weiß, was normalerweise passiert, wenn Evelin Fischer den Laden verlässt. So habe sie noch nie die Rollläden heruntergelassen, sagt er den Kriminalisten. Er habe sich aber weiter keine Gedanken gemacht. Später bestätigt auch eine Blumenverkäuferin in der Nachbarschaft, dass Evelin Fischer die Rollos nie hastig, sondern eher vorsichtig herunterließ, weil sie nicht mehr die stabilsten waren. So verkantet, wie das Türrollo am Freitag gewesen sei, so hätte sie den Laden nie verlassen, sagt die Zeugin. Aus diesen Schilderungen schließen die Mitarbeiter der Mordkommission bereits am Wochenende, dass die Lotto-Verkäuferin vermutlich am Freitag zwischen 17.15 Uhr und 17.24 Uhr ums Leben gekommen ist.

Wie immer in solchen Fällen, in denen eindeutige Hinweise auf den Täter fehlen, bespricht die Mordkommission die verschiedensten Varianten. Auf der Suche nach dem Motiv für den Mord werden Verwandte und Bekannte der Toten überprüft. Auch einschlägig vorbestrafte Personen werden als mögliche Täter in Betracht gezogen. In diesem Fall überlegen die Kriminalisten um Gerhard Keller vor allem, welche Rolle das Glücksspiel bei der Tat gespielt haben könnte. War es ein normaler Raubmord, bei dem es der Täter lediglich auf die Wocheneinnahme des Lotto-Ladens abgesehen hatte? Oder wollte der Mörder viel mehr als die 2.000 bis 3.000 D-Mark, die in der Ladenkasse lagen? Warum waren die B- und C-Abschnitte der Lottoscheine teilweise verbrannt und wild verstreut im Kundenraum liegengelassen worden? Wollte der Mörder vielleicht den ganz großen Lotto-Gewinn? Musste Evelin Fischer sterben, weil ihr Mörder durch einen Lotto-Betrug an viel Geld kommen wollte? Die Tipper in der Chopinstraße 43 durften sie keinesfalls außer Acht lassen, da sind sich die Kriminalisten der Mordkommission einig. Aber frühestens ab Montag würden die ersten Tipper wieder im Lotto-Laden auftauchen. Selbst dann würden die Ermittlungen schwierig. Sicher würden die Stammkunden auch in der 35. Spielwoche in diesem Laden ihre Scheine holen. Aber die Laufkunden, die mal hier und mal woanders tippen, die würden sie nie vollständig ermitteln können. Ein Kraftakt würde ihnen bevorstehen, das wissen die Ermittler, als sie sich am Sonntagabend nach getaner Arbeit trennen. „Vielleicht meldet ja am Montag einer seinen Sechser im Lotto an, mit einem Spielschein aus der Chopinstraße", witzelt Gerhard Keller und wird von den anderen müde belächelt.

Doch schon einen Tag später, am Montag, werden die Gesichter dieser Kollegen immer länger, als sich am Nachmittag eine Mitarbeiterin der Lotto-Zentrale in der Zschopauer Straße telefonisch bei der Mordkommission meldet. Die Frau hatte die Auswertung der Glückszahlen geleitet und festgestellt, dass es keinen Hauptgewinner in Chemnitz gibt. Dennoch habe sich bereits am Vormittag ein Mann namens Andreas Jünger aus Chemnitz gemeldet, um einen „Sechser mit Zusatzzahl" in der Spielart „6 aus 49" anzumelden. Der Mann habe am Telefon auch erklärt, dass er den Schein am Freitag in der Annahmestelle Chopinstraße gespielt habe und nun in der Zeitung gelesen hätte, dass Frau Fischer ermordet worden sei.

Die Mitarbeiter der Lotto GmbH sind über das Verbrechen vom 24. August in der Chopinstraße natürlich auch informiert worden. Der Mord ist Thema Nummer eins in der Lottozentrale. Ihnen ist auch bekannt, dass die B- und C-Abschnitte der Spielscheine aus der Annahmestelle von Evelin Fischer nicht abgerechnet worden sind und somit auch nicht zur Gewinnauswertung vorlagen. Alle Scheine aus der Chopinstraße liegen bei der Polizei. So schickt die Lotto-Zentrale den Anrufer namens Andreas Jünger direkt zur Chemnitzer Mordkommission und bittet ihn, dort seinen Gewinn anzumelden.

** Name geändert*

Dieser Andreas Jünger ist sich offensichtlich seines Gewinns sehr sicher. Unverzüglich ruft er bei der Mordkommission an und erklärt, dass er in der Chopinstraße getippt und gewonnen habe. Zu einem Gespräch bei der Polizei ist er sofort bereit. Von einem Nachbarn lässt er sich zusammen mit seiner Lebenspartnerin Astrid Weller* mit dem Auto zur Polizeidienststelle in die Hainstraße fahren, wo die Mordkommission ihren Sitz hat.

Natürlich hat der Gewinner seinen Lottoschein dabei, als er den Kriminalisten zum ersten Mal gegenübersitzt. Er legt ihnen einen sauberen A-Abschnitt vor, so wie es sein muss. Der Schein trägt die Kontrollnummer 080-1904-034-9578. Sofort blättern die Kriminalisten die Spurenakte mit den gesicherten Lottoscheinen durch. Die Kontrollnummer auf Jüngers Tippschein stimmt ausgerechnet mit der Nummer der Spielscheinabschnitte B und C überein, die am Tatort als einzige nah beieinander auf dem Fußboden lagen. „Seltsam, sehr seltsam", denkt Gerhard Keller.

Nun befragen Mitarbeiter der Mordkommission Andreas Jünger etwas intensiver. Danach wird er formell als Zeuge vernommen. Dabei verheddert er sich in Widersprüchen. Offensichtlich war er am 24. August mehrmals bei Evelin Fischer im Lotto-Laden. Aber er gibt immer wieder unterschiedliche Zeiten dafür an. Schließlich erzählt er eine Geschichte. Am Ende sind die Kriminalisten ziemlich sicher, dass Jünger sie anlügt. Sie nehmen ihn erst einmal vorläufig fest und beantragen einen Haftbefehl. Am 28. August, vier Tage nach der Tat, erlässt das Gericht den Haftbefehl auf Grund von Indizien. Denn Andreas Jünger leugnet hartnäckig, mit dem Tod von Evelin Fischer etwas zu tun zu haben. Doch die Mordkommission ist sehr sicher, dass sie auf der richtigen Spur ist und Jünger mit dem Mord etwas zu tun hat. Dennoch staunen alle über den raschen Erfolg: Noch nie hatte sich ein Mörder als Lotto-Gewinner bei der Kripo gemeldet.

Dabei ist der 35-jährige Andreas Jünger der Chemnitzer Polizei nicht unbekannt. Seine Eltern hatten schon arge Probleme mit ihm, als er noch ein Kind war. Einen Teil seine Jugend verbrachte Jünger in Heimen und im Jugendwerkhof. Seine Lehre als Maurer konnte er nicht beenden, weil er Straftaten beging und ins Gefängnis musste. Charakterlich galt er als ausgesprochen disziplinlos und rowdyhaft. Er neigte zur Überheblichkeit und besaß ein großes Geltungsbedürfnis. Seit seinem 14. Lebensjahr verurteilten ihn Gerichte mehrmals zu Haftstrafen. Diebstähle, Einbrücke, Körperverletzungen Urkundenfälschung und Scheckbetrug stehen auf seinem Sündenkonto, als er sich bei der Mordkommission meldet und behauptet, er habe im Lotto gewonnen. Doch es schien, als sei er mit den Jahren vernünftig geworden. Denn seit zwölf Jahren lebt Andreas Jünger straffrei, arbeitet in der

Chemnitzer Firma „Fettchemie", die Seifenpulver und Waschmittel herstellt, als Anlagenfahrer. Er ist nicht verheiratet, lebt aber mit seiner Freundin Astrid Weller in einer festen, eheähnlichen Partnerschaft. Aus einer früheren Beziehung hat Jünger einen siebenjährigen Sohn. Der wächst bei ihm auf, da ihm das Sorgerecht zugesprochen worden war.

Seit Anfang 1990 tippt Andreas Jünger im Lotto – er gilt als fanatischer Spieler. Seine wöchentlichen Einsätze belaufen sich vor der Einführung der D-Mark auf über 250 Mark. Meist verspielt er monatlich mehr Geld, als er in der „Fettchemie" verdient. Für den Lebensunterhalt der Familie muss seine Partnerin aufkommen. So ist das Geld knapp und seine Freundin Astrid regt sich auf über die Spielsucht ihres Lebenspartners. Immer öfter kommt es zum Streit deswegen.

Zusammen mit der Lotto-Zentrale gelingt es der Mordkommission in einer aufwändigen Puzzle-Arbeit, Andreas Jüngers Spielgewohnheiten zu überprüfen. Er tippt konstant, jede Woche 14 Scheine, immer dieselben Zahlen. Mit seinen hohen Spieleinsätzen und seiner Kontaktfreudigkeit war Andreas Jünger auch schon Carmen Schellhorn aufgefallen, der Vorbesitzerin des Lotto-Ladens. Sie bestätigt, dass es zwischen ihnen ein gutes, Vertrauensverhältnis gab. Jünger hatte sich bereit erklärt, bei der geplanten Erweiterung des Geschäftes zu helfen.

Über Carmen Schellhorn lernt auch Evelin Fischer den 35-jährigen Mann kennen. Als sie bei ihrer Freundin einsteigt, begegnen sich beide. Wie ihre Freundin vertraut auch sie bald dem fanatischen Tipper, der mehrmals in der Woche vorbeischaut, oft nur um zu plaudern. Bald nachdem Evelin Fischer das Geschäft übernommen hat, darf sich Andreas Jünger auch bei ihr in allen Räumen des Lotto-Ladens frei bewegen. Die 41-Jährige vertraut dem einige Jahre jüngeren Mann.

Als Jünger den Mitarbeitern der Mordkommission zum ersten Mal gegenübersitzt, behauptet er, am Freitag, dem 24. August, nur vormittags in der Annahmestelle gewesen zu sein, um dort seine Tipps abzugeben. Schon bald halten ihm die Ermittler vor, dass es ausgesprochen merkwürdig ist, dass ausgerechnet der B- und der C-Abschnitt seines Scheines in dem Durcheinander so dicht beieinander auf dem Fußboden lagen. Doch Jünger bestreitet hartnäckig, etwas mit der Tötung von Evelin Fischer zu tun zu haben. Er habe einen Sechser im Lotto und mehr sei dazu nicht zu sagen, erklärt er.

Nach seinem Alibi befragt, beginnt Andreas Jünger offenkundig zu lügen. An dem Freitag habe er Frühschicht gehabt. Nach 13 Uhr war angeblich Feierabend.

Danach sei er in seine Wohnung in der Johannes-Reiz-Straße gegangen, die er gerade ausbaut und habe dort Maurerarbeiten verrichtet. Zwischendurch sei er noch in der Kaufhalle „Kappel" gewesen, um einzukaufen. An der Aussage stimmt wohl nur, dass Jünger tatsächlich Frühschicht in der „Fettchemie" hatte. Seine Arbeitszeit begann sieben Uhr und endete tatsächlich gegen 13 Uhr. Was Andreas Jünger verschweigt, erfahren die Ermittler der Mordkommission von anderen Zeugen und von Tippern. Einige kennen Jüngers Gewohnheiten. Andere Zeugen, die ebenfalls am Freitag, dem 24. August, in der Chopinstraße Lotto spielten, können sich an den 35-Jährigen erinnern.

Wie fast immer am Freitag, verließ Jünger gegen neun Uhr den Betrieb und ging zu Fuß zum Lotto-Laden. Er befindet sich in der Nähe des Betriebes. Gegen 9.15 Uhr war er in der Annahmestelle und begrüßte Evelin Fischer. Dann setzte er sich an den Kundentisch, um die Zahlen auf seinen 14 Tippscheinen anzukreuzen. Alles verlief normal, bis er seine Scheine bei Evelin Fischer abgab. Die aufmerksame Kassiererin bemerkte in letzter Minute, dass sich unter Jüngers Scheinen ein Blanko-Tippschein befand, auf dem nicht eine Zahl angekreuzt war. Sie hatte auf dem Schein schon die Kontrollnummer gestempelt und sortierte ihn nun aus. Ein Versehen, dachte die Kassiererin. Aber Andreas Jünger versuchte, ihr zu erklären, dass er die Zahlen des 14. Scheines nicht genau im Kopf habe, weil er sie gelegentlich änderte. Er müsse erst nachschauen. Evelin Fischer zeigte Verständnis für den eifrigen Tipper, der ihr ja gut bekannt war. Sie vereinbarten, dass er bis spätestens 18 Uhr noch einmal vorbeikomme, um den 14. Schein auszufüllen.

Zu dieser Zeit am Freitagvormittag war Jünger nicht der einzige Kunde im Lotto-Laden. Direkt neben ihm am Tresen stand eine Frau, die Zeugin der Episode mit dem Blanko-Tippschein wurde und sah, wie Evelin Fischer diesen Schein aussortierte. Eine weitere Zeugin füllte zur selben Zeit wie Jünger ihre Tippscheine am Kundentisch aus. Sie erinnert sich an den Blanko-Schein, mit dem er zum Tresen ging und bestätigte auch die Vereinbarung, die Evelin Fischer mit Jünger traf, nämlich dass er noch einmal zur Annahmestelle kommen müsse. Danach verließ Jünger die Annahmestelle.

Mit diesen Zeugenaussagen konfrontiert, gibt der Verdächtige zu, dass er am 24. August doch ein zweites Mal in der Lotto-Annahmestelle in der Chopinstraße war. Es müsse ziemlich genau um 17.40 Uhr gewesen sein, sagt er in einer der folgenden Vernehmungen. Kurz nach 17.30 Uhr habe er seine Ausbauwohnung verlassen, weil er seinen 14. Tippschein noch ausfüllen musste, der vorsorglich beiseitegelegt worden war. Doch die Ermittler glauben Jüngers Zeitangaben nicht.

Sie sind überzeugt, dass er eher in den Lotto-Laden zurückkehrte, und dass er es war, der den Rollladen der Tür hastig heruntergelassen hatte. Dennoch hörten sie aufmerksam zu, was er ihnen über seinen zweiten Besuch in der Annahmestelle an jenem Freitag berichtete.

Als er kam, sei der Rollladen der Tür schon heruntergelassen gewesen, erklärt er. Er habe dann geklopft und gerufen, um auf sich aufmerksam zu machen, habe aber keine Antwort aus dem Laden erhalten. Evelin Fischer hätte nicht reagiert. Deshalb hätte er versucht, über den Personaleingang in den Laden zu kommen. Doch auch dort sei alles klopfen und klingeln vergeblich gewesen. Der Knauf an der Tür zum Personaleingang habe sich zwar drehen lassen, aber die Tür öffnete sich nicht, da sie offenbar von innen verschlossen war, berichtet Jünger. So sei er schließlich unter dem verklemmten Rollladen der Tür in den Kundenraum des Ladens gekrochen. Sofort sei ihm Brandgeruch in die Nase gestiegen. Auf dem Fußboden hätten zahllose fast verbrannte Lottoscheine gelegen. Da Frau Fischer nicht zu sehen gewesen sei, wollte er in den hinteren Räumen nach ihr sehen. Auf dem Weg dorthin habe er die Kassiererin hinter dem Tresen in einer größeren Blutlache auf dem Bauch liegend gesehen. Beim näheren Hinsehen, sei ihm das Band aufgefallen, das um ihren Hals geschlungen war. Er habe versucht, Evelin Fischer anzusprechen, aber sie sei zu dieser Zeit vermutlich bereits tot gewesen.

Panik habe ihn ergriffen, sagt Jünger weiter aus. Durch das Schaufenster hätte er sehen können, dass im Haus gegenüber jemand aus dem Fester schaute. Deshalb habe er den Rollladen des Schaufensters heruntergelassen. Die Polizei wollte er nicht rufen, weil die ihn verdächtigen würde, angesichts der vielen Vorstrafen aus seiner Jugendzeit. Stattdessen habe ihn die Angst gepackt. Trotzdem sei ihm plötzlich die Idee gekommen, dass er diese Situation doch für sich nutzen könne. In einem Ablagefach entdeckte er seinen bereits gestempelten Blanko-Tippschein. Er trennte die Abschnitte A, B und C voneinander und steckte den Abschnitt A ein. Die Abschnitte B und C habe er mit seinem Feuerzeug soweit verbrannt, dass nur noch die Kontrollnummern zu sehen gewesen seien. Die beiden Reste hätte er dann zu den übrigen Scheinen geworfen, die rund um den Tresen auf dem Fußboden lagen. Insgesamt sei er nicht länger als fünf bis sechs Minuten im Lotto-Laden gewesen. Etwa gegen 18.45 Uhr sei er gegangen. Ursprünglich wollte er die Annahmestelle durch den Personaleingang verlassen, denn an der Tür zum Hausflur habe von innen der Schlüssel gesteckt. Doch im Hausflur wären Geräusche zu hören gewesen. Aus Angst, gesehen zu werden, sei er schließlich wieder durch den Rollladen der Ladentür ins Freie gekrochen.

Nach der Ziehung der Glückszahlen habe er auf dem A-Abschnitt seines gestempelten Blanko-Tippscheines die sechs richtigen Zahlen sowie die Zusatzzahl angekreuzt und am Montag bei der Lotto-Zentrale den Gewinn gemeldet. Mehr räumt Andreas Jünger nach Absprache mit seinem Rechtsanwalt nicht ein. Er behauptet weiter, mit dem Mord nichts zu tun zu haben und verweigert fortan jeder Aussage.

In der Chemnitzer Mordkommission ist man jedoch überzeugt, dass der betrügerische Lotto-Gewinner in der U-Haft auch Evelin Fischers Mörder ist. Viele Indizien sprechen dafür, nur der letzte Beweis fehlt. Den Lotto-Betrug muss er zugeben. Da hatte er sich selbst ein Bein gestellt und die Möglichkeiten der Lotto-Zentrale und der Kriminalisten wohl unterschätzt.

Die Kriminalisten glauben, dass sie Jünger nur auf Grund seiner falschen Zeitangaben auch den Mord nachweisen können. Die Kriminalisten machen sich an die Arbeit, um ein möglichst exaktes Weg-Zeit-Diagramm zu Jüngers Handlungen am Freitagnachmittag aufstellen zu können.

So gibt Jünger beispielsweise an, dass er am Freitag, dem 24. August, gleich nach 17.40 Uhr in der Kaufhalle „Kappel" gewesen ist. Den Kassenzettel dieses Einkaufes hatte die Polizei während einer Wohnungsdurchsuchung bei seinen Sachen gefunden und beschlagnahmt. Mit großem Aufwand überprüfen die Kriminalisten Jüngers Einkaufsbon mit den Kassenrollen der Kaufhalle. Auf einer der Rollen ist sein Kauf registriert, allerdings erst nach 18.30 Uhr.

Die Mordkommission geht davon aus, dass Andreas Jünger bereits am Freitag bei seinem ersten Besuch im Lotto-Laden plante, einen Hauptgewinn zu erzielen. Sie glauben nicht, dass er zufällig die Zahlen seines 14. Scheines vergessen hatte. Wie sich später zeigt, hatte er seine Zahlen seit vielen Wochen nicht verändert. Dafür kannte er Evelin Fischers Gewohnheiten nur zu gut und wusste, dass sie flink stempelt und danach die Scheine noch einmal überprüft. Und er konnte auch darauf bauen, dass sie ihm vertraut und die Möglichkeit gibt, nach Annahmeschluss den Blanko-Tippschein unter ihrer Aufsicht auszufüllen. Aber das, so glauben die Ermittler, wollte der 35-Jährige gar nicht. Sein Lotto-Betrug war kein spontaner Einfall. Darauf kommt man nicht während einer Panikattacke, unmittelbar nachdem man eine ermordete Frau findet. Er hatte seinen betrügerischen „Sechser" geplant und wusste, dass Evelin Fischer diese Straftat nicht dulden würde. Also kalkulierte er ihren Widerstand ein – bis zur letzten Konsequenz.

Mit diesen Absichten ging er an jenem verhängnisvollen Freitag nach 17 Uhr zum zweiten Mal in den Lotto-Laden. Die Spielscheinannahme war bereits beendet, aber die Ladentür wahrscheinlich noch geöffnet. Evelin Fischer erwartete ihn bekanntlich. Was sich in den folgenden Minuten bis 17.40 Uhr genau abgespielt hat, ist bis heute unklar. Keiner weiß, ob Andreas Jünger versucht hat, Evelin Fischer zu überreden, bei dem Betrug mitzumachen. Aber alles spricht dafür, dass der 35-Jährige die Kassiererin von hinten niedergeschlagen und wenig später mit einem Stück einer Strumpfhose erdrosselt hat. Mit den Wocheneinnahmen und den persönlichen Dokumenten seines Opfers verließ der Mörder den Lotto-Laden dann durch den Personaleingang. Womit Andreas Jünger die 41-jährige Kassiererin niederschlug, erfährt die Polizei ebenfalls nicht. Auch die Ausweise der Frau tauchen nie wieder auf. Woher die Strumpfhose kam, mit der Evelin Fischer erdrosselt wurde, klärte die Mordkommission ebenfalls nicht. Der mordverdächtige Jünger spricht mit den Ermittlern kein Wort mehr. Seine Lebensgefährtin Astrid Weller wusste von den Plänen ihres Freundes nichts.

Dafür meldet dieser sich knapp vier Monate nach der Tat aus der Untersuchungshaft in einem handschriftlichen Kassiber zu Wort. Über einen Angehörigen versucht er den Brief aus dem Gefängnis zu schleusen. Er ist an die „Freie Presse" gerichtet, der größten Zeitung am Ort. Es ist so etwas wie ein Bekennerbrief. Deshalb landet er auch bei der Mordkommission. In dem Schreiben gibt Andreas Jünger zu, dass er der Mörder von Evelin Fischer ist. Kriminaltechniker weisen in einer graphologischen Untersuchung nach, dass Jünger tatsächlich den Brief geschrieben hat. Der 35-Jährige bestätigt es auch, als er vor seinem Prozess noch einmal richterlich vernommen wird.

Im April 1991 übergibt die Mordkommission ihr Ermittlungsergebnis an die Staatsanwaltschaft. Sie klagt Jünger wegen Mordes an. In der Hauptverhandlung vor dem Landgericht Chemnitz bestätigt sich in der Beweisaufnahme das von der Mordkommission ermittelte Geschehen weitgehend. Wäre ihm sein Lotterie-Betrug geglückt, hätte er einen Gewinn von 550.000 D-Mark gehabt. Doch davon kann Andreas Jünger in seiner Gefängniszelle nur träumen. Am 3. Februar 1992 verurteilt ihn das Bezirksgericht Chemnitz zu einer lebenslangen Freiheitsstrafe. Der verurteilte Jünger geht in die Revision. Der Bundesgerichtshof bestätigt das Urteil.

Doch Andreas Jünger will nicht lebenslang als Mörder im Gefängnis sitzen. Am 16. August 1992, zwei Jahre nach dem Mord, stranguliert er sich in seiner Zelle.

MAKABRE BUCHSTABENRÄTSEL

VON DIETER WOLFRAM UND THOMAS SCHADE

Auf dem Weg von Chemnitz nach Aue fährt die Regionalbahn hinter Zwönitz eine langgestreckte Schleife, ehe sie den Bahnhof von Lößnitz erreicht. Dort, wo der Bogen beginnt, steht ein altes Bahnwärterhaus. Früher überquerte die Straße von Lenkersdorf nach Lößnitz hier die Eisenbahntrasse. Heute endet der breite Schotterweg an einem Stahlgeländer. Das versperrt den Zutritt zu den Gleisen. Daneben steht das mit hellen Kunstschieferplatten beschlagene zweistöckige Bahnerhaus. Schon seit Generationen wird es von der Familie Teumer bewohnt. 1991 hatte sie es dann der Reichsbahn abgekauft. Hier, neben den Gleisen, wächst Michael auf, der zehnjährige Sohn von Beate und Frieder Teumer. Zur Familie gehören auch die vierjährige Sabine und eine Oma.

Der 14. Januar 1994 ist ein unfreundlicher Wintertag. Es liegt kaum Schnee im Erzgebirgsvorland, aber es ist nasskalt. Wie immer weckt Beate Teumer ihren Sohn kurz nach sechs. Während er sich wäscht und anzieht, macht sie ihm das Frühstück und schmiert sein Pausenbrot. Zehn vor sieben schultert Michael seinen blauen Ranzen und macht sich auf den Weg zur Schule. Wie immer geht er den Schotterweg bis vor zur Lenkersdorfer Straße. Sie verbindet Zwönitz und Lößnitz. Direkt an der Ecke steht Teumers großer Briefkasten. „Bahnhaus Nr. 1" ist darauf zu lesen. Dann sind es nur wenige hundert Meter bis zu der Ecke, wo ein paar Klassenkameraden auf Michael warten. Mit ihnen geht er täglich gemeinsam zur „Grundschule Altstadt" in Lößnitz.

An diesem Morgen kommt Michael noch einmal zurück, weil er seine Handschuhe vergessen hatte. Durchs Fenster schaut Beate Teumer ihrem Jungen nach, bis er in der morgendlichen Dunkelheit verschwindet. Ihr Micha trägt Jeans, einen grauen Kapuzenanorak, eine grüne Mütze und hohe Winterschuhe. Die Mutter weiß nicht, dass sie ihren Sohn zum letzten Mal sieht.

Wie immer, wenn Michael aus dem Haus ist, widmet sich Beate Teumer der kleinen Sabine und bereitet die Vierjährige auf den Kindergarten vor. Zusammen fahren sie nach Lößnitz. Die Mutter gibt ihre Tochter in die Obhut der Kindergärt-

In dem Bahnwärterhäuschen lebt Michael Teumer (l.) mit seiner Familie.

nerinnen und macht sich danach auf den Weg zu der Fortbildung, die sie gerade absolviert. Ihr Mann Frieder hat bis um sieben Uhr Nachtschicht bei der Berufsfeuerwehr in Chemnitz. Als er nach seinem langen Dienst zu Hause ankommt, sind alle schon ausgeflogen.

Auf seinem fast zweieinhalb Kilometer langen Schulweg legt Michael jeden Tag etwa siebenhundert Meter allein zurück. Am großen Briefkasten biegt er nach rechts ab und läuft rund zweihundert Meter auf der vielbefahrenen Ortsverbindungsstraße. Dann biegt er links ab und muss in Richtung Bahnhof Lößnitz gehen. Dort überquert er die Gleise bei der Raiffeisengenossenschaft auf der gegenüberliegenden Seite der großen Bahnschleife. An der Oberen Bahnhofstraße warten meist seine Freunde schon. Gemeinsam schlendern sie dann an der Agrargenossenschaft vorbei zum Hohlweg. Fast am Ziel müssen sie noch die Bundesstraße 169 überqueren, dann sind es noch dreihundert Meter bis zur Schule. Doch an diesem 14. Januar 1994 warten die Freunde vergebens auf Michael. Sie gehen schließlich ohne ihn los, um nicht zu spät zum Unterricht zu kommen. So sagt es Marko später, Michaels bester Freund. Vielleicht ist Michael ja krank, vielleicht hat er mal verschlafen. Aber Michael taucht an diesem Tag in der Schule überhaupt nicht auf.

Beate Teumer bemerkt das erst am Nachmittag. Sie will sich mit ihrem Sohn nach dem Unterricht im Ort treffen. Michael hat einen Termin beim Arzt. Er kränkelt, hat wenig Appetit und soll zur Kur auf die Insel Rügen. „Ich will nicht zur Kur, da sind alle so streng", soll er mal gesagt haben. Im ersten Moment glaubt die Mutter, dass Michael kneift, weil er nicht zur Kur will. Dann ruft sie in der Schule an und erfährt, dass er auch dort nicht gewesen ist. Sie informiert ihren Mann. Michael ist ein zuverlässiger Junge. Noch nie ist er ausgebüchst oder verschwunden. Teumers machen sich Sorgen. Die ersten Anrufe bleiben ohne Ergebnis. Bei den Verwandten und Bekannten der Familie ist er nicht aufgetaucht. Dort, wo er am liebsten spielt, finden sie ihn auch nicht. Teumers erfahren auch, dass in den umliegenden Krankenhäusern an diesem Tag kein zehnjähriger Junge eingeliefert wurde, auf den Michaels Beschreibung passt. Gegen 17 Uhr melden die Teumers ihren Sohn bei der Polizei in Aue als vermisst.

Noch am Abend beginnen umfangreiche Suchmaßnahmen der Polizei. Die örtlichen Streifenpolizisten sind im Einsatz. Fast sechzig Feuerwehrleute helfen ihrem Kameraden Frieder Teumer bei der Suche. Lautsprecherwagen der Polizei fahren durch den Kreis Aue und bitten die Leute um Unterstützung. Bereitschaftspolizisten aus anderen Städten treffen ein und konzentrieren sich auf die Waldgebiete um Lößnitz. Am folgenden Tag kreist ein Polizeihubschrauber über der kleinen Stadt. Fährtenhunde versuchen Michaels Spur zu finden. Diese nehmen auch eine Fährte auf. Doch die Spur verliert sich an der Lenkersdorfer Straße. Lautsprecherwagen rollen wieder und wieder durch Lößnitz. Die Polizei möchte wissen, wer Michael am Morgen des 14. Januar gesehen hat. Der Junge wird nicht gefunden. Weil die Polizei auch einen Unglücksfall nicht ausschließt, werden in den folgenden Tagen auf der Suche nach dem Jungen Güllesilos umgepumpt, alte Bergbaumundlöcher und Jagdstände untersucht.

Von Bürgern kommen mehrere Hinweise. Mindestens drei Zeugen sagen, sie hätten Michael an jenem Morgen in der Nähe der Raiffeisenbank gesehen. Nur wenige Meter weiter hatten zur gleichen Zeit sein Schulfreund Marko und zwei Mitschülerinnen gewartet. Sie hatten Michael aber nicht gesehen. Die Ermittler der Kripo in Aue befragen Schüler und Lehrer und untersuchen das Klassenzimmer der Klasse 4 a, in die Michael geht. Aber sie finden keinen Hinweis auf ein Motiv dafür, dass der Junge ausgerissen sein könnte. Seine Angst vor der Kur an der Ostsee halten die Ermittler für reine Spekulation.

Eine bundesweite Fahndung nach Michael Teumer wird eingeleitet. Allein im Januar berichten Zeitungen und Rundfunk zehn Mal über das Verschwinden des Jungen. Jedes Mal bittet die Polizei um Hinweise: Wer hat den Jungen an jenem Morgen oder auch später gesehen? Viele Leute meldeten sich. Aber keine dieser Beobachtungen führt zu Michael. Die Ermittler schließen nicht aus, dass das Kind in ein fremdes Auto eingestiegen ist. Das hatten ihm seine Eltern zwar streng verboten, aber Bekannte hatten den Jungen schon öfter zur Schule mitgenommen. An diesem Morgen aber nicht. Nach einer Woche sagt der Auer Kripochef, Bernd Hoffmann, der Freien Presse: „Der Junge wurde am 14. Januar 7.13 Uhr in Höhe des Bahnübergangs an der BHG in Lößnitz zum letzten Mal gesehen. Dann verliert sich jegliche Spur." Wie vom Erdboden verschluckt sei der Zehnjährige, heißt es nach einer Woche auch in der MDR-Fahndungssendung „Kripo live".

Vierzehn Tage nach Michael Teumers Verschwinden, einen Tag nach der „Kripo-live"-Sendung, am 31. Januar, ruft gegen 17 Uhr ein Fremder bei der Polizei in Aue an und spricht in Rätseln. Er teilt mit, dass im Briefkasten der Freiwilligen Feuerwehr Lößnitz ein Buch hinterlegt wurde. Aus dem ließen sich Hinweise zum Verschwinden des kleinen Jungen ableiten. Doch die Polizei kann das Buch nicht finden. Der Briefkasten ist bereits geleert worden. Die Feuerwehrleute hatten geglaubt, dass sie ausschließlich Werbung aus dem Kasten geholt hatten und das Papier in die Mülltonne geworfen. Der Inhalt der Mülltonne war bereits auf einer Halde entsorgt worden. Noch ehe die Polizei mit der Suche nach dem Buch auf der Müllhalde beginnen kann, ruft der Fremde am nächsten Tag wieder an – so als ob er von dem Missgeschick wusste. Er nennt den Ermittlern andere Mülltonnen, in denen das Buch angeblich liege. Doch auch dort wird es nicht gefunden. Bei einem weiteren Anruf sagt er schließlich: „Sie bekommen ein Buch zugeschickt."

Fahnder hören sich die Aufzeichnungen an und schätzen den Anrufer nach seiner Stimme auf 40 bis 60 Jahre. Und er spricht einheimischen Dialekt. Die Anrufe werfen sofort neue Fragen auf: Warum schickt der Fremde das Buch an die Feuerwehr Lößnitz? Auch dort ist der Berufsfeuerwehrmann Frieder Teumer Mitglied. Weiß das der Unbekannte? Wenn ja, woher? Noch rätselhafter ist, dass der Anrufer offenbar über die vergebliche Suche in den Mülltonnen bestens informiert ist. Nichts davon hatte in den Zeitungen gestanden. Beobachtete er die Polizei bei ihrer Suche?

Tatsächlich meldet sich am 3. Februar das Lößnitzer Postamt und teilt mit, dass ein Buch, adressiert an die Polizei in Aue, eingetroffen sei und abgeholt werden könne. Ein Streifenwagen bringt die rätselhafte Postsendung zur Auer Polizei. Kripochef Hoffmann erfährt, dass das Buch in der Innenstadt von Lößnitz in den Postkasten geworfen worden war. Beim Leeren des Kastens war es dem Postmitarbeiter aufgefallen. Wenig später liegt in Aue eine Paperbackausgabe des Buches „Täglich geöffnet" von Heinz Knobloch auf dem Tisch der Kripo. Es ist 1970 im Mitteldeutschen Verlag in Halle erschienen, hat 204 Seiten und enthält humoristische Geschichten aus der Jugendzeit des Autors. Die Adresse ist aus ausgeschnittenen Buchstaben zusammengesetzt und auf die Titelseite des Einbandes geklebt worden. Wie der Anrufer angekündigt hatte, sind über viele Seiten des Buches hinweg Buchstaben mit einem blau schreibenden Kugelschreiber markiert. Die Auer Kripo setzt sie zu einer Botschaft zusammen. Sie hat nicht das Geringste mit Humor zu tun, ganz im Gegenteil.

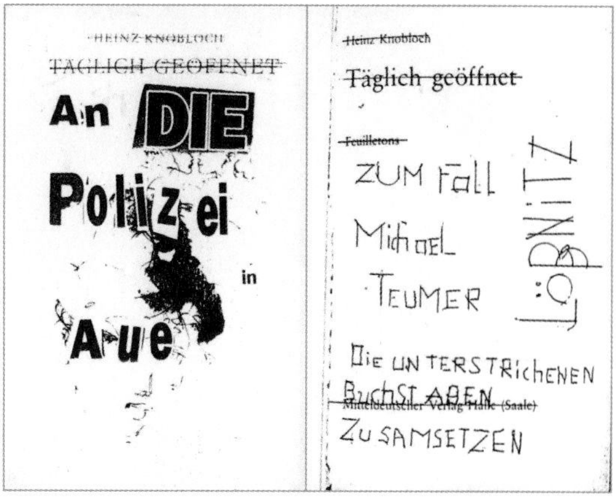

Die Polizei erhält mehrere solcher rätselhaften Botschaften. Sie bringen die Ermittler kaum voran.

„Ich fuhr den Jungen tot. Ich habe ihn verscharrt" – so beginnt die Botschaft. Glaubt man ihr, so hat sich am 14. Januar 1994 folgendes abgespielt: In seinem Auto will der Unbekannte an jenem Morgen auf der Lenkersdorfer Straße in Richtung Lößnitz gefahren sein. Am „blauen Briefkasten" (gemeint ist Teumers Briefkasten) sei ihm plötzlich ein Junge ins Auto gelaufen. Er habe ihn angefahren und schwer verletzt. Angeblich habe er den verletzten Jungen auf den Rücksitz seines Autos gelegt, um ihn ins Krankenhaus zu bringen. Auf dem Weg dorthin sei das Kind gestorben. Weil es keine Zeugen für den Unfall gegeben habe und weil er sich vor der Strafverfolgung fürchtete, habe er keine Anzeige erstattet, sondern das Kind nach einigen Tagen in einem Wald zwei Meter tief vergraben. Wo Michaels Leiche liege, wolle er erst in zwei Jahren bekannt geben. In der Botschaft steht auch, dass der Autofahrer offenkundig vom Vorabend noch restalkoholisiert war.

Außerdem gehören zur Botschaft die Sätze: „Mein Gewissen, oh ja, ich habe noch ein Gewissen, muss wieder Ruhe finden. Denn alle Wunden heilen mit der Zeit. Ihr Unbekannter, der den Eltern von Michael großes Leid zugefügt hat."

Kripochef Bernd Hoffmann und seine Leute wissen nicht recht, wie sie die Botschaft bewerten sollen. Ein tödlicher Verkehrsunfall ist nicht auszuschließen. „Aber wir haben an der angegebenen Stelle keinerlei Anzeichen eines Unfalls gefunden", sagt er. Allerdings hatte es am 14. Januar stark geregnet. Die Niederschläge könnten die Unfallspuren buchstäblich weggespült haben. Ein tödlicher Unfall mit anschließender Fahrerflucht würde das Verschwinden des Jungen erklären. Vor allem die letzten Sätze lassen bei den Ermittlern Hoffnung keimen. So schnell werde der Unbekannte nicht zur Ruhe kommen, wenn er schon mitteilt, dass ihn das Geschehene dermaßen aufgerüttelt hat, glaubt Bernd Hoffmann.

„Wir werden alles tun, um immer wieder an diesem Gewissen zu rühren", sagt er der „Freien Presse".

Schon wenig später fordert der Auer Kripochef den Unbekannten über die Zeitung auf, sich zu offenbaren, denn nur dann könne er Ruhe finden. Und er provoziert ihn öffentlich: Sollte die Geschichte frei erfunden sein, gebiete es der menschliche Anstand, eine Lüge zuzugeben. Seine Absicht wird Erfolg haben.

Derweil sucht die Kripo intensiv nach Leuten, die am 14. Januar früh zu spät zur Arbeit gekommen sind, eine Verabredung nicht eingehalten haben oder auffallend nervös gewesen sind. Autoschlosser in Kfz-Werkstätten werden nach beschädigten Wagen befragt. Die Ermittler gehen davon aus, dass der Unbekannte im Raum Aue, Lößnitz oder Lenkersdorf zu Hause ist. Die Wortwahl in seiner Botschaft sei typisch für die Gegend. Auch der westerzgebirgische Dialekt des Anrufers spreche dafür. Die Staatsanwaltschaft eröffnet ein Ermittlungsverfahren wegen fahrlässiger Tötung und Unfallflucht. Beate und Frieder Teumer sind verzweifelt, als sie von dem mysteriösen Geständnis des Unbekannten erfahren. Das Schlimmste sei die Ungewissheit, sagt die 33-jährige Mutter einmal. „Mal hoffe ich, dass Michael noch lebt, dann wieder bin ich sicher, dass er tot ist."

Auch in dem 8.000-Einwohner-Ort Lößnitz sind die Menschen von dem Fall tief berührt. „Es ist schlimm, ein Kind zu verlieren, aber es ist schrecklich, nicht zu wissen, wo sein Grab ist", sagt ein Mann der „Morgenpost". Fünf Wochen nach dem Verschwinden des Jungen ist die Auer Polizei fast allen dreißig Hinweisen aus der Bevölkerung nachgegangen – erfolglos. Fortan sind nur noch vier Beamte mit dem Fall befasst. Mitte Februar berichtet die Bild-Zeitung sogar von einer Zeugin, die behauptet, dass Michael noch lebe, sie habe ihn nach dem vermeintlichen Unfallort noch auf seinem Schulweg gesehen.

Das veranlasst den Unbekannten, der von einer Zeitung auch der „Rätsel-Mörder" genannt wird, zu einer zweiten Botschaft. Wieder findet ein Postmitarbeiter in einem Lößnitzer Postbriefkasten ein Buch. Diesmal steckt es in einem Umschlag, der an die Polizei adressiert ist. Drin steckt der Roman „Ein Held unserer Zeit" von Michail Lermontow – eine Gesellschaftskritik aus der ersten Hälfte des 19. Jahrhunderts, die an Puschkins Eugen Onegin anknüpft. Lermontow zeichnet seinem Helden, den jungen Offizier Grigori Petschorin, als Typ des „überflüssigen Menschen". Petschorin lässt angesichts der dumpfen und verstaubten gesellschaftlichen Verhältnisse in der russischen Provinz seine Fähigkeiten brachliegen und gibt sich stattdessen der Langeweile und der Untätigkeit hin. Sind die fünf psychologisch geprägten Novellen in dem Roman, in denen es unter anderem um verschmähte Liebe geht, an sich schon eine Botschaft? Die Ermittler bezweifeln das. Sie glauben eher, dass das Buch zufällig ausgewählt wurde. Denn wie schon im ersten Buch ergeben die unterstrichenen Buchstaben eine eher belanglose Botschaft. Der Unbekannte teilt der Auer Polizei mit, was Michael am Tag seines Verschwindens getragen und was sich in seinem blauen Schulranzen befunden hat. Die Ermittler schließen daraus, dass der Unbekannte lediglich bekräftigen will, dass er dem Kind tatsächlich begegnet ist und dass er in seiner ersten Botschaft die Wahrheit mitgeteilt hat. Wichtiger ist für sie die Erkenntnis, dass den Unbekannten offenbar tatsächlich das Gewissen plagt und dass er auf ihren Versuch, zu kommunizieren, eingegangen ist.

Deshalb starten sie schon wenige Tage später einen weiteren Versuch der kriminaltaktischen Öffentlichkeitsarbeit über die Medien. In den regionalen Zeitungen fordert die Polizei den Unbekannten direkt auf: Er soll sich melden und Gewissheit schaffen über das Schicksal des Kindes. Mit demselben Ziel steht Kriminaloberkommissar Jörg Thurm in der MDR-Fahndungssendung „Kripo live" erneut vor der Kamera. Mit Erfolg.

Den Unbekannten plagt das Gewissen. Und die Ermittler liegen mit ihrer Vermutung offenbar richtig. Der Unbekannte reagiert auf ihre gezielten Veröffentlichungen. Am 22. März findet Frieder Teumer, Michaels Vater, am späten Vormittag in seinem großen Biefkasten an der Lenkersdorfer Straße ein Kuvert. Ein Absender ist nicht zu finden. Er wurde in Stollberg eingeworfen. Die Anschrift erstaunt den Feuerwehrmann, der gerade zum Dienst nach Chemnitz aufbrechen will: „Herr Teumer, Altes Bahnwärter-Haus, Lössnitz, 08294" steht darauf in seltsamen Buchstaben.

Frieder Teumer fährt zurück zum Haus. Nichts Gutes ahnend öffnet er zusammen mit seiner Frau das Kuvert. In den gleichen Versalbuchstaben wie auf dem Umschlag steht auf dem Din-A-4-Blatt: „Werter Herr Teumer, wie im Buch angekündigt, wird in zwei Jahren bekannt gegeben, wo Michael liegt. Es war und bleibt ein tragischer Unfall mit Todes-Folge. Ich wünschte, es wäre rückgängig zu machen ...". Der Inhalt ist eine erneute seelische Qual für die Eltern. Denn sie erfahren in dem Brief auch, dass der anonyme Schreiber offenbar aus ihrem Bekanntenkreis stammt. Sie lesen: „Ich bin ein Bekannter des Vaters. Ich bekunde mein aufrichtiges Beileid gegenüber Herrn Teumer, weil ich ihn persönlich kenne." Die Eltern rätseln: Wer kann das nur sein? Niemanden, den sie kennen, trauen sie so ein Verhalten zu.

Teumers bringen den Brief zur Polizei. Die Mordkommission des Chemnitzer Polizeipräsidiums hat den Fall seit einigen Wochen übernommen. Sie wird von dem erfahrenen Kriminalisten Dieter Wolfram geleitet. Kriminaltechniker finden Fingerabdrücke auf dem Papier. Außerdem stellen sie fest, dass der Unbekannte sogenannte Schlagbuchstaben benutzt hat. Solche Buchstaben werden normalerweise mit einem Hammer in Eisen oder Holz geschlagen. Der Unbekannte hatte sie mit einem Stempelkissen eingefärbt und auf das Papier gedrückt. Nur Ziffern besaß er offensichtlich nicht, denn alle Zahlen waren mit einem Kugelschreiber geschrieben. Wolframs Leute wollen herausfinden, woher die Schlagbuchstaben stammen. Sie finden im Erzgebirge einen Hersteller solcher Buchstaben und erfahren, dass sie manuell hergestellt und graviert worden waren. Doch das bringt sie nicht weiter. Denn in jeder Schlosserei, in jedem Metallbetrieb, sogar in der Holzverarbeitung und im praktischen Unterricht der Schulen wurde mit solchen Buchstaben gearbeitet. Nach der Schließung vieler Betriebe nach 1990 konnte jeder solche Buchstaben mit nach Hause genommen haben. Dieter Wolfram musste einsehen: „Da haben wir keine Chance." Mittlerweile warten sechstausend Mark Belohnung auf den, der den entscheidenden Hinweis zu dem rätselhaften Unbekannten geben kann. Fünftausend Mark davon bringt die Staatsanwaltschaft in Zwickau auf, eintausend Mark haben Geschäftsleute in Aue gesammelt, um bei der Suche zu helfen.

Unter dem Titel „Die ewige Angst: Wo ist Michael?" erscheint am 9. April 1994 in der „Freien Presse" ohne erkennbaren Anlass erneut ein großer Beitrag darüber, wie sehr die Eltern das Verschwinden des Kindes bedrückt. Eindringlich appelliert Michaels Mutter darin an den Unbekannten, ihr endlich Gewissheit über Michaels Schicksal zu geben. Sie wird unter anderem mit den Worten zitiert: „Wenn der anonyme Briefschreiber von seinem Gewissen spricht, wie kann er dann so herzlos sein und den Eltern den Aufenthaltsort von Michael verschweigen?" Und Beate Teumer versucht, selbst Druck auf den unbekannten Mann auszuüben. Falls er glaube, dass sie ihm in zwei Jahren eher verzeihen könne und dann Gras über die Sache gewachsen sei, so „irrt er sich", lässt sie ihn durch die Zeitung wissen.

Wieder reagiert der Unbekannte. Und wieder schickt er ein Buch. Diesmal heißt es „Eine Tür steht offen". Es ist in einem Din-A-4-Kuvert verschickt worden und adressiert „an die Kripo Aue 08280". Die Buchstaben sind aus einer Zeitschrift ausgeschnitten. Das Buch enthält die Lebenserinnerungen der 1971 in Berlin verstorbenen österreichischen Schauspielerin Tilla Durieux, erschienen bereits 1954. Auch dieses Buch fällt einem Postmitarbeiter beim Briefkastenleeren auf. Der Absender nennt sich treffend „Unbekannt". Abermals weist er daraufhin, dass

Michael durch einen Unfall ums Leben gekommen ist. Diesmal teilt die Chemnitzer Mordkommission der Öffentlichkeit nichts von der neuerlichen Botschaft mit. Sie hofft auf einen Ermittlungserfolg, denn auf der hinteren Innenseite des Umschlages befindet sich der Stempel des mutmaßlichen Eigentümers. Der Stempel ist zwar sorgfältig ausgekratzt worden, aber Kriminaltechniker können unter ultraviolettem Licht immer noch einige Konturen sichtbar machen. Sie finden heraus, dass es sich um die in der DDR gebräuchliche Stempelschrift vom Typ Arabella handelt, dass Vor- und Zuname insgesamt etwa zwölf Buchstaben umfassen und dass keine sogenannten Unterlängen wie „g" oder „p" vorkommen. Die Spezialisten stellen sogar fest, dass Vor- und Zuname mit „W" und der Anfangsbuchstabe des Wohnortes mit „K" beginnen. Da der Stempel keine Postleitzahl enthält, wurde er offenbar vor 1964 angefertigt. Anhand dieser Erkenntnisse beginnt eine intensive Fahndung, aber sie bleibt ohne Erfolg.

Parallel dazu lenkt die Polizei die Aufmerksamkeit auf die Suche frischer Grabstellen. Hinweise darauf waren immer wieder mal aus der Bevölkerung gekommen. Schon vor Wochen sollte ein Spezialflugzeug, ausgerüstet mit einer sogenannten Thermo-Kamera, aus der Luft nach solchen Gräbern suchen. Angeblich war die Aktion bisher an der Finanzierung gescheitert. Am 19. Juni ist es soweit. Die private Fluggesellschaft hat sich bereiterklärt, mit ihrer Cessna zum Selbstkostenpreis von 15.000 Mark aufzusteigen. Die Betreiber sagen, sie könnten mit der Thermo-Kamera Leichen finden, die bis zu zwei Meter tief im Boden liegen. In 400 bis 600 Metern Höhe fliegen die Piloten das etwa vier Quadratkilometer große Areal Streifen für Streifen ab. Sie finden mehrere sogenannte Wärmepunkte. Eine Mülldeponie in Alberoda rückt ins Visier, wo einem Spaziergänger im Januar, wenige Tage nach Michaels Verschwinden, schon einmal ein schlafender Autofahrer in einem blauen Honda aufgefallen war. Doch der Mann war unverdächtig. Und die Deponie wird auch diesmal nicht zur heißen Spur. Hinweise auf eine Kinderleiche finden sich nicht.

Am 29. Juni 1994 ist Michaels elfter Geburtstag. Nach Feiern ist den Teumers nicht zumute. Stattdessen schildern regionale Zeitungen erneut die schreckliche Ungewissheit, in der die Eltern des Kindes leben. Trotz der seelischen Belastung arbeitet Beate Teumer an Berichten mit. Über die „Freie Presse" versucht sie, ihren Jungen zu grüßen: „Wir möchten unserem Jungen für den Fall, dass er noch am Leben ist, wenigstens auf diesem Weg zum Geburtstag gratulieren. Wenn er diese Zeilen nicht lesen kann, dann sollten die Personen, die wissen, wo Michael versteckt wird, ihm dies zumindest ausrichten. Das erwarte ich als Mutter." – Ganz gezielt wird dabei auch der Unbekannte erneut angesprochen.

Doch diesmal vergehen acht Wochen, ehe er reagiert. Am 2. September 1994 trifft bei der Polizei in Aue wieder ein anonymer Brief ein, diesmal aufgegeben im Zentrum von Leipzig.

In der Connewitzer Straße in Leipzig wird Michaels skelettierte Leiche gefunden – nach einem anonymen Hinweis.

Als „Bürgerhinweis" ist er überschrieben. Der Text wurde aus Buchstaben zusammengefügt, die der Absender aus Zeitungen oder Zeitschriften ausgeschnitten hat. Fast in Amtsdeutsch heißt es in dem Brief: „Der Unfallverursacher im Fall Michael Teumer, der inzwischen auch verstorben ist, hat mir, seinem besten Freund, anvertraut, wo er Michael gelassen hat. Er ist in Leipzig Connewitzerstr. 1 im Hof unter Abwasserdeckel." Die Kripo Aue informiert sofort die Mordkommission in Chemnitz. Es ist Freitag nach eins, da macht normalerweise auch bei der Polizei jeder seins. Aber nicht im Fall Michael Teumer. Dieter Wolfram, der Chef der Mordkommission, telefoniert sofort mit den Leipziger Kollegen und kündigt an, dass seine Leute in die „fremden Gefilde" unterwegs sind.

Leipzig, Connewitzer Straße in Propstheida – warum sollte ein kleiner Junge aus dem Erzgebirge ausgerechnet dort sein Grab haben? Ganz in der Nähe befindet sich ein psychiatrisches Krankenhaus. Gleich um die Ecke kümmert sich ein Verein um geistig behinderte Menschen. Gab es da einen Zusammenhang? Sollten einige sogenannte Experten Recht behalten, dass Michael in die Hände eines Psychopathen gefallen ist, der die Polizei ein halbes Jahr lang an der Nase herumgeführt hatte?

Wenig später findet die Polizei im Hinterhof des Grundstückes Connewitzer Straße 1 tatsächlich einen Gullydeckel, unter dem ein Abwasserkanal lang läuft. Auf dem Boden des Abwasserschachtes finden die Beamten einen Plastiksack. Er umschließt eine bereits skelettierte Leiche – in dem Sack liegen lediglich eine Menge Knochen. Er wird geborgen und noch im Hof des Grundstückes versuchen Spezialisten zu überprüfen, ob das Skelett vollständig vorhanden ist. Der Größe nach könnte es sich um ein Schulkind handeln. Aber es fehlen einige Teile. Sie werden später in dem Abwasserkanal gefunden. Die Ermittler der Mordkommission vermuten, dass sie einfach aus dem unverschlossenen Plastiksack gefallen und fortgespült worden waren.

Deswegen dauert auch die gerichtsmedizinische Untersuchung länger. Aber nach zwei Tagen muss Dieter Wolfram, der Chef der Mordkommission, Teumers mitteilen, dass es sich bei der Leiche zweifelsfrei um ihren Sohn Michael handelt. Anhand der zahnmedizinischen Unterlagen konnten die Gerichtsmediziner den Jungen eindeutig identifizieren. Wie der Zehnjährige ums Leben gekommen war, darüber können die Sachverständigen keine Auskunft mehr geben. Fest steht aber, dass an den Knochen keinerlei Brüche oder andere Verletzungen festgestellt werden. Auch der Schädel ist unverletzt. Für Dieter Wolfram ist deshalb ein Verkehrsunfall nicht von vornherein ausgeschlossen. Schließlich könnte der Junge auch an inneren Verletzungen verblutet oder gar erdrosselt worden sein. Nur anhand der Knochen ist das nicht mehr festzustellen.

In dem trockengelegten Abwasserschacht in der Connewitzer Straße in Leipzig liegt die skelettierte Leiche eines Kindes. Es ist der Jahre zuvor verschwundene Michael.

Am 15. September beerdigen Teumers ihren Sohn Michael auf dem Friedhof in Lößnitz. Mehr als acht Monate sind seit seinem Verschwinden vergangen, als der weiße Kindersarg in der Erde versenkt wird. Seine Familie, die Verwandten, Michaels Freunde und einige Lehrer und Kameraden der Feuerwehr sind dabei und viele fragen. Wie ist das nur passiert?

Währenddessen muss auch die Chemnitzer Mordkommission weitere Rätsel lösen: Wie kam das Kind nach Leipzig? Seine Kleidung und sein Schulranzen werden in dem Abwasserschacht nicht gefunden. Welche Verbindung gab es zwischen dem Verschwinden des Jungen und dem Fundort der Leiche? Und welche Verbindung gibt es zwischen dem anonymen Briefschreiber und dem Fundort der Leiche? Was für ein Typ ist dieser Unbekannte?

Die letzte Frage haben die Ermittler bereits mit Hilfe sogenannter Profiler zu klären versucht. Alle Botschaften und Briefe wurden dafür analysiert. Außer einigen Fingerabdrücken stehen kaum Spuren zur Verfügung. Die Ermittler glauben, dass sie es mit einem Mann zu tun haben, der zwischen 40 und 60 Jahre alt ist und aus der Gegend von Lößnitz stammt, das hat er bei seinem einzigen Anruf durch seinen Dialekt verraten. In seinen Botschaften und Briefen wählt er die Ausdrucksweise eines bodenständigen gesetzten Mannes. Formulierungen wie „Unfall mit Todesfolge" klingen fast schon Amtsdeutsch. Sie haben es mit einem unauffälligen Mann zu tun, der möglicherweise in Leipzig beruflich zu tun hat oder hatte. Seine Intelligenz scheint durchschnittlich zu sein. Er muss einerseits orthografische Fehler korrigieren, nimmt es auch mit der Grammatik nicht besonders genau. Aber er liefert eine Version über den Tod von Michael Teumer, die plausibel klingt, unabhängig davon, ob sich das Geschehen tatsächlich so abgespielt hat. Strafrechtlich ist er offenbar noch nicht in Erscheinung getreten, da seine Fingerabdrücke in keinem Polizeicomputer gespeichert sind. Und die Ermittler glauben auch, dass den Unbekannten seit der Tat das Gewissen plagt, offenbar trägt er schwer an seiner Schuld. Sonst hätte er sich nicht auf die versteckte Kommunikation mit der Polizei eingelassen. Und er hätte auch nicht dem Druck von Beate Teumer nachgegeben, das Versteck der Leiche zu verraten, noch bevor die zwei Jahre abgelaufen sind, von denen er am Anfang gesprochen hatte.

Was die Mordkommission dem Unbekannten nicht abkauft: Sie glaubt nicht, dass eine zweite unbekannte Person das Versteck der Leiche preisgegeben hat und sie glaubt nicht, dass der eigentliche Täter inzwischen selbst gestorben ist. Die Ermittler gehen davon aus, dass alle Botschaften, auch die jüngste, vom selben Absender kommen. Das trifft auch auf die beiden anonymen Schreiben zu, die mit einigem Abstand bei der Polizei eintreffen und in der Gegend von Aue eingeworfen worden waren. Die erste der beiden Botschaften kommt, nachdem über den Stand im Fall Michael Teumer zum dritten Mal in der Fahndungssendung „Kripo live" berichtet wird. Eindringlich versucht der Absender mitzuteilen, dass Michael nach einem Verkehrsunfall gestorben ist und der Unfallverursacher inzwischen selbst tot ist.

Am 14. Januar 1995 erinnert die „Freie Presse" daran, dass Michael vor genau einem Jahr verschwunden ist. Dieter Wolfram, der Chef der Mordkommission, informiert, dass inzwischen fast eintausend Zeugen vernommen wurden, dass unzählige Geschäftsverbindungen und Lieferantenkontakte aus dem Erzgebirge nach Leipzig überprüft werden und dass es Zeugen gibt, die möglicherweise beobachtet haben, wie der Junge auf dem Grundstück Connewitzer Straße 1 nachts in den Abwasserschacht geworfen wurde. Und Dieter Wolfram macht eindeutig klar, dass die Polizei überzeugt ist: Alle bisherigen Botschaften stammen von ein und demselben Absender. „Welchen Grund sollte es für einen Dritten geben, das Verbrechen zu decken?", fragt er. Geschickt wird der anonyme Schreiber auf diese Weise erneut herausgefordert, sich zu melden. So spekuliert das Blatt: „Die Unfallversion könnte stimmen, sie könnte aber auch erfunden sein, um von einem Sexualdelikt abzulenken." Zwischen einem Unfall und einem Sexualverbrechen liegt nicht nur strafrechtlich ein himmelweiter Unterschied, auch in der Gesellschaft werden beide Delikte ganz unterschiedlich wahrgenommen. Wenn der anonyme Briefschreiber kein Sexualstraftäter ist, würde er einen solchen Vorwurf nicht auf sich sitzen lassen. Davon gehen die Ermittler angesichts des erarbeiteten Täterprofils aus. Außerdem kündigt auch Beate Teumer in dem Zeitungsbericht an, dass sie und ihr Mann „keine Ruhe geben werden, bis dieses schreckliche Verbrechen aufgeklärt ist". Von solchen Worten musste sich der Unbekannte angesprochen, vielleicht sogar provoziert fühlen.

Seine Antwort folgt tatsächlich elf Tage später. Am 25. Januar 1995 finden die Teumers wieder einen anonymen Brief in ihrem Briefkasten. Er ist diesmal in Leipzig abgestempelt worden. Die Botschaft ist auch nicht wie bisher mit Schlagbuchstaben ins Papier gedrückt oder aus ausgeschnittenen Buchstaben zusammengesetzt. Diesmal hat der Schreiber eine ältere mechanische Schreibmaschine benutzt. Ein Ablenkungsmanöver, glaubt die Mordkommission. „Im Auftrage meines Gewissens", so heißt es in dem Brief, „möchte ich ihnen letztmalig antworten, dass ihr Sohn Michael tot ist, damit müssen Sie sich abfinden." Der Junge sei selbst schuld gewesen, weil er in das Auto gelaufen sei. Wieder versucht der Unbekannte zu erklären, dass der Fahrer des Wagens inzwischen selbst bei einem Unfall ums Leben gekommen sei. Ihm, dem Beifahrer, hätte es die Familie „zu verdanken, dass ihr Sohn überhaupt gefunden wurde". Wer Michael überfahren habe, das werde die Polizei wohl niemals aufklären, so glaubt der Unbekannte: „Es gibt auch Fälle, die nie aufgeklärt werden, wenn man die Statistik verfolgt", so der anonyme Schreiber. Die Fehler im Text und die Wahl der Worte lassen den Schluss zu, dass es sich um den gleichen Schreiber handelt, der auch die früheren Briefe verfasst hat.

Als ob all das im Brief Geschriebene noch einmal bekräftigt werden soll, taucht wenige Tage später ein seltsames Symbol der Trauer auf. Teumers und die Polizei haben den Brief vom 25. Januar bislang geheim gehalten. Da trauten Teumers am Morgen des 6. Februar ihren Augen nicht. Vorn an der Lenkersdorfer Straße, gleich neben ihrem Briefkasten, steht ein Holzkreuz. Es ist fast einen Meter hoch. Oben sind deutlich die Initialen M. T. eingebrannt. Daran hängt ein Kranz aus rotem künstlichem Lorbeer, verziert mit Tannenzapfen, getrockneten Disteln und Strohblumen. Mit blauer Plastikschnur ist er am Kreuz festgebunden.

Eines Tages steht neben dem Briefkasten der Teumers ein Holzkreuz, an dem ein Kranz hängt.

Vergeblich sucht die Polizei an den folgenden Tagen nach der Gärtnerei, die den Kranz gebunden hat. Das Bild mit dem Kreuz erscheint in allen regionalen Zeitungen. Die Ermittler haben kaum Zweifel, dass der Unbekannte das Kreuz aufgestellt hat. Aber sie finden keinen Ansatz. Am 15. Februar 1995 hilft der Unbekannte selbst der Polizei auf die Spur und düpiert die Ermittler geradezu. Er schreibt: „Der Kranz und das Kreuz stammen aus Leipzig, auch der Plastebindfaden ist von dort aus einem Abfallbehälter eines Supermarktes. Es befinden sich keine Spuren an den Sachen, da Handschuhe getragen wurden, lediglich an der Schnur könnten von dem Bürger, der die Schnur weggeworfen hat, Spuren sich befinden. 0 Punkte für die Kripo! Das Kreuz und Kranz waren nur für Michael als letzter Gruß, da er ja nur vier Meter vom Kreuz entfernt verunglückt, gedacht." Im Original hat der Text keine Satzzeichen. Briefbogen und Kuvert sind mit Hilfe einer Buchstabenschablone beschriftet, die auch in Druckerkästen für Kinder oder als Druckmatrize im Büro zu finden ist. Auf dem Umschlag steht „Fall Teumer". In Stollberg, wo der Brief aufgegeben worden war, ist der Vermerk einer Postangestellten sofort aufgefallen. Sie hat sofort die Polizei verständigt. Diesmal halten die Ermittler den Brief geheim. Erst acht Monate später wird die Öffentlichkeit davon erfahren. Eine Spur zu dem anonymen Briefschreiber findet die

Kripo nicht. Auch die Reifenspuren, die Kriminaltechnikern im morastigen Boden unweit von Teumers Briefkasten sichern können, bringen die Kripo nicht weiter. Sie sind durchaus selten. Nur an kleinen Lastern vom Typ Mercedes-Unimog sind sie angeblich zu finden. Mehr als fünfzig Fahrzeuge dieser Art wird die Kripo überprüfen, bis in die Oberlausitz und nach Stendal reisen die Beamten. Sie finden zwar Autos mit diesen Reifen, aber Reifenbreite und Radabstand stimmten nie mit der Spur aus Lößnitz überein. Kriminaltechniker stellen lediglich fest, dass der Fahrer offenbar aus Lößnitz gekommen war, in den Schotterweg eingebogen und rückwärts wieder rausgefahren war.

Am 29. Juni 1995, es wäre Michaels zwölfter Geburtstag gewesen, greift die „Freie Presse" den Fall erneut auf, berichtet darüber, dass Teumers daran denken, einen kleinen Gedenkstein an der Stelle aufzustellen, an der ihr Sohn am 14. Januar 1994 vermutlich ums Leben gekommen ist. „Aber", so klagte Beate Teumer in dem Zeitungsbericht, „wir wissen ja nicht einmal, welchen Sterbetag wir in den Grabstein einmeißeln lassen sollen." Neben dieser Botschaft an den unbekannten Briefschreiber äußern sowohl die Polizei als auch Bürger aus Lößnitz in dem Bericht den Verdacht, dass mit dem Verkehrsunfall nur ein Sexualverbrechen verdeckt werden soll. „Der Täter ist kein Mensch, sondern ein brutales Mörderschwein", sagt eine Lößnitzerin. „Der Mörder lebt unter uns", heißt es an anderer Stelle. Nach dem, was die Chemnitzer Mordkommission von dem Unbekannten weiß, müssten ihn diese Sätze wieder treffen, würde er sich wieder melden und sich diesmal verraten. Doch auf den Zeitungsbeitrag erfolgt keine Reaktion.

Erst als Beate und Frieder Teumer am 16. Oktober 1995 beim Fernsehsender RTL in der Sendereihe „Ungelöste Mordfälle" bei Hans Meiser über das Verschwinden ihres Sohnes berichten, kommt wieder Bewegung in den Fall. Teumers schildern, wie sie die Ungewissheit über Michaels Schicksal noch immer belastet. Zwei Dutzend Zuschauer melden sich danach bei der Polizei und machen Angaben darüber, wer den Lorbeerkranz gebunden haben könnte. Die Polizei hat zwanzig Monate nach dem Verschwinden des Jungen noch immer keine heiße Spur zu einem Tatverdächtigen. Kriminaloberkommissar Volker Rost, der die Ermittlungen nunmehr leitet, berichtet über die Erkenntnisse zu dem Fall, die in mittlerweile mehr als zwanzig Aktenordnern zusammengefasst sind. Der Fall zählt zu den merkwürdigsten Fällen der jüngeren sächsischen Kriminalgeschichte. Vor allem von zwei Hinweisen verspricht sich Kommissar Rost neue Erkenntnisse darüber, welche Verbindung es gibt zwischen Lößnitz, wo der Junge verschwand, und Leipzig, wo seine Leiche in einem Abwasserschacht gefunden wurde. „Wenn an einem der beiden Hinweise was dran ist, könnte uns das fast zwei Jahre nach der mysteriösen

Mordgeschichte zum Täter führen", sagt Rost der „Freien Presse" zuversichtlich. Nun informiert die Polizei auch über den anonymen Brief vom 15. Februar, der das bislang letzte Lebenszeichen des Unbekannten ist. Nachdem auch diese Hinweise zu keinem Verdächtigen führen, stellt die Staatsanwaltschaft Chemnitz den Fall im April 1997 vorläufig ein. Die Begründung: Es gibt vorerst keine Anhaltspunkte für weitere Ermittlungen.

Erst am 10. November 1997 wird der Fall noch einmal aufgerollt. Das neue Sat1-Kriminalmagazin „Fahndungsakte" nimmt sich der rätselhaften Geschichte an. Die Chemnitzer Staatsanwaltschaft ermöglicht den Redakteuren sogar Einsicht in einige Akten. Noch einmal wird der Stempel in dem Buch „Eine Tür steht offen" als heiße Spur präsentiert. Es gehen eine ganze Reihe Anrufe in der Redaktion und später auch bei der Chemnitzer Polizei ein.

Doch die Sendung ist fast so etwas wie ein Bluff. Denn was der zuständige Zwickauer Oberstaatsanwalt Gerhard Greiner im Interview mit Moderator Michael Weber wohl aus ermittlungstaktischen Gründen verschweigt: Seit Anfang Oktober gibt es im Fall des getöteten Michael Teumer erstmals einen konkreten Verdächtigen. Der bekannte Polizeipsychologe Adolf Gallwitz von der Polizeihochschule Baden-Württemberg hatte die Ermittler mit der Vermutung überrascht, dass es sich bei dem Täter auch um einen Polizisten handeln könnte.

Die Kripo hatte den 46-jährigen Professor gebeten, für eine Rasterfahndung noch einmal ein Persönlichkeitsprofil des unbekannten Briefschreibers anzufertigen. Anders als in früheren Auswertungen war Gallwitz besonders aufgefallen, dass sich der Unbekannte ziemlich gut in der Ermittlungsarbeit auskennt und vorgibt, den Berufsfeuerwehrmann Frieder Teumer gut zu kennen. So hatte er den Ermittlern empfohlen, auch Mitarbeiter des Rettungsdienstes, der Feuerwehr und der Polizei in die Rasterfahndung einzubeziehen. Auch die Chemnitzer Mordkommission war in ihrer Bewertung der Fakten vor Gallwitz zur gleichen Schlussfolgerung gekommen. Doch nur wenige außerhalb der Mordkommission wussten von der höchst brisanten Hypothese. Dass ein Polizist in den mittlerweile bundesweit bekannten und außerordentlich rätselhaften Fall verwickelt sein könnte, würde erheblichen Staub aufwirbeln.

Und tatsächlich ist der Mann, der Anfang Oktober 1997 im Fahndungsraster der Chemnitzer Mordkommission hängenbleibt, ein Beamter der sächsischen Polizei: Karl Gottfried L., 53 Jahre, geschieden, wohnhaft in Zwönitz, einem Nachbarort von Lößnitz, tätig als Streifenpolizist in Stollberg. Auf ihn treffen alle wesentlichen

Erkenntnisse zu, die die Kripo in mehr als drei Jahren zusammengetragen hatte. Karl Gottfried L. stammt aus Leipzig, hatte bis 1981 im Polizeirevier Connewitz Dienst geschoben, unweit des Fundortes der Leiche. Nach der Scheidung bleiben seine Frau und die drei Söhne in der Messestadt. Karl Gottfried L. zieht ins Erzgebirge, lebt dort mit einer neuen Partnerin und deren Töchtern zusammen, bis auch diese Beziehung wieder auseinanderbricht. Seinen Dienst versieht er erst bei der Polizei in Aue, später wird er zum Streifendienst in Lößnitz eingesetzt, wo er bei Bränden wohl auch den Feuerwehrmann Frieder Teumer kennen gelernt haben dürfte. Seit 1990 ist Karl Gottfried L. im Polizeiposten Stollberg eingesetzt. Dort wird der Polizeiobermeister Anfang Oktober auch vorläufig suspendiert, als die Ermittler immer mehr Fakten zusammentragen, die ihn verdächtig machen. So passten die Ausdrucksweise in den Bekennerbotschaften, der Hinweis auf den Restalkohol bei dem Unfall auf die Fahrweise des Täters zu dem Kollegen im Stollberger Polizeiposten. Auch die Bücher passten nach Ansicht der Ermittler zu L.s Persönlichkeit.

Doch in den ersten drei Befragungen durch die Kripo leugnet Karl Gottfried L. hartnäckig, dass der mit dem Tod von Michael Teumer etwas zu tun habe. Aber seine Aussagen sind verworren, oft unlogisch und zum Teil widersprüchlich. Der Polizist kann den Verdacht nicht von sich lenken. Als Adolf Gallwitz ihm am 12. Dezember 1997, einem Freitag, im Chemnitzer Polizeipräsidium gegenübersitzt, bricht Karl Gottfried L. nach vier Stunden sein Schweigen. Grau im Gesicht und mit gesenktem Kopf sitzt er dem Psychologen gegenüber. Bald sieht sich Gallwitz in dem Bild, das er von dem Täter hat, bestätigt. Er scheint einfach strukturiert, deswegen seine wenig geschliffenen Formulierungen und die Fehler in seinen Botschaften. Auch andere Vermutungen bestätigen sich: Karl Gottfried L. lebt zurückgezogen und allein in einer Neubauwohnung, hat nur eine lose Frauenbekanntschaft in einem der Nachbarhäuser. Nach seinem Geständnis wird er festgenommen und muss in Untersuchungshaft.

Am Montag der folgenden Woche verkündet der Chemnitzer Polizeipräsident Wilfried Thewes nach so langer Zeit den überraschenden Ermittlungserfolg. „Wir müssen einfach damit leben, dass es einer unserer Beamten war", sagt er. Dennoch sei bisher unklar, ob es stimmt, was Karl Gottfried L. in seinem Geständnis sagt: Angeblich hatte er am 14. Januar 1994 dienstfrei und sei mit seinem privaten Wartburg unterwegs gewesen. Es sei noch dunkel und nebelig gewesen, als er auf der rechten Straßenseite den Jungen angefahren habe, den er vorher nicht gesehen hatte. Angeblich sei Michael in den Straßengraben gestürzt, aber scheinbar unverletzt, allein wieder aufgestanden. Trotzdem sei er mit dem Jungen zur

Poliklinik gefahren, doch da sei vor acht Uhr niemand gewesen. Als er zum Auto zurückkam, sei der Junge erst bewusstlos und wenig später tot gewesen. Er habe Panik bekommen, den Jungen in den Kofferraum gepackt und einen Tag später nachts nach Leipzig gebracht und in den Abwasserschacht geworfen. Die Mordkommission muss überprüfen, ob diese Version tatsächlich die Wahrheit ist. Karl Gottfried L. kann sich an einige Details seiner angeblichen Handlungen selbst nicht erinnern. Vieles hat er offensichtlich ganz bewusst verdrängt, glauben die Ermittler.

In Lößnitz und Zwönitz reagieren die Leute erleichtert, dass der sogenannte „Rätsel-Mörder" gefasst ist, sind aber auch schockiert darüber, dass es ein Polizist gewesen war. Besonders Teumers sind froh, dass die Ungewissheit ein Ende hat. Ihre Tochter Sabine besucht inzwischen die zweite Klasse. Mutter oder Vater bringen sie jeden Tag zur Schule. In Zwönitz galt Karl Gottfried L. als stiller, hilfsbereiter, aber auch als etwas komischer Nachbar, „der einem im Gespräch nie in die Augen gucken konnte", sagt eine Frau. In seiner Freizeit habe er Landschaftsbilder vom Erzgebirge gemalt, wollen andere wissen. Von einem Ehepaar ist zu hören, dass er auch viel Alkohol getrunken habe.

Im Frühsommer 1998 wundern sich einige Zwönitzer, als sie Karl Gottfried L. wieder im Supermarkt begegnen. Das Amtsgericht Zwickau kann am 27. Mai den Haftbefehl gegen den Polizisten nicht mehr aufrechterhalten. Der Polizist hatte zunächst nach seiner Inhaftierung auch vor dem Ermittlungsrichter sein Geständnis wiederholt, konnte aber in den folgenden Vernehmungen viele Detailfragen nicht beantworten. So wusste Karl Gottfried L. beispielsweise nicht, wo Michaels Schultasche und Bekleidung geblieben waren. Der Staatsanwalt hatte deshalb eine psychiatrische Begutachtung der Verdächtigen beantragt. Sie wurde an der TU Dresden durchgeführt. Zur Überraschung aller widerrief Karl Gottfried L. im Gespräch mit dem forensischen Psychiater sein Geständnis. Doch außer dem Geständnis liegen den Ermittlern kaum objektive Beweise gegen L. vor. Sie finden zwar den Wartburg ihres Kollegen. Er ist inzwischen in Tschechien zugelassen und wird für eine kriminaltechnische Untersuchung nach Sachsen geholt. Aber die Spurensuche in dem Auto ergibt keine Anhaltspunkte dafür, dass Michael Teumer jemals in dem Auto saß. Damit kann ein dringender Tatverdacht gegen den Beschuldigten nicht mehr begründet werden. Die objektiven Spuren reichten nicht aus, so ein Sprecher der Staatsanwaltschaft Zwickau.

Doch die Entlassung spricht Karl Gottfried L. nicht von dem schweren Verdacht frei. Der Polizist weiß, dass weiter gegen ihn ermittelt wird. Familiären Rückhalt hat er offenbar keinen. Kontakt zu seiner Familie in Leipzig besteht angeblich nicht mehr. Auch vom Dienst bleibt er weiter suspendiert, wie es von der Staatsanwaltschaft heißt: bis der Fall geklärt ist. Doch solange will Karl Gottfried L. nicht warten. Mitte Mai 1998 hört die Zwönitzer Rathaus-Mitarbeiterin Gisela H. zwei Tage lang nichts von L., ihrem Lebensgefährten, der jedoch getrennt von ihr wohnt. Als sie ihn auch telefonisch nicht erreicht, ruft sie die Polizei an. Die Beamten öffnen noch am selben Tag die Wohnung ihres Kollegen in dem Neubaugebiet am Rande von Zwönitz und finden Karl Gottfried L. Mit einem Elektrokabel hat er sich an einem Türrahmen selbst stranguliert. Ein „klassischer Selbstmord", heißt es im Polizeipräsidium Chemnitz. Ein Abschiedsbrief findet sich nicht. So bleibt es eine Vermutung, dass der 53-jährige Polizist den Vorwurf des Totschlages und der Unfallflucht nicht länger ertragen wollte. Die Staatsanwaltschaft in Zwickau teilt mit, dass die Ermittlungen gegen Karl Gottfried L. „im Endstadium" waren. Man habe nur noch zu entscheiden gehabt, ob Anklage erhoben wird oder nicht, so der Pressesprecher Günter Elfmann. Diese diffizile Entscheidung hat der Polizist der Justiz erspart. Die endgültige Wahrheit über Michael Teumers Schicksal nahm er mit ins Grab.

Im Bahnwärterhaus an der Lößnitzer Schleife wachsen zu dieser Zeit wieder zwei Kinder auf. Teumers wollten immer zwei Kinder und haben 1995 einen Neuanfang gewagt. Sieben Jahre später geht ihr Sohn Thomas den gleichen Weg zur Schule wie seinerzeit Michael.

DAS BARTHAAR DES MÖRDERS

VON THOMAS SCHADE

Die Geräusche, die er am letzten Freitag gegen 21 Uhr von seinem Hochstand aus gehört hat, waren dem Hobbyjäger Gerhard Kappel* nicht geheuer. Einem Beamten der Sonderkommission „Wald" der Torgauer Polizei erzählt der Weidmann von seiner Pirsch in der Nähe des Dorfes Rosenfeld und beschreibt, dass er so etwas wie ein Jammern oder Heulen vernommen habe. Der Jäger ist nicht der erste, der in dieser Gegend in den letzten Tagen das Jammern gehört hat. Nach seinem Hinweis rücken mehrere Dutzend Polizisten aus. Immer wieder durchsuchen sie die Gegend, insbesondere den rund drei Quadratkilometer großen Wald.

Die Kriminalisten der Sonderkommission „Wald" interessiert Mitte September 1994 alles, was sich in den vergangenen Tagen in dem Wald zwischen Zwethau und Döbrichau ereignet hat. Durch ihn verläuft das Drei-Länder-Eck Brandenburg-Sachsen-Sachsen-Anhalt. Mitten hindurch führt die Bundesstraße 87 von Torgau nach Herzberg. An dieser Straße, wo ein Waldweg abzweigt, sind vor wenigen Tagen zwei Menschen unter seltsamen Umständen spurlos verschwunden. Seit dem sucht die Soko „Wald" nach den beiden.

Der ausgedehnte Waldstreifen liegt nur sieben Kilometer östlich von Torgau. Früher gehörte er zu einem Übungsgelände der sowjetischen Truppen. Heute ist er für viele Pilzsucher ein gutes Revier. Um Pilze zu suchen, ist auch Evelyn H. am Nachmittag des 8. September 1994 auf der B 87 in den Wald gefahren. Sie lebt mit ihrer Familie in dem kleinen Dorf Beilrode, dem Nachbarort von Zwethau. Ihren kleinen dunkelroten Nissan Sunny stellt sie gegen 15.30 Uhr an der Einmündung eines Waldweges ab. Da es im Sommer hier sehr schnell brennt, hindern Schlagbäume die Autofahrer daran, tiefer im Wald zu parken. Mit im Auto sitzen Evelyn H.s erst 18 Monate alte Tochter Sandy und deren Cousine Antje Köhler. Antje ist schon 17 und lebt bei ihrer Oma in Rosenfeld. Die attraktive schwarzhaarige junge Frau soll auf Sandy aufpassen, solange die Mutter Pilze sammelt. Evelyn H. überlässt Antje den Autoschlüssel und eine Decke, auf der Sandy spielen kann. Sie bittet Antje, in der Nähe des Autos zu bleiben.

* *Name geändert*

Doch als die Mutter nach eineinhalb Stunden mit ihrem Korb voller Pilze zurückkommt, sind Sandy und Antje nicht mehr da. Zwei Stunden lang sucht Evelyn H. allein den Wald rund um ihr Auto ab. Sie kann sich auch nicht erklären, wieso ihr Nissan Sunny plötzlich einhundert Meter weiter im Wald abgeschlossen auf einer kleinen Lichtung steht – hinter dem verschlossenen Schlagbaum. Antje hatte zwar den Schlüssel, aber sie kann noch nicht Auto fahren. Auch die Decke, die sie Antje gegeben hatte, fehlt. Evelyn H. ruft alle Verwandten an, aber keiner weiß etwas über die beiden Mädchen. Gegen 19.40 Uhr meldet die Mutter schließlich ihre kleine Tochter und ihre Nichte bei der Polizei als vermisst.

Noch am selben Abend leitet die Torgauer Polizei eine Großfahndung nach den beiden Vermissten ein. Zusammen mit den örtlichen Feuerwehren durchkämmt sie den Wald zu beiden Seiten der B 87. Doch weder Fährtenhunde noch die Besatzung eines Hubschraubers können Sandy und Antje finden. Auch den ganzen Freitag suchen 160 Beamte weiter die Gegend ab – erfolglos. Am Wochenende wird der Wald nach dem Hinweis des Weidmannes ein drittes Mal mit Fährtenhunden durchkämmt.

Nach vier Tagen meldet sich ein Ehepaar aus Wurzen. Es hatte die drei am Donnerstag gegen 15.30 Uhr als letzte zusammen gesehen und mit der Mutter noch gesprochen. Evelyn H. haben die Ereignisse einen Schock versetzt. Sie kann das Verschwinden ihrer kleinen Tochter nicht begreifen. Nach ersten Befragungen gibt es keine Erkenntnisse über familiäre Konflikte, die Antje veranlasst haben könnten, auszureißen. Noch am Freitag bildet die Torgauer Polizei eine 30-köpfige Sonderkommission und gibt ihr den Namen „Wald".

In ihrer ersten Befragung kann Evelyn H. den Beamten nur sagen, dass sie einen blauen Kleintransporter gesehen hat, der nicht weit von ihrem Auto entfernt in den Wald gefahren ist. Die Polizei hat bereits festgestellt, dass zur fraglichen Zeit jede Menge Autos auf der B 87 unterwegs waren und im Wald geparkt hatten. Es können Ausflügler oder wie Evelyn H. Pilzsammler gewesen sein. Außerdem beginnt zu dieser Zeit auf der B 87 auch der Feierabendverkehr zwischen Torgau und Herzberg. Über die örtlichen Zeitungen bittet die Polizei, dass sich alle melden, die an jenem Nachmittag durch den Wald gefahren sind, in dem die Mädchen verschwanden.

An den folgenden Tagen befragt die Polizei hunderte Autofahrer. Sie erhält über 50 Hinweise, aber keiner bringt die Sonderkommission weiter. Am Abend des 27. September 1994 klingeln bei der Soko „Wald" die Alarmglocken. Mehr als 400 Ki-

Michael Pasenau, der Leiter der Soko Wald vor den Plakaten der beiden Opfer Antje Köhler (l.) und Sandy Hofmann.

lometer entfernt von Torgau hat ein Pilzsammler am Vormittag in einem Wald, der Buchholzer Nordheide, bei Buchholz-Sprötze etwa zwanzig Kilometer südlich von Hamburg in Niedersachsen zwei Leichen gefunden – eine junge Frau und ein Kleinkind. Die schon stark verwesten Leichen lagen nebeneinander auf dem Bauch in einer Fichtenschonung. Verwertbare Spuren gibt es angeblich nicht. Doch beide, so scheint es, sind einem Verbrechen zum Opfer gefallen. Die zuständige Staatsanwaltschaft in Stade hat die Leichen sofort von Gerichtsmedizinern untersuchen lassen. Die stellten bei der Obduktion fest: Das Kleinkind ist ein Mädchen. Es wurde erdrosselt, offensichtlich mit der Kordel der Mütze. Die Todesursache der jungen Frau kann nicht sofort festgestellt werden. Die Gerichtsmediziner halten jedoch ein Sexualverbrechen für wahrscheinlich. Da in der Gegend derzeit weder eine junge schwarzhaarige Frau noch ein Kleinkind vermisst werden, informiert die Polizei Buchholz auf dem internen Behördenmeldeweg bundesweit über den Leichenfund. So erfahren auch die Ermittler der Soko „Wald" davon.

Gleich am nächsten Morgen fliegen zwei Torgauer Kriminalisten nach Hamburg. Sie sollen möglichst schnell eine sogenannte operative Identifizierung vornehmen. Am Nachmittag melden sie nach Torgau: Anhand der Kleidung müsse mit „sehr hoher Wahrscheinlichkeit" davon ausgegangen werden, dass es sich bei den beiden Toten um die 18 Monate alte Sandy Hofmann und Antje Köhler handelt. Die Unterlagen ihres Zahnarztes helfen wenig später, endgültig Klarheit zu schaffen. Die Familien der beiden Opfer reagieren auf diese Nachricht verzweifelt. Zwanzig Tage lang hatten sie immer gehofft, die beiden Mädchen lebend wiederzusehen.

Die Staatsanwaltschaften Stade und Leipzig einigen sich darauf, dass die Ermittlungen zu dem Doppelmord in Sachsen geführt werden. Eine Reihe Fragen, die die Polizei in Buchholz aufwirft, können die Kollegen in Torgau schon beantworten. Das betrifft beispielsweise die Frage, ob Antje von einem Mann zu einer Spritztour mit dem Auto eingeladen worden war und ihre kleine Cousine mitgenommen hatte. Oder ob die beiden Mädchen an der Bundesstraße 87 bei ihrem Parkplatz gewaltsam entführt und später ermordet worden sind. Doch auf eine gewaltsame Entführung deutet am Ort ihres Verschwindens nichts hin. Im Auto der Mutter hatten noch Sindys Spielzeug und ein angeknabbertes Brötchen gelegen. Die Polizei hatte keine Reifenspuren gefunden, obwohl das Auto der Mutter mindestens einhundert Meter weit in den Wald gerollt war. Auch die Fährtenhunde nahmen keine Spur auf. Nichts deutete darauf hin, dass vor dem Verschwinden der beiden Mädchen ein Kampf stattgefunden hatte. Die Soko „Wald" steht vor einem Rätsel: Wie waren Sindy und Antje 400 Kilometer weit in den Norden gereist?

Auch die Menschen in Torgau stellen sich diese Frage. Auf den Straßen und in den Läden der Stadt an der Elbe ist der Doppelmord an den beiden Tage lang Thema Nummer eins. Antje Köhler war eine lebenslustige junge Frau, sah gut aus und stand Mitten in ihrer Ausbildung. Viele kennen die 17-Jährige: Kunden, Schulkameraden, Diskobekanntschaften. Und Antje hatte auch einige Verehrer. So erfährt die Soko „Wald" schon bald, dass ein mit Schlips und Sakko gekleideter Mann der jungen Frau schon mehrmals Rosen geschenkt haben soll. Mit Hilfe der Zeitungen sucht die Polizei weitere Zeugen, die den Verehrer mit den Blumen kennen. Die Legende vom Rosenkavalier wird geboren. Sie wird die Ermittler über Jahre beschäftigen. Zum Erfolg führt sie nicht.

Einer, der von der Suche nach dem Rosenkavalier aus der Zeitung erfährt, ist Florian Heide*. Der 29-Jährige Spross einer alteingesessenen Torgauer Unternehmerfamilie hat auf vielen Baustellen Sachsens zu tun. Auch Florian kannte die hübsche Antje, und er hatte ihr sogar einmal Blumen geschenkt, wenn auch eher zufällig. Denn eigentlich ist Florian in festen Händen. Das mit Antje war nur ein kurzer und heimlicher Flirt. Die Blumen hatte Florian eigentlich für seine Freundin zum Geburtstag gekauft. Er wollte sie ihr ins Büro bringen. Doch wegen des Geburtstages hatte die Freundin das Büro an diesem Tag eher verlassen. Florian traf sie nicht mehr an. Wenig später in der Stadt war er zufällig Antje Köhler begegnet und hatte ihr die Blumen gegeben – in aller Öffentlichkeit. Da das vor Antjes Verschwinden war, wird sich sicher jemand an die Begegnung der beiden erinnert haben, glaubt Florian.

Deshalb meldet sich Florian Heide am 5. Oktober vormittags bei der Polizei in Torgau und verlangt nach einem Mitarbeiter der Soko „Wald". Als der Ermittler die Geschichte des 29-Jährigen hört, ist er sofort hellwach, holt weitere Kollegen zu dem Gespräch hinzu, und Florian merkt regelrecht, wie er in den Augen der

** Name geändert*

Beamten vom Zeugen zum Verdächtigen wird. „Der Tonfall wurde nicht gerade grob, aber einen Zacken schärfer", sagt er später der „Sächsischen Zeitung". Mit einigen Pausen wird er den ganzen Tag vernommen. Immer wieder muss er seine Geschichte wiederholen. Außerdem wollen die Ermittler wissen, wo er am Nachmittag des 8. September 1994 war. „Es half mir wenig, dass ich an diesem Tag zusammen mit fünf Kollegen auf einer Baustelle außerhalb war und auf einem Bagger saß, als die beiden Mädchen verschwanden", sagt er später. Am Abend führen Polizisten Florian in Handschellen aus dem Polizeigebäude. Dutzende Passanten sehen ihn, viele kennen ihn. Schnell spricht sich in den nächsten Tagen herum, dass der Heide-Junior des Doppelmordes verdächtig ist.

Als die Ermittler der Sonderkommission herausfinden, dass Florian Heide auch den Fundort der Leichen kennen muss, verschlechtert sich seine Situation noch mehr. Florian war vor 1990 ein hoffnungsvoller Springreiter, zählte sogar zum Nachwuchskader der letzten DDR-Nationalmannschaft. Nach 1990 hat Florian Heide zeitweise in Neuendorf bei Hamburg trainiert und dort auch Pferde stationiert – nur wenige Kilometer entfernt von der Buchholzer Nordheide, wo die Leichen gefunden worden waren.

Während der junge Mann bei der Polizei sitzt, durchsucht eine andere Gruppe der Kripo seine Wohnung und nimmt alles mit, was er an Kleidung in den letzten Wochen getragen haben könnte. Die Soko „Wald" steht unter hohem Erfolgsdruck. Der Doppelmord hat die Menschen im flachen nordwestsächsischen Land verschreckt. Zum gegenwärtigen Zeitpunkt schließen die Ermittler aus, dass das Verbrechen eine innerfamiliäre Angelegenheit gewesen ist. Florian Heide ist der erste, bei dem mehrere Indizien darauf hindeuten, dass er mit der Tat etwas zu tun haben könnte. Der 29-Jährige bestreitet das heftig, verweist immer wieder darauf, dass er von allein zur Polizei gekommen sei und schließlich ein Alibi habe. Aber die Ermittler trauen ihm nicht, drängen Florian vielmehr zu einem Geständnis. Doch die Indizien gegen Heide sind alles in allem dünn. Sie reichen dem Staatsanwalt nicht aus. Er lehnt es ab, einen Haftbefehl gegen den Beschuldigten zu beantragen. So muss die Soko „Wald" Florian Heide nach einigen Tagen im Polizeigewahrsam wieder entlassen. Er gilt aber auch fortan als verdächtig und muss länger als zwei Jahre mit dieser Beschuldigung leben.

Kriminaltechniker sollen nun klären, ob der Rosenkavalier tatsächlich mit dem Mord an Sandy und Antje zu tun hat. An den Orten, wo die beiden Mädchen verschwanden und tot aufgefunden wurden, hatten die Kriminalisten kaum Spuren gefunden. Nur in der Fichtenschonung bei Buchholz stellten sie einen alten Eimer aus Plastik sicher, in dem ein Handtuch lag. Chemische Untersuchungen ergaben, dass die Farb- und Mörtelreste an dem Eimer noch aus DDR-Produktion stammten. Die Kriminalisten glauben, dass der Täter den Eimer zusammen mit den Leichen in der Fichtenschonung hinterlassen hat. Außerdem wird an dem Plastikeimer ein Fingerabdruck gefunden. Er ist jedoch nicht vollständig und somit nicht geeignet für die bundesweite Fingerabdruckdatenbank Afis. In ihr werden offene Spuren wie diese mit den Fingerabdrücken einschlägig bekannter Straftäter verglichen.

So konzentrieren sich die Spezialisten vor allem auf die Kleidung der beiden Opfer. Fasern, Sekrete, Haare, Anhaftungen aller Art werden gesichert. In umfangreichen Untersuchungen soll das kriminaltechnische Institut des Landeskriminalamtes nun feststellen, ob sich an den Sachen der Opfer auch Spuren finden, die von Florian Heide stammen. Eine Untersuchung, die Monate, in diesem Fall zwei Jahre in Anspruch nimmt. Erst das Ergebnis eines neuen DNA-Analyseverfahrens spricht ihn endgültig vom Mordverdacht frei. Zu diesem Zeitpunkt ist Florian Heide einer von drei Verdächtigen.

Schon am 24. Dezember 1995 scheint der Doppelmord plötzlich aufgeklärt. Am Nachmittag dieses Weihnachtstages taucht überraschend Steffen B. im Torgauer Polizeirevier auf und sagte zu den Beamten: „Verhaftet mich. Ich bin der Mörder der beiden Mädchen." Die Beamten glauben an eine Weihnachtsbescherung und nehmen den 28-jährigen Mann erst einmal in Gewahrsam. Am ersten Weihnachtsfeiertag vernehmen Mitarbeiter der Sonderkommission den gelernten Fliesenleger und hören eher seltsame Dinge. Steffen B. weigert sich, die Morde zu schildern. Er will nur auf Fragen antworten und scheint ein Wirrkopf zu sein. Auch sonst passt er nicht in das Puzzle dieses Falls. Die Kriminalisten trauen ihm nicht recht zu, dass er die beiden Mädchen in seine Gewalt bringen konnte und mit ihnen bis kurz vor Hamburg gefahren ist. Der Leipziger Staatsanwalt Rainer Moser spricht wenig später von einem „eigenartigen Aussageverhalten" des Mannes. Er will die Mädchen umgebracht haben, weiß aber ganz offensichtlich nicht wie. Die Ermittler zweifeln an seiner seelischen Gesundheit, zumal der Mann schon früher in psychiatrischer Behandlung war. Der 28-Jährige widerruft zudem sein Geständnis schon bald und muss aus der Untersuchungshaft entlassen werden.

Ein Kraftfahrer gerät als Dritter ins Visier der Soko „Wald". Ihn führt der Weg zur Arbeit fast täglich durch den Wald, in dem Sandy und Antje verschwunden waren. Als sein Alibi überprüft wird, entdecken die Ermittler eine Panne in den eigenen Reihen. Nach dem 8. September 1994, als die Mädchen verschwunden waren, hatte es die Polizei versäumt, die Videoaufzeichnungen der umliegenden Tankstellen zu überprüfen, um festzustellen, ob auffällige Fahrzeuge in der Gegend waren. Ein Rechtsanwalt entdeckt das Versäumnis. Die Leipziger Staatsanwaltschaft versucht das Missgeschick damit zu erklären, dass es sich zu jenem Zeitpunkt noch um einen Vermisstenfall und keinen Mordfall gehandelt habe.

Nachdem im Herbst 1996 ein sehr umfangreiches kriminaltechnisches Gutachten vorliegt, für das insgesamt 60.000 Spuren – von den beiden Opfern und drei Verdächtigen – miteinander verglichen wurden, braucht die Leipziger Staatsanwaltschaft noch ein Dreivierteljahr zur Auswertung. Im Mai 1997 kommt sie zu dem Ergebnis, dass die Beweise gegen keinen der drei Verdächtigen für eine Mordanklage reichen. Eine Entscheidung, an der auch die Generalstaatsanwaltschaft in Dresden mitgewirkt hat. Das ist eher unüblich, soll aber in diesem außerordentlich schwierigen Fall zusätzlich für Rechtssicherheit sorgen. Gegen alle drei Beschuldigten wird das Verfahren eingestellt. Da es angeblich keine Ansatzpunkte für weitere Ermittlungen gibt, legt die Staatsanwaltschaft den Fall vorläufig zu den Akten.

Zwei Jahre später, im Mai 1999, präsentiert die Torgauer Polizei plötzlich aus heiterem Himmel, wie es scheint, einen neuen Verdächtigen im Torgauer Doppelmord. Ursache für die Überraschung ist der wissenschaftliche Fortschritt in der Kriminaltechnik. Zu Beginn des Jahres 1999 steht dem Kriminaltechnischen Institut des Landeskriminalamtes ein neues, verfeinertes molekularbiologisches Analyseverfahren zur Auswertung von DNA-Spuren zur Verfügung. Und wie immer, wenn verbesserte Untersuchungsmethoden Einzug gehalten haben, holen die Kriminaltechniker aus den Asservatenkammern der Polizei auch jene Spuren ungeklärter Fälle wieder hervor, die bisher nicht ausgewertet werden konnten. Solche Spuren gab es auch an der Kleidung von Antje Köhler. Es waren sogenannte Mischspuren an der Unterwäsche des 17-jährigen Opfers: Sekretspuren, die jedoch durch chemische Substanzen eines Waschpulvers in einem Zustand waren, in dem sie bisher nicht ausgewertet werden konnten. Nun, zu Beginn des Jahres 1999, sind die Molekularbiologen des LKA in der Lage, auch solche Mischspuren zu analysieren und auszuwerten. Sie finden an Antjes Slip Körperflüssigkeiten zweier Männer, fertigen zwei genetische Fingerabdrücke an und informieren darüber die Torgauer Polizei. Die hatte im Verlaufe der bisherigen Ermittlungen schon rund 150 Männer um eine freiwillige Speichelprobe gebeten. Die genetischen Fingerabdrücke dieser Personen werden nun mit den beiden neuen Spuren verglichen. Am 4. Mai 1999 nimmt die Polizei in Beilrode einen 25-jährigen Mann fest und überrascht damit am nächsten Tag die Öffentlichkeit.

Der junge Mann heißt Daniel B., ist Industriemechaniker und viel auf Montage unterwegs. Beim Fußballverein FSV Beilrode spielt er Libero und gilt als feste Größe in der Mannschaft. Jahrelang hat er sogar mit dem Vater der kleinen Sandy in einer Mannschaft gespielt. Noch am Wochenende hatte Daniel mit seinen Vereinskameraden im Vereinsheim gesessen und Bier getrunken. Das Spiel war ausgefallen, weil der Bus der Gästemannschaft unterwegs einen Defekt hatte. Im Fußballverein kann sich keiner vorstellen, dass Daniel überhaupt in Verdacht geraten konnte. Auch die Leute im Dorf reagieren ungläubig und mit Entsetzen. Daniel B. ist als lieber, netter und kameradschaftlicher Junge bekannt. Alle wissen, dass Daniel Antjes Freund war, als sie verschwand. Hanna Köhler, Antjes Großmutter, spricht sofort von einem „Justizirrtum". Seit seinem siebenten Lebensjahr gehe Daniel bei den Köhlers ein und aus, er habe sogar Geburtstage mit der Familie gefeiert. „Er war wie mein Enkel", sagt Oma Köhler. 1994 wohnte Daniel nur einhundert Meter entfernt von den Köhlers. Heute wohnt er nicht mehr im Ort. Dennoch durchsucht die Polizei mit Spürhunden den Keller des Hauses und die seit langem leer stehende Wohnung. Daniel B. bestreitet vehement, mit dem Tod der beiden Mädchen etwas zu tun zu haben.

Bei der Torgauer Kripo interpretiert man das alles etwas anders. Auch die Ermittler wissen, dass der nunmehr 25-Jährige 1994 Antjes Freund war. Aber sie wissen auch, dass Antje eine lebenslustige junge Frau war, die möglicherweise zu dieser Zeit nicht nur einen Freund hatte. Schließlich hatten die LKA-Spezialisten Spermaspuren von zwei Männern am Slip des Mädchens gefunden. Vielleicht hatten die Kollegen damals 1994 von einer Krise in der Beziehung zwischen den beiden nur nichts erfahren. Dennoch war der junge Mann damals für Antje eine Vertrauensperson. Ohne Argwohn wäre sie mit ihrer kleinen Cousine Sandy in Daniels Auto gestiegen. Das würde erklären, dass es 1994 am Parkplatz des Nissan Sunny keine Spuren eines Kampfes gegeben hat. Einen Tag nach der Festnahme erklärt die Leipziger Staatsanwaltschaft, dass gegen Daniel B. ein „dringender Tatverdacht" vorliegt, auch wenn das Motiv noch unklar sei.

Der junge Rechtsanwalt Karsten Sewtz, der die Verteidigung des jungen Mannes übernimmt, sagt an diesem Tag zu den schweren Vorwürfen gar nichts. Er will erst in den Akten nachlesen, was konkret gegen seinen Mandanten vorliegt. Nach einigen Tagen fährt der Anwalt schweres Geschütz gegen die Leipziger Staatsanwaltschaft auf. Aus den Akten ergebe sich „überhaupt kein Hinweis auf die Täterschaft" seines Mandanten, geschweige denn ein Tatverdacht, der einen Haftbefehl rechtfertigen würde, erklärt Karsten Sewtz. Aus den Akten schlussfolgert er, dass die Ermittler sich nur auf zwei Indizien stützen: Erstens hat Daniel B. für den

8. September 1994 in der Zeit zwischen 15.30 Uhr und 17.30 Uhr kein Alibi. Zweitens können ihm die nun ausgewerteten Spermaspuren an Antjes Unterwäsche mit fast einhundertprozentiger Wahrscheinlichkeit zugeordnet werden.

Letzteres ist für Anwalt Karsten Sewtz allenfalls der Beweis für die Liebesbeziehung zwischen seinem Mandanten und dem Opfer, nicht aber für ein Verbrechen. Dass Antje und Daniel ein Paar waren, dass wussten in Beilrode alle. Und dafür, dass es in der Beziehung kriselte, hatten weder Antjes Eltern noch die Oma einen Hinweis.

Außerdem hatte Daniel B., anders als es die Staatsanwaltschaft im Haftbefehl dargestellt hat, zur fraglichen Zeit nur für 38 bis 58 Minuten kein Alibi. Diese Zeit sei für seinen Mandanten zu kurz gewesen, um Antje im Wald an der B 87 zu finden, zu töten, die Spuren zu beseitigen und die Leichen wegzubringen, so glaubt der Anwalt. Für ihn entsteht vielmehr der Eindruck, dass Staatsanwaltschaft und Polizei nach fünf Jahren erfolgloser Ermittlungsarbeit nun „den sprichwörtlichen Strohhalm ergriffen" haben.

Rechtsanwalt Karsten Sewtz setzt sogar eine noch schwerer wiegende Kritik obendrauf. In den Akten habe er Anhaltspunkte dafür gefunden, dass die Sonderkommission „Wald" bis heute wichtigen Hinweisen nicht nachgegangen ist, die vielleicht zur Ergreifung des Täters führen könnten. So war die Polizei bei der Suche nach dem Rosenkavalier offenbar auf einen zweiten Mann gestoßen, der Antje Köhler ebenfalls Blumen geschenkt hatte. Zeugen hatten dazu konkrete Angaben zu einem Mann aus Torgau gemacht, den sie auf einem polizeiinternen Phantombild des Rosenkavaliers wiedererkannten. Der Hinweis habe in den folgenden Ermittlungen keine Rolle gespielt, glaubt offenbar der Anwalt. Polizei und Staatsanwaltschaft wollen sich dazu nicht äußern.

Schon vier Wochen später sieht das Leipziger Amtsgericht die Indizien ähnlich wie die Verteidigung von Daniel B. Der Haftrichter muss prüfen, ob der Mann, der die beiden Mädchen umgebracht haben soll, weiter in Untersuchungshaft bleiben muss. Doch viel mehr an Ermittlungsergebnissen als im Antrag für den Haftbefehl kann die Staatsanwaltschaft nicht bieten. Daniel B. bestreitet, dass er mit dem Verschwinden der Mädchen etwas zu tun hat. Auch ein Motiv kann die Staatsanwaltschaft dem Haftrichter nicht nennen. Denn für eine Krise in der vierjährigen Beziehung zwischen Antje und Daniel hat die Polizei keine Hinweise gefunden. So hebt das Amtsgericht den Haftbefehl gegen den 25-Jährigen wieder auf. Für die Ermittler ist er jedoch weiterhin verdächtig. Die Staatsanwaltschaft legt beim Landgericht Leipzig Beschwerde ein gegen die Haftentlassung. Ende Juni 1999 weist das Landgericht die Beschwerde zurück, Daniel B. bleibt auf freiem Fuß und muss ähnlich wie Jahre zuvor schon Florian Heide mit dem schweren Verdacht leben. Denn nach der Darstellung des Sprechers der Staatsanwaltschaft, Norbert Röger, seien die Ermittler von der Schuld des 25-Jährigen überzeugt. Deshalb werde man nun Beschwerde beim Oberlandesgericht einlegen, um den Haftbefehl wieder in Kraft zu setzen.

Aber auch bei der höchsten Strafinstanz in Sachsen holt sich die Leipziger Staatsanwaltschaft eine kräftige Abfuhr. Der für Strafsachen zuständige Senat im Oberlandesgericht beauftragt sogar einen Gutachter, ehe er seine Entscheidung fällt. Der Sachverständige testet das in Antjes Unterwäsche festgestellte Feinwaschmittel und kommt zu dem Ergebnis, dass die Waschkraft dieses Mittels nicht ausreicht, um Spermaflecken restlos aus dem Stoff zu entfernen. Damit bricht das wichtigste Indiz weg, das die Staatsanwaltschaft gegen Daniel B. ins Feld führte. Denn es bleibt nun völlig unklar, zu welchem Zeitpunkt der Beschuldigte die Spur im Slip seiner Freundin hinterlassen hatte. Ende Juli 1999 akzeptiert die Staatsanwaltschaft, dass der 25-jährige Industriemechaniker als Verdächtiger im Doppelmord von Torgau ausscheidet.

Der 7. September 2002, der Tag, an dem sich das Verschwinden von Sandy und Antje zum achten Male jährt, ist ein Sonntag. Am Montag darauf ergreift die Torgauer Polizei tatsächlich den letzten Strohhalm, der sich noch bietet, um den Mörder der beiden Mädchen doch noch zu finden. Über die Sommermonate waren noch einmal die Akten gesichtet worden. Zudem lieferten die Molekularbiologen aus der Kriminaltechnik des LKA zur Überraschung aller nun eine dritte DNA-Spur. Sie wurde an dem alten Handtuch entdeckt, das in jenem Plastikeimer lag, der 1994 nur wenige Meter neben den beiden Leichen in der Buchholzer Nordheide gefunden worden war. Nach acht Jahren sind die Spezialisten in der Lage, auch aus diesen äußerst geringen DNA-Anhaftungen einen dritten genetischen Fingerabdruck herzustellen. Er ist identisch mit der noch offenen genetischen Spur an Antjes Unterwäsche. Nun müssen Polizei und Staatsanwaltschaft erst recht die Frage beantworten: Wem gehört der andere genetische Fingerabdruck?

Nachdem Antjes Freund von jedem Verdacht frei ist, spricht vieles dafür, dass die zweite Spermaspur von dem Mann stammt, der die Mädchen auf dem Gewissen hat. Was ist das für ein Mensch, und was wissen die Ermittler über ihn? Zusammen mit Spezialisten des Bundeskriminalamtes, einem Experten des LKA in Dresden unterziehen zwei erfahrene Torgauer Kriminalisten den Doppelmord einer so genannten „operativen Fallanalyse".

In der Statistik des Bundeskriminalamtes ist es die Fallanalyse mit der Nummer 97, in Sachsen wird diese besondere kriminalistische Methode erst das zweite Mal angewendet. Alles, was die Soko „Wald" an Erkenntnissen zusammengetragen hat, kommt im BKA in Wiesbaden auf den Tisch: Dutzende Fotos von Autos, Häusern, dem Waldweg, auf dem der Nissan stand und von der Fichtenschonung, in der die Leichen lagen. Obduktionsberichte, Vernehmungsprotokolle, kriminaltechnische Gutachten – die kleine Gruppe so genannter Profiler frisst sich noch einmal durch alle Akten und versucht die Tat zu rekonstruieren. Sie durchleben de facto selbst die Tat, um sich in das Handeln des Täters hineinversetzen zu können. Nur so gelingen ihnen Rückschlüsse auf seine Persönlichkeit. In diesem Fall jedoch haben sie einige Handicaps. Sie wissen nicht, wo die 17-jährige Antje vergewaltigt wurde, sie wissen nicht, wie sie starb. Aber sie wissen, dass der Täter bei seinem Verbrechen mehr getan hat als er eigentlich tun musste. Um seine Tat zu verdecken, hatte er zusätzlich auch ein kleines Kind getötet. Sandy war mit 18 Monaten zu jung, sie konnte Antjes Mörder nicht identifizieren. Sie war in dem Sinn keine Zeugin der Tat.

In einem mehr als 60-seitigen Bericht kommen die Profiler zu dem Ergebnis, dass der Täter zwischen 27 und 40 Jahre alt ist, dass er seine Opfer nicht kannte, dass er wahrscheinlich weitere Gewalttaten begangen hat und bereits der Polizei bekannt ist. Vor allem wegen des Kindermordes wird der Täter in dem Bericht als „extrem brutal, rücksichtslos und zu allem fähig" charakterisiert. Die Profiler glauben nicht, dass der Täter aus der unmittelbaren Umgebung stammt. Zu hoch schätzen sie das Risiko ein, dass er hätte erkannt werden können, als er sich seine Opfer schnappte. Dass er seine Opfer vierhundert Kilometer von Torgau entfernt in einem Wald ablegte, könnte ein Ablenkungsmanöver gewesen sein. Die Profiler vermuten den Täter in einem der vier Landgerichtsbezirke Cottbus, Halle, Leipzig oder Dresden.

Nachdem dieser Bericht in Torgau vorliegt, wird vorerst in aller Stille die Sonderkommission „Wald" wieder aufgebaut. Bis ins Innen- und ins Justizministerium werden rechtliche Fragen geklärt. Denn die Ermittler wollen mit einem bisher einmaligen Experiment quasi die Stecknadel im Heuhaufen suchen. Am Montag, den 8. September 2002, verkündet die Polizei in Torgau, dass sie den ersten DNA-Massentest in der sächsischen Kriminalgeschichte vorbereitet. Aus den Einwohnermeldeämtern hatten die Ermittler in den Wochen zuvor Namen und Anschriften von rund zehntausend Männern zusammengetragen, die als Täter in Frage kommen könnten. Freiwillig sollen diese Männer in den nächsten Wochen zur Polizei kommen und eine Speichelprobe abgeben. In einem automatisierten Verfahren wird aus dem Speichel ein genetischer Fingerabdruck gefertigt und mit der DNA-Spur aus der Unterwäsche des Opfers verglichen. Auf diese Weise, so hoffen die Ermittler, geht ihnen der Täter eines Tages ins Netz.

Auf den Listen der DNA-Fahndung stehen bis zu zehntausend Männer zwischen 20 und 50 Jahren. Zunächst suchen Polizisten infrage kommende Männer rund um Torgau, in Brandenburg und Sachsen-Anhalt auf, bitten um die Speichelprobe und nehmen ihnen auch Fingerabdrücke ab. Fast alle Männer nehmen zwar freiwillig an dem Test teil, aber den Aufwand dafür kann die Torgauer Polizei allein nicht bewältigen. Ende Januar 2003 richtet die Polizei deshalb im Torgauer Feuerwehrhaus einen Stützpunkt ein. In den umgeräumten Schulungsräumen löst das Olivgrün der Polizeiuniformen das Blau der Feuerwehranzüge ab. Fast zweitausend Männer kommen in den ersten Tagen. Sie werden nun schriftlich aufgefordert, zum Speicheltest in die Feuerwehr zu kommen. Wenn die Männer die Räume betreten, wird ihnen gleich gezeigt, worum es geht. An der Wand hängen große Bilder von Sandy und Antje – Bilder, die alle noch aus dem Jahr 1994 kennen, als nach den beiden Mädchen gesucht wurde.

Auch der Mittfünfziger Karl W. kann sich erinnern. Torgau sei doch ein „Nest", sagt er. „Der Tod der beiden Mädchen ist hier nicht vergessen. Ihr Mörder soll gefunden werden, wenn es nicht anders geht, dann eben so", sagt er. Ein Polizist sucht Karl W.s Namen in der Liste, in der rund viertausend weitere Namen verzeichnet sind. Dann erläutert er dem Mann, was ihn erwartet. Seine Daten würden nur für diesen Fall ausgewertet. Sind sie negativ, würden sie sofort wieder vernichtet. Weder sein genetischer Fingerabdruck, noch die Fingerabdrücke seiner Hand würden gesammelt oder in anderen Ermittlungsverfahren ausgewertet. Karl W. reagiert wie die meisten. Er hat keine Bedenken. Dann zieht er einen Wattestab aus einem Glasröhrchen und dreht ihn ein paar Mal in seinem Mund herum, so dass die Watte den Speichel aufsaugen kann. So wie er kommen in der ersten Februarwoche 2.370 Männer zum Torgauer Feuerwehrhaus.

Wenige Tage später treffen 1.500 Glasröhrchen – jedes verschlossen und versiegelt – im Dresdner Landeskriminalamt ein. Nur zwei Buchstaben und ein Zahlencode auf dem Etikett machen sie unverwechselbar. Im Fachbereich Biologie des Kriminaltechnischen Instituts in der fünften Etage betreiben fünf promovierte Serologen und zehn technische Mitarbeiter eines der modernsten DNA-Labors der deutschen Polizei. Hier brennen keine Bunsenbrenner und hier blubbern auch keine blauen oder roten Flüssigkeiten in Reagenzgläsern. Nüchterne graue Schränke beherrschen das Laborambiente. Nur kleine Glasfenster gewähren Einblick in die Analyseautomaten, in denen komplizierte chemische und molekularbiologische Reaktionen ablaufen. Nur 15 intakte menschliche Zellen reichen den Fachleuten. Aus dieser winzigen Menge können sie einen genetischen Fingerabdruck herstellen.

An den Wattestäbchen gibt es mehr als genug davon. Sie werden in einen eigens dafür entwickelten Roboter aufbereitet. Der kann 96 Proben auf einmal bearbeiten. Die automatische DNA-Untersuchung wurde in Dresden entwickelt. Ohne den Roboter wäre der Massentest unmöglich gewesen. In einem ersten Schritt spülen Chemikalien in dem Roboter die Zellkerne frei. Nur drei Tropfen einer glasklaren Flüssigkeit bleiben von der Speichelprobe für die weitere Untersuchung übrig. Darin sind die DNA-Stränge freigelegt und auswertbar. Der 15. Teil eines der drei Tropfen wird im zweiten Schritt einer molekularbiologischen Kettenreaktion unterzogen. Dabei werden nur jene DNA-Abschnitte vermessen, die keine Erbinformationen enthalten und dennoch bei jedem Menschen individuell sind. Am Ende der Untersuchung haben die Biologen ein Messblatt mit Linien und bizarren Ausschlägen in der Hand. Acht Zahlenpaare sind am Ende die Kombination für den genetischen Fingerabdruck.

Wochenlang werden Männer aus Torgau und Umgebung von der Polizei zum Speicheltest gebeten.

Die Kriminaltechniker in Dresden merken nicht, wenn sie das Wattestäbchen von Karl H. mit jener Spur aus der Unterwäsche von Antje Köhler vergleichen. Sie lesen nur Zahlen, vernichten die Proben, wenn der Vergleich negativ endet. Endet er positiv, wird eine zweite Probe desselben Speichels untersucht – ähnlich wie die B-Probe bei einem Dopingtest. Endet auch diese Untersuchung positiv, dann verlassen zwei Messblätter das LKA. Auf beiden stimmen die acht Zahlenpaare überein. Eines der Blätter zeigt die Auswertung der verräterischen Spur des Täters, das andere die Auswertung einer der tausenden Speichelproben. Auf beiden Blättern können die Kriminalisten ein und denselben genetischen Fingerabdruck erkennen und feststellen, von wem die Speichelprobe stammt.

Auf diese beiden Blätter aus Dresden wartet die Soko „Wald“ in Torgau Woche für Woche. Die Ermittler wissen genau, wo die Schwachpunkte ihrer Aktion liegen. Ist ihnen bei den Recherchen in den Einwohnermeldeämtern auch nur ein einziger Mann durch die Lappen gegangen, könnte der ganze Aufwand umsonst sein. Zusätzliche Unwägbarkeiten sind alle infrage kommenden Männer, die nach der Tat gestorben, ausgewandert oder unbekannt verzogen sind. Erheblichen Aufwand bereiten zudem die Männer, die nicht freiwillig zum Test kommen. Sie müssen überprüft werden. Nur so kann die Soko entscheiden, ob es einen Anfangsverdacht gibt. Nur dann könnte der Betreffende mit einer richterlichen Verfügung zum Test gezwungen werden.

Ende Juni 2003 haben fast alle der rund zehntausend Personen ihre Speichelprobe abgegeben, die auf den Listen erfasst waren – ohne dass der Massentest zu einem Treffer führt. Noch einmal weiten die Ermittler den Personenkreis auf weitere Orte in Brandenburg und Sachsen-Anhalt aus – ohne Erfolg. Resignation macht sich breit, und immer wieder tauchen zwei Fragen auf: Wie lange noch? Und ist uns vielleicht doch ein Mann durch die Lappen gegangen? Die DNA-Fahndung erreicht einem toten Punkt. Erfahrene Ermittler wie Hartmut Zerche greifen in dieser Situation zu einer alten und nervigen Methode. Seit 1994 ist Zerche an den Ermittlungen beteiligt, jetzt leitet er die Sonderkommission und ordnet an: Noch einmal von vorn anfangen. „Wir haben uns noch einmal alle Schwerverbrecher vorgenommen und überprüft, ob wir von allen einen genetischen Fingerabdruck haben“, sagt er später.

Dabei fällt den Mitarbeitern der Sonderkommission ein Mann auf, der 1958 im sächsischen Roßlau geboren wurde: Gerhard D., ein gelernter Betonbauer. Schon 1977 hatte er eine junge Frau missbraucht und ermordet und war dafür vom Bezirksgericht Halle zu lebenslanger Haft verurteilt worden. Anfang 1990, mitten in der Wende, wurde er amnestiert, kam aber mit der neuen Zeit offensichtlich nicht zurecht. Gerhard D. häufte Schulden an. In der Nacht zum 26. August 1994 – nur knapp zwei Wochen bevor Sandy und Antje verschwanden – beging der damals 36-jährige Mann seinen zweiten Mord und erdrosselte seine Freundin. Im März 1995 verurteilte ihn das Landgericht Dessau wegen Totschlag zu achteinhalb Jahren Haft, wies Gerhard D. aber in das psychiatrische Krankenhaus in Uchtspinge in der Altmark ein. Ein Gutachter hatte zuvor festgestellt, dass der verurteilte Mörder suizidgefährdet ist. Seitdem sitzt Gerhard D. im Landeskrankenhaus für forensische Psychiatrie in Uchtspinge am Rande der Colbitz-Letzlinger Heide in Sachsen-Anhalt. Mit einer kurzen Unterbrechung. 1998 war es ihm gelungen, aus dem Maßregelvollzug auszubrechen. Aber Zielfahndern fanden ihn und nahmen ihn wieder fest.

Doch die Soko „Wald" hat bisher kaum etwas zu Gerhard D. in den Akten. Den Ermittlern fällt auf: Als Sandy Hofmann und Antje Köhler verschwanden, war Gerhard D. noch auf freiem Fuß, wahrscheinlich sogar auf der Flucht, wegen des Mordes an seiner Freundin wenige Tage zuvor. Fahnder tragen zusammen, was über den Doppelmörder in den Polizeicomputern zu finden ist. In der bundesweiten DNA-Datenbank des Wiesbadener Bundeskriminalamtes werden sie nicht fündig und stutzen. Die Datenbank existiert seit mehreren Jahren und wurde eingerichtet, um den Landespolizeien die Suche nach bundesweit handelnden Sexualstraftätern und anderen Schwerverbrechern zu erleichtern. Zu diesem Zweck haben alle Bundesländer die Verpflichtung übernommen, die genetischen Fingerabdrücke der in Frage kommenden Straftäter in die Datenbank einzuspeisen. Ein Mann wie Gerhard D., der zwei Menschen auf dem Gewissen hat und wegen Flucht aus dem Maßregelvollzug zusätzlich aufgefallen war, müsste längst in der Datenbank zu finden sein. Am 9. Oktober 2003 fahren zwei Beamte der Soko „Wald" nach Uchtspinge. Sie erklären Gerhard D., dass sie zu einem Doppelmord aus dem Jahr 1994 ermitteln und bitten ihn um einen freiwilligen Speicheltest. Den lehnt er ab. Doch die Beamten dürfen Fingerabdrücke von ihm nehmen. Die Beamten kündigen ihm an, mit einem Gerichtsbeschluss wiederzukommen. Dann könne er sich dem Speicheltest nicht mehr verweigern.

Vier Tag später, am 13. Oktober, erhalten die Torgauer Kriminalisten einen Anruf aus Uchtspinge und erfahren, dass Gerhard D. am Morgen Selbstmord begangen hat. Mit einem Schal hatte sich der 45-jährige Mann am Scharnier der Badtür seiner Einzelzelle erhängt. Wenig später wissen die Ermittler der Soko „Wald" auch warum. Gerhard D. hatte den Plastikeimer in der Hand gehabt, der wenige Meter neben den Leichen gefunden wurde. Das ergibt ein Vergleich der Fingerabdrücke zweifelsfrei. War er tatsächlich auch der Mörder?

Um Gewissheit zu erlangen, fahren Kriminaltechniker noch einmal nach Uchtspinge. In Gerhard D.s Zelle finden sie Barthaare des Toten und Speichelspuren an der Zahnbürste.

Daraus fertigen die Biologen des Dresdner LKA den letzten genetischen Fingerabdruck in der langen Geschichte dieses ungewöhnlichen Kriminalfalls. Er ist identisch mit der zweiten, bisher nicht identifizierten Spermaspur in Antjes Unterwäsche. Am 4. November 2003 kommt die Nachricht aus Dresden in Torgau bei Soko-Chef Hartmut Zerche an. Aber weder er, noch die Staatsanwaltschaft können sich vier Tage später freuen, als sie auf einer Pressekonferenz in Leipzig verkünden, dass der Doppelmord von Torgau nach so langer Zeit geklärt werden konnte. Zu sehr mischt sich in den Erfolg auch eine bittere Niederlage: Neun Jahre hatte die Soko „Wald" einen Doppelmörder gesucht, der die ganze Zeit über im Maßregelvollzug des Nachbarlandes Sachsen-Anhalt hinter Schloss und Riegel saß. Und kein Fahnder in Torgau wusste davon. Eine unglaubliche Informationspanne, über die die Kriminalisten noch lange den Kopf schütteln werden. Wie sich später herausstellt, war der Dessauer Polizei sehr wohl aufgefallen, dass Gerhard D.s genetischer Fingerabdruck nicht in der Wiesbadener DNA-Datenbank zu finden ist. Zwei Mal hatten die Beamten die zuständige Staatsanwaltschaft Dessau angeblich darauf aufmerksam gemacht. Getan hatte sich offenbar nichts.

Ohne diese Panne wäre der erste DNA-Massentest in Sachsen vermutlich überflüssig gewesen. Insgesamt haben 15.460 Männer freiwillig an dem Test teilgenommen. Nur 270 weigerten sich, eine Speichelprobe abzugeben und mussten zusätzlich überprüft werden. Die ursprünglich veranschlagten Kosten von 300.000 Euro waren auf eine halbe Million Euro explodiert. Ohne Ergebnis.

Gerhard D. war 1994 tatsächlich auf der Flucht. Nachdem er am 25. August in Wolfen seine damalige Lebensgefährtin erdrosselt und im Bettkasten versteckt hatte, war er in einem Auto zwanzigtausend Kilometer kreuz und quer durch die Bundesrepublik gefahren. Dabei muss er am 8. September auf der B 87 auch an dem Platz vorbeigekommen sein, wo Sandy und Antje auf Evelyn H. warteten. Am 18. Oktober wurde Gerhard D. in Halle verhaftet – einen Tag bevor ein Rentner in der Buchholzer Nordheide die Leichen der beiden Mädchen fand. Wann und wo sie starben, bleibt ungeklärt. Dieses Wissen hat Gerhard D. mit in den Tod genommen.

Die besondere Tragik des Todes von Sandy und Antje erfahren die Ermittler erst aus den Akten der sachsen-anhaltinischen Justiz. Denn nach dem Mord an seiner Freundin wollte Gerhard D. offenbar seinem Leben selbst ein Ende setzen. Das geht aus einem Abschiedsbrief hervor, den er an die Tochter seiner toten Freundin geschrieben hatte. Als er 1995 vor dem Dessauer Landgericht auf der Anklagebank saß, sagt er, dass er eigentlich mit dem gestohlenen Auto frontal gegen einen Baum fahren wollte. Im letzten Moment habe ihn aber jedes Mal der Mut verlassen. Stattdessen hatte er an der B 87 bei Torgau zwei neue Opfer gefunden.

ANDREAS LETZTE FAHRT IM R 4412

VON THOMAS SCHADE

„Unsere liebe Tochter" – so ist es in den rotbraunen Granitstein gemeißelt, einem von vielen auf dem Friedhof von Crimmitschau in Sachsen. Das Ungewöhnliche an dem Grabstein: Er erinnert an eine junge Frau, die gerade mal zwanzig Jahr alt wurde. Der 22. Dezember 1995 ist als Todestag verzeichnet. Immer, wenn Birgit und Knut Dittrich an das Grab ihrer Tochter kommen, dann steigt auch nach so langer Zeit die Erinnerung wieder auf an jene schrecklichen Weihnachtstage des Jahres 1995, an denen sie vergeblich auf ihre Tochter Andrea warteten.

Die hübsche und lebensfrohe Blondine absolviert in jenem Jahr ihre Ausbildung zur Röntgenassistentin im Bavaria-Klinikum in Kreischa bei Dresden. Sie ist deshalb nicht oft zu Hause. Nun stehen die Feiertage vor der Tür, und die würde Andrea Dittrich natürlich gern daheim in Crimmitschau verbringen bei den Eltern und bei ihrem Freund Roman*. Doch der Dienstplan in der Kreischaer Reha-Klinik meint es nicht gut mit ihr. Sie ist für Sonntag eingeteilt, an Heiligabend. Aber am 23. Dezember bekommt sie frei. Glücklich darüber, ruft sie am 21. Dezember ihren Freund an und teilt ihm mit, dass sie am nächsten Tag nach der Schicht wenigstens für einen Tag nach Hause kommt. Sie würde mit dem Bus nach Freital fahren und dort in den Regionalexpress steigen. Der R 4412 nach Zwickau würde 18.55 Uhr in Dresden losfahren und planmäßig 20.36 Uhr in Glauchau ankommen. Andrea bittet Roman, kurz nach halb neun Uhr mit dem Auto am Bahnhof zu sein und sie abzuholen. Gemeinsam wollten sie dann zu ihren Eltern fahren.

Roman freut sich. Andrea ist schon seit einigen Jahren seine große Liebe. Natürlich steht er am 22. Dezember um halb neun in Glauchau auf dem Bahnsteig. Der R 4412 rollt pünktlich in den Bahnhof ein. In den vier Wagen sitzen nur wenige Fahrgäste. Roman kann Andrea dennoch nicht entdecken. Sie steigt auch nicht aus, und nach wenigen Minuten fährt der Zug weiter nach Zwickau. Der junge Mann ist irritiert, aber nicht sonderlich beunruhigt. Sollte Andrea im Zug eingeschlafen sein und den Halt in Glauchau verschlafen haben? Aber so etwas war ihr noch nie passiert. Sicher war in der Klinik etwas dazwischen gekommen und Andrea hatte vielleicht schon in Freital den Zug verpasst? Allein macht sich

* *Name geändert*

Roman auf den Weg nach Crimmitschau zu Andreas Eltern. Vielleicht hatte sie ja zu Hause angerufen und alles klärt sich schnell auf, denkt er.

Doch Knut und Birgit Dittrich wissen nichts Neues von ihrer Tochter. Als Roman klingelt, hoffen sie, Andrea stehe mit ihm vor der Tür. Ratlos rufen die Eltern in der Bavaria-Klinik in Kreischa an. Von einer Kollegin erfahren sie, dass ihre Tochter pünktlich gegen 17 Uhr gegangen ist, um den Bus zu erreichen, der sie nach Freital-Deuben zum Zug bringen sollte. Nun macht sich Sorge breit bei den Dittrichs. Vater Knut macht sich am nächsten Morgen im Auto auf den Weg nach Kreischa. Doch er sucht vergeblich nach seiner Tochter. Am Nachmittag klingelt auf dem Heimweg sein Handy. Am anderen Ende ist die Polizei.

Am Morgen des 23. Dezember ist wieder ein Zug von Dresden nach Zwickau unterwegs. Hinter Hohenstein-Ernstthal fährt er etwa mit Tempo einhundert in einem langen Bogen am Sachsenring vorbei. Zu sehen ist die Rennstrecke jedoch nicht. Bei dem kleinen Ort Rüsdorf trifft die Strecke auf den Lungwitzbach und führt dann schnurgerade zum nächsten Bahnhof in Sankt Egidien. Dann sind es nur noch wenige Kilometer bis Glauchau. Weiße Weihnachten wird die hügelige Gegend westlich von Chemnitz 1995 nicht erleben. Vor den Augen des Lokführers liegt die Tristesse eines schneelosen Winters. Am Streckenkilometer 104 durchfährt der Zug eine kleine Senke. Eine kleine Brücke kommt in Sicht. Hier führt ein breiter befestigter Weg von Rüsdorf über die Gleise zum Kuhschappler Berg. Nur wenige Meter hinter der Brücke sieht der Lokführer plötzlich einen leblosen Körper neben dem Gleisbett im Graben liegen. Es ist zu spät, um zu halten. Über sein Funkgerät benachrichtigt er sofort seine Dienststelle. Es ist neun Uhr.

Wenige Minuten später sind die ersten Polizisten am Fundort. Ihnen ist sofort klar, dass die junge Frau, die da tot auf den Schottersteinen direkt neben dem Gleisbett liegt, Opfer eines Verbrechens geworden ist. In ihrem Mund steckt ein Knebel, vermutlich aus Baumwollstoff. Ihre Hände sind gefesselt, offensichtlich mit ihrem eigenen Hosengürtel. Jeans und Slip der jungen Frau sind bis zu den Fußgelenken heruntergezogen. Ihr Unterkörper ist entblößt.

Wolfgang Geißer von der Chemnitzer Mordkommission hat an diesem 23. Dezember Bereitschaftsdienst und mit ihm ein weiterer Kriminalist sowie ein Kriminaltechniker. Alle drei werden alarmiert und treffen bald am Streckenkilometer 104 ein – zusammen mit einer Ärztin der Gerichtsmedizin. Sie schauen sich erst von der Brücke den Fundort an und laufen gleich darauf hinunter zu den Gleisen, wo die Leiche der jungen Frau liegt. Beim Anblick der Verletzungen am ganzen Kör-

Am Streckenkilometer 114 der Bahnlinie Dresden – Zwickau wird am 23. Dezember 1995 die Leiche einer jungen Frau gefunden.

per der zierlichen Frau, anhand der Schäden an ihrer Kleidung und den deutlich sichtbaren Aufschlagstellen neben den Gleisen kann Wolfgang Geißer nur einen Schluss ziehen: Die Tote wurde – offenbar nach einer sexuellen Handlung – aus dem Zug geworfen oder gestoßen. Der Streckenkilometer 104 ist mit größter Wahrscheinlichkeit nicht der Tatort dieses Verbrechens, sondern lediglich der Entdeckungsort und der Fundort des Opfers. Ein Selbstmord hat hier mit Sicherheit nicht stattgefunden. Und wenn die junge Frau hier an den Schienen ihrem Mörder begegnet wäre, dann würde an solch einem Tatort alles ganz anders aussehen. Vielleicht hätte der Mörder nach der Tat versucht, einen Selbstmord vorzutäuschen. Sicher hätte er sein Opfer nicht geknebelt und gefesselt liegengelassen. Wolfgang Geißer ist sich sicher, dass die junge Frau an einem anderen Ort starb, wahrscheinlich in einem Zug, der hier entlanggefahren ist.

Mit den Schuhen der Toten und den Ringen, die sie an ihren Fingern trägt, fährt der Kriminalist zum nächsten Polizeirevier nach Glauchau. Im Computer will er recherchieren, ob eine junge Frau vermisst wird, zu der die Beschreibung der Toten und ihre Sachen passen. Auch Andrea Dittrichs Freund Roman ist zur selben Zeit in der Polizeidienststelle und will melden, dass seine Freundin spurlos verschwunden ist. Als ihm die Schuhe und der Schmuck gezeigt werden, erschrickt er furchtbar – es sind Andreas Sachen.

Zu dieser Zeit ist Knut Dittrich im Auto auf dem Weg von Kreischa, um nach seiner Tochter zu suchen. Ein Beamter ruft ihn auf dem Handy an und bittet ihn umzukehren und zur Polizei zu kommen. Am Nachmittag des Vorweihnachtstages erhalten die Eltern die schreckliche Gewissheit, dass ihre Tochter am Abend zuvor im Regionalexpress 4412 Opfer eines Verbrechens geworden war und dass ihr Mörder sie danach offensichtlich aus dem Zug gestoßen hatte – nur wenige

Kilometer vor ihrem Ziel in Glauchau. Am nächsten Tag, es ist Heiligabend, fährt Knut Dittrich nach Chemnitz in die Gerichtsmedizin. Er muss seine Tochter Andrea identifizieren. Für die Familie beginnt ein Weihnachten, das sie nie vergessen wird. Im Zimmer ihrer Tochter finden die Dittrichs unter dem Bett Geschenke, die Andrea für sie, die Schwester und ihren Freund schon gepackt hatte.

Noch am 23. Dezember ruf der Chemnitzer Polizeipräsident Martin Oester die Sonderkommission „Zug" ins Leben. Volker Rost, ein erfahrener Kriminalist und amtierender Chef der Mordkommission, übernimmt die Leitung. Auch für ihn, seine engsten Mitarbeiter und mehrere Kriminaltechniker und viele Polizisten, die der Soko zugeordnet werden, ist das Weihnachtsfest gelaufen. Sie alle stehen vor der Frage: Was ist im Regionalexpress 4412 passiert? Mit wem hatte die 20-Jährige Kontakt? Die Soko „Zug" muss erst einmal Zeugen finden – aus dem R 4412 und von allen Bahnhöfen, an denen der Zug gehalten hat. Die Redaktionen von Rundfunk, Fernsehen und Zeitungen werden informiert. Sie berichten zwischen den Feiertagen von dem „Mord im Zug".

Während einige Kriminalisten den Fundort inspizieren, suchen andere zusammen mit Schutzpolizisten die zeitweilig gesperrte Bahnstrecke nach anderen Spuren ab. Nur wenige Kilometer nach dem Fundort der Leiche finden die Beamten eine Damenjacke und eine dunkle Stoff-Reisetasche mit der Aufschrift „4you". Es sind Andreas Sachen.

Von der Bahn erfahren die Mitarbeiter der Mordkommission einige Tage später, dass ein Reisender am Abend des 22. Dezember im Regionalexpress 4412 einen kleinen gestreiften Stadtrucksack gefunden hatte, als der Zug auf dem Weg zurück nach Dresden war. Der Mann hatte das herrenlose Gepäckstück beim Zugführer abgegeben. Auch dieser Rucksack gehört dem Opfer. Andreas Mörder hatte ihn im Gepäcknetz wahrscheinlich übersehen. Für die Mitarbeiter der Mordkommission ist das eine weitere Bestätigung, dass Andrea Dittrich tatsächlich in diesem Zug gesessen hat.

Dass die 20-Jährige auch in diesem Zug starb und nicht durch den Sturz auf die Gleise bei Tempo 100, das bestätigen die Chemnitzer Gerichtsmediziner. Sie beschreiben die Verletzungen durch den Sturz und den Aufschlag zwar als sehr schwer, aber nicht tödlich. Die junge Frau war schon vorher an dem Knebel erstickt, den ihr Peiniger ihr tief in den Mund gedrückt hatte. Abstriche aus der Scheide bestätigen, dass das Opfer vor seinem Tod Geschlechtsverkehr hatte. Die Spezialisten finden einzelne Spermienköpfe. Bei dem Knebel handelt es sich um einen

Männerslip, an dessen Gewebe ebenfalls biologische Spuren gesichert werden. Den Molekularbiologen des Kriminaltechnischen Institutes im Landeskriminalamt in Dresden und in der Chemnitzer Gerichtsmedizin gelingt es, aus beiden Spuren genetische Fingerabdrücke herzustellen. Danach steht fest: Der Mann, der Andrea Dittrich in tödlicher Weise geknebelt hat, hatte auch Geschlechtsverkehr mit ihr. Sehr wahrscheinlich hatte er sie brutal vergewaltigt.

Erst 20 Stunden nach dem Mord zieht die Deutsche Bahn die vier Wagen des R 4412 aus dem Verkehr. Die Mordkommission hält es für unerlässlich, diese Wagen kriminaltechnisch zu untersuchen. Doch der Zug ist inzwischen routinemäßig bereits einmal grob gereinigt worden. Zum Glück nur innen. Die Kriminaltechniker schimpfen still vor sich hin, als sie davon erfahren. Das würde ihre Spurensuche erschweren. Dennoch entdecken sie außen an der rechten Seite des ersten Wagens direkt unterhalb des mittleren Fensters eine deutliche Schleifspur. Die obere Hälfte des Fensters kann von innen heruntergezogen werden. Die Experten vermessen die Öffnung und stellen fest, dass die zierliche junge Frau durch dieses Fenster aus dem Zug geworfen worden sein könnte. Ein Sturz aus der Tür kommt nicht in Frage. Denn die Doppeltüren des Wagens lassen sich bei Tempo 100 nicht öffnen. Zerschlagene Fenster sind an keinem der Wagen zu finden.

Die Medienberichte über den Mord zur Weihnachtszeit mit dem Bild der hübschen Röntgenassistentin bewegen viele Menschen, und es melden sich schon bald Zeugen. Mit deren Hilfe kann die Mordkommission einiges rekonstruieren, was sich auf der Fahrt des R 4412 von Dresden nach Zwickau abgespielt haben muss. So erinnern sich mehrere Reisende, dass sie die junge Frau mit dem gestreiften Rucksack und der Reisetasche gesehen haben. Vier Minuten nach 19 Uhr sei sie in Freital-Deuben in den ersten Wagen des R 4412 eingestiegen.

Zu dieser Zeit saßen in dem Wagen nur zwei Personen: eine junge Frau, die sich ebenfalls bei der Polizei meldet, und ein junger Mann. Dort, wo er im ersten Wagen gesessen hatte, finden die Kriminaltechniker in einem Abfallbehälter noch Reste einer Pizza und eine leere Bierdose der kaum bekannten Sorte „Altmark", welche in der Calenberger Getränke GmbH Hannover produziert wird. Der angeblich etwa 30-jährige Mann war mehreren Zeugen in Erinnerung geblieben, vielleicht wegen der schwarzen Bomberjacke mit dem orangefarbenen Futter, die er trug. Reisende hatten gesehen, wie er mit seinem Reiseproviant in Dresden in den Zug gestiegen war. An der leeren Dose und an den Resten der Pizza finden Kriminaltechniker ebenfalls Speichelspuren. Sie können auch daraus einen genetischen Fingerabdruck anfertigen. Die Mitarbeiter der Soko „Zug" stehen vor der

Frage: Ist dieser Unbekannte der Mann, der Andrea Dittrich vergewaltigt, erstickt und aus dem Zug geworfen hat? Sie gehen davon aus.

Mit Hilfe mehrerer Zeugen kann die Sonderkommission „Zug" schon nach kurzer Zeit eine sehr genaue Beschreibung von dem dringend verdächtigen Mann geben. Er ist 180 bis 185 Zentimeter groß, sportlich gebaut, hat dunkles welliges Haar und einen Oberlippenbart. Er trägt einen breiten goldenen Ohrring, spricht sächsisch und raucht Zigaretten der Sorte „red ronhill", die in Deutschland offiziell nicht gehandelt wird. Bekleidet ist der Unbekannte mit schwarzen Jeans, weißen Turnschuhen und der auffälligen Bomberjacke. Nach den Beschreibungen dieser Zeugen kleidet die Mordkommission einen äußerlich ähnlich aussehenden Polizisten ein. Das Ergebnis der polizeilichen Kostümierung wird fotografiert. Das Bild ziert bald einen Steckbrief, der an Polizeidienststellen in allen Bundesländern verschickt wird. Darauf sind 50.000 D-Mark für Hinweise ausgelobt, die zur Ergreifung des Unbekannten führen. Polizei und Staatsanwaltschaft, aber auch die Eltern des Opfers haben diese ungewöhnlich hohe Summe zusammengebracht. Andreas Eltern finden keine Ruhe, fragen immer wieder bei der Sonderkommission nach, doch Volker Rost muss sie immer wieder vertrösten. Er und seine Mitarbeiter haben keine heiße Spur. Der Unbekannte aus dem R 4412 bleibt ein Phantom.

Die Ermittler wissen von den Zeugen auch, dass dieser Unbekannte ab Chemnitz mit seinem Opfer allein blieb im ersten Wagen des Regionalexpress. In der sächsischen Industriestadt waren viele der Zeugen ausgestiegen, die sich an den Mann in der Bomberjacke erinnern. Auch eine junge Frau, die wie er in Dresden eingestiegen war. Er hatte sich zunächst in ihre unmittelbare Nähe gesetzt. Sie berichtet: Er habe sie ständig angeschaut und sich an seinen Beinen gerieben.

In Chemnitz war der Zug 20.07 Uhr auf dem Hauptbahnhof eingefahren. 30 Minuten später war der R 4412 schon in Glauchau. Was in dieser halben Stunde im ersten Wagen des Zuges passiert ist, hat niemand beobachtet. Für die entscheidenden Minuten gibt es keine Zeugen. Einiges deutet daraufhin, dass die Auseinandersetzung zwischen Täter und Opfer in der Zugtoilette stattgefunden hat.

Schließlich meldet sich eine Zeugin aus Zwickau. Sie betreibt den Bahnhofsimbiss „Nimm's mit" und erinnert sich an einen Reisenden, der dem Mann auf dem Steckbrief sehr ähnlich sieht und ihr am Abend des 22. Dezember aufgefallen war. Er wollte einen Kaffee, als sie den Imbiss gerade schließen wollte und regte sich lautstark auf, weil sie ihn abblitzen ließ. Danach verliert sich die Spur des

Unbekannten. Er könnte mit einem Taxi vom Bahnhof weggefahren sein. Die Sonderkommission Zug vermutet, dass es sich um einen Pendler handelt. Ein Irrtum, doch dass wird sich erst Jahre später zeigen.

Ein Vierteljahr nach der Tat hat die Sonderkommission Zug zwar 750 Hinweise in den Akten, aber keine heiße Spur. Aus fast allen Bundesländern bekommen Volker Rost und seine Leute Anrufe und Briefe. Denn alle großen Fernsehsender beteiligen sich mit ihren Fahndungssendungen an der Suche nach dem Zug-Mörder. Aber alle Tipps laufen ins Leere. Die Kriminalisten sind einigermaßen ratlos. „Wir haben eine sehr gute Täterbeschreibung, und wir wissen ziemlich genau, was im Zug abgelaufen ist, und wir haben den genetischen Fingerabdruck des Täters, wir brauchen nicht mal ein Geständnis von ihm, so gut sind unsere Beweise", sagt Volker Rost in einem Interview. Sein Chef klagt, der Mann könne sich doch nicht in Luft aufgelöst haben. Ohne konkrete Anhaltspunkte wenden sich die Kriminalisten erneut an die Öffentlichkeit und bitten um Mithilfe. Sie hoffen, auf diesem Weg Verwandte oder Bekannte zu erreichen. Die sollten nicht länger ihr Gewissen belasten und schwere Schuld auf sich laden, um den Sohn, Bruder oder Ehemann zu schützen. Ein psychologischer Trick, denn in der Sonderkommission glauben viele, dass es in Sachsen Menschen gibt, die Andreas Mörder kennen.

Nach einem halben Jahr befassen sich Psychiater und sogenannte Profiler mit dem Fall. Sie erarbeiten anhand der bekannten Fakten ein Psychogramm von Andreas Mörder. Im Juni gibt Staatsanwalt Bernd Vogel Details einer sechsseitigen Expertise bekannt, die Fachleute der Dresdner Uni-Klinik angefertigt hatten. Der zufolge ist der 25- bis 28-jährige Mann, der Andrea Dittrich tötete, von durchschnittlicher Intelligenz, leicht kränkbar, er verhält sich unbeherrscht, wenn er provoziert wird. Frauen gegenüber verhalte sich der Mann möglicherweise auffällig. Die Fachleute sehen keine Anhaltspunkte für eine psychische Erkrankung und vermuten, dass er sich im Alltag unauffällig verhält. Vermutlich sei er ein Typ, dem man eine solche brutale Tat überhaupt nicht zutraut. „Vielleicht ist gerade das der Grund, warum wir ihn nicht finden", sagt Staatsanwalt Vogel.

Zu dieser Zeit haben die Mitarbeiter der Chemnitzer Mordkommission etwa 600 von 900 Hinweisen überprüft, die seit der Tat eingegangen sind. 25 Personen haben sie bisher als Verdächtige ins Visier genommen. Aber ihr genetischer Fingerabdruck entlastete sie alle. Ein Jahr nach der Tat haben die Chemnitzer Ermittler um Volker Rost fast 700 Männer überprüft. Ohne Erfolg. Auch unter den einschlägig bekannten Straftätern ist keiner, auf den ein handfester Verdacht fällt. Es wird mit der Zeit immer schwieriger, die Alibis zu überprüfen. Die Hälfte dieser Männer

Nach Zeugenangaben fertigt die Chemnitzer Polizei das Bild eines jungen Mannes, der den Sexualmord begangen haben soll.

wird deshalb um eine Speichelprobe gebeten. Wer sie ablehnt, muss sich wenig später einem richterlichen Beschluss fügen.

Zwei Jahre nach der Tat gehört der unbekannte Zug-Mörder aus dem R 4412 auf der Internetseite des Bundeskriminalamtes noch immer zu den zehn meistgesuchten Straftätern Deutschlands. In der Chemnitzer Mordkommission schließ man nicht mehr aus, dass der Unbekannte mittlerweile sein Äußeres stark verändert haben kann, er könnte Vollbart tragen oder eine Glatze. Vielleicht ist er sogar gestorben, durch Krankheit, bei einem Unfall oder auch als Opfer eines Verbrechens. Mit dem baden-württembergischen Polizeipsychologen Adolf Gallwitz versucht sich erneut ein Profiler an dem Fall, um vielleicht ein entscheidendes Verhaltensmuster des Mörders zu finden, das der Mordkommission weiterhelfen könnte. Gallwitz hatte erst vor Monaten einen spektakulären Erfolg in Chemnitz erzielt, als er den ähnlich aussichtslosen Fall eines verschwundenen Jungen lösen konnte. (Kapitel Makaberes Buchstabenrätsel) Aber bei der Suche nach Andreas Mörder bringt auch er die Ermittler nicht voran. Sein Gutachten ist im Dezember 1998 in einem der 77 Leitz-Ordner abgeheftet. So dick ist die Ermittlungsakte zum Zug-Mord im R 4412 inzwischen. Dreitausend Männer haben Rost und seine Leute inzwischen überprüft. Fast die Hälfte hat den DNA-Test gemacht, die anderen hatten wasserdichte Alibis. Rund ein Dutzend Hinweise seien noch offen, sagt Oberstaatsanwalt Vogel in den Tagen, in denen sich das Verbrechen zum dritten Mal jährt.

Der genetische Fingerabdruck des unbekannten Zugmörders wird an das Wiesbadener Bundeskriminalamt weitergeleitet und landet dort in einer Datei offener

Spuren von bisher nicht geklärten Straftaten. Diese Datei gehört zu einer großen bundesweiten Datenbank, deren Errichtung der Deutsche Bundestag nach kontroversen politischen Debatten beschlossen hatte. Ziel von Politikern und Strafverfolgungsbehörden ist es, in dieser zentralen Datenbank die genetischen Fingerabdrücke sämtlicher Mörder, Totschläger, Vergewaltiger und Sexgangster, aber auch notorischer Einbrecher und Räuber zu erfassen. Man hofft, auf diese Weise solche Leute leichter überführen zu können, wenn sie erneut straffällig werden. Seit 1998 erfasst deshalb jedes Bundesland Schritt für Schritt die genetischen Fingerabdrücke solcher einschlägig bekannten Straftäter und liefert deren Daten nach Wiesbaden, wo die zentrale Datenbank ständig wächst. Jeder eintreffende genetische Fingerabdruck eines bekannten Täters wird mit der Datei der offenen Spuren von ungelösten Fällen verglichen. 1999 ist diese neue DNA-Datenbank auch im Fall der ermordeten Andrea Dittrich die letzte Hoffnung der Ermittler.

Sie erfüllt sich fast auf den Tag vier Jahre nach dem Verbrechen im Dezember 1999 in dem eher langweiligen Text eines Telefax. Darin teilen die Wiesbadener Kollegen aus dem Bundeskriminalamt mit, dass es zu der offenen Spur im Fall Andrea Dittrich einen Treffer gibt.

Der genetische Fingerabdruck gehört Ronny Seller*. Der 28 Jahre alte Sachse stammt wie Andrea aus Crimmitschau und sitzt seit April 1996 in der Haftanstalt von Bruchsal in Baden-Württemberg. Als die Männer der Mordkommission die Mitteilung aus Wiesbaden lesen, sind sie wie vor den Kopf geschlagen. „Da hätten wir uns totsuchen können", sagt Volker Rost.

Der Mann, den die Chemnitzer Kripo vier Jahre lang wie eine Nadel im Heuhaufen gesucht hat, war acht Wochen nach dem Mord im R 4412 hinter den Mauern eines Gefängnisses quasi von der Bildfläche verschwunden. Natürlich hatte die Mordkommission alle Haftanstalten der Bundesrepublik über den Fall informiert und angefragt, ob in den Tagen vor dem 22. Dezember 1995 Männer aus der Haft entlassen worden waren, auf die die Beschreibung von Andreas Mörder passt. Aber aus keinem Gefängnis war ein verwertbarer Hinweis gekommen. Auch nicht aus Bruchsal, wo Ronny Seller derzeit eine lebenslange Haftstrafe absitzt.

Schon wenige Tage später erfährt die Chemnitzer Mordkommission von den Kollegen in Karlsruhe, dass Ronny Seller im Februar 1996 in einer dunklen Nebenstraße von Karlsruhe mit einem Komplizen zusammen die Französin Adriana T. regelrecht tot geprügelt hatte. Die 28-Jährige war Prostituierte und schwanger. Zwei Monate später schnappte die Polizei Ronny Seller. Im Oktober verurteilte ihn das

---

** Name geändert*

Karlsruher Landgericht wegen Mordes zu einer lebenslänglichen Freiheitsstrafe. Im Dezember 1999 hatte Ronny Seller im Gefängnis von Bruchsal freiwillig eine Speichelprobe für die zentrale DNA-Datenbank abgegeben.

Unmittelbar nach Bekanntwerden des DNA-Treffers wird der Strafgefangene Ronny Seller im Gefängnis von Bruchsal mit dem Vorwurf des Mordes an Andrea Dittrich konfrontiert. Unter der Last der Beweise gibt er ohne langes Zögern zu, am 22. Dezember 1995 im Zug nach Zwickau eine junge Frau aus dem Wagen gestoßen zu haben. Das Mädchen sei ihm zwar „bekannt" vorgekommen, aber er habe nicht gewusst, dass sie aus der gleichen Stadt stamme wie er. Dass sie sich im Zug begegnet seien, wäre reiner Zufall gewesen.

Unverzüglich wird Ronny Seller nach Chemnitz überstellt. Nun vernimmt ihn die Mordkommission. Er erzählt den Ermittlern, dass er zwar in Crimmitschau geboren wurde, aber schon lange keine Bindung mehr an seine Heimatstadt habe. Auch seine Mutter sei später nach Zwickau verzogen. Zu ihr wollte er eigentlich an jenem 22. Dezember 1995. Doch er habe sie in Zwickau nicht gefunden, da sie innerhalb der Stadt umgezogen war. So wechselte er nur seine Klamotten, schenkte einer Bekannten seinen goldenen Ohrring und übernachtete in einem Zwickauer Bordell. Am nächsten Tag sei er per Anhalter in einem Lkw ins fränkische Hof gefahren, erzählt er. Dort war er in den Zug nach Karlsruhe gestiegen, wo er vor Jahren schon mal im Rotlichtmilieu zu tun hatte. Etwa acht Wochen nach dem Mord an Andrea Dittrich lud Ronny Seller zusammen mit einem Komplizen die 28-jährige Prostituierte Adriana in ein Auto ein. Die beiden Männer wollten angeblich Sex zu dritt. Als sich die schwangere Französin wehrte, würgte Seller sie bis zur Bewusstlosigkeit. Anschließend traktierten die Männer sie mit Schlägen und Tritten, warfen sie aus dem Auto und ließen sie liegen. Die junge Frau starb an ihren schweren inneren Verletzungen.

Im Sommer 1995 hatte Ronny Seller als Bademeister an der Ostsee gejobbt. Dort wurde er bei einem Diebstahl erwischt, erfahren die Ermittler von ihm. Das Gericht hatte ihn deshalb zu einer Kurzstrafe verurteilt. Im Gefängnis von Ückermünde saß er die 50 Tage Haft ab. Am 26. Dezember 1995 sollte er wieder entlassen werden. Doch weil sich die Gefängnistore während der Weihnachtsfeiertage in Mecklenburg-Vorpommern nicht öffnen, durfte Ronny Seller schon vier Tage eher raus. Von der Entlassung des Sachsen in Mecklenburg-Vorpommern haben die Chemnitzer Ermittler nie etwas erfahren. Seller fuhr zunächst nach Stralsund zu seiner Ex-Freundin. Doch von der bekam er nur schnellen Sex und kein Dach über den Kopf. So reiste er weiter, in der Hoffnung, dass seine Mutter ihn über Weihnachten bei sich in Zwickau aufnehmen würde. Er wählte seinen Weg über Dresden. Dieser Zufall wurde der 20-jährigen Andrea Dittrich zum Verhängnis.

Am 24. August 2000 sitzt Ronny Seller auf der Anklagebank der Schwurgerichtskammer des Chemnitzer Landgerichts. Auf dem Weg dorthin verbirgt er sein Gesicht vor den Fotografen und Kameraleuten. Im Saal sitzen die Eltern des Opfers. Knut und Birgit Dittrich sind Nebenkläger an der Seite der Staatsanwaltschaft. Sie sitzen dem Angeklagten direkt gegenüber. Der Mann aus Crimmitschau kann ihnen nicht in die Augen sehen. Er nennt dem Gericht nur seinen Namen und seine Adresse, sonst sagt er kein Wort. Verschämt schaut er zu Boden und folgt der Verhandlung. Der Vorsitzende Richter Christian Wirth plant einen kurzen Prozess – wohl mit Rücksicht auf die Eltern. Doch der Jurist steuert damit geradewegs in ein Desaster.

In der Hauptverhandlung bleibt unklar, was tatsächlich in jenen zehn Minuten auf der Strecke von Chemnitz nach Glauchau im ersten Wagen des R 4412 geschah. Anfangs hatte Ronny Seller offenbar eine andere Frau im Visier. Sie saß ihm näher und er hatte sie ständig angestarrt. „Irgendwie war er mir komisch", sagte diese junge Frau als Zeugin vor Gericht. Dann stieg sie vor Andrea Dittrich aus. Bei der Polizei hatte Ronny Seller beteuert, dass er sein Opfer nicht vergewaltigt habe. Doch der Psychiater, der mit dem Angeklagten stundenlang gesprochen hatte, sagt in seinem Gutachten, dass dies nur eine Schutzbehauptung sei, mit der der Angeklagte versuche, die Tat zu verdrängen.

Durch das psychiatrische Gutachten erfahren die zahlreichen Prozessbeobachter einiges aus dem Leben des Angeklagten. So wurde er in seiner Kindheit angeblich selbst Opfer sexueller Misshandlungen durch seinen Vater. Als Jugendlicher versuchte er, aus der DDR zu fliehen, wurde erwischt und erlebte die Wende in einer Jugendstrafanstalt. Danach suchte er sein Glück im Westen. Die Ausbildung zum Fallschirmspringer und Einzelkämpfer bei der Bundeswehr machten Ronny Seller zu einem harten Mann. In den Jobs, in denen er sich danach versuchte, hielt er es nie lange aus. Immer gab es Ärger. So landete er schließlich als Türsteher vor Diskotheken oder als Zuhälter in billigen Absteigen. Auch seine Erfahrungen mit Frauen, so der Psychiater, stammten vorwiegend aus diesem Milieu. Dass er kaum Freunde hatte, begründet der Gutachter damit, dass Ronny Seller eine „Ich-orientierte Persönlichkeit" sei, dazu leicht reizbar, aggressiv und unbeherrscht. Nichts von alldem sieht man dem Mann an. Still, fast schüchtern, sitzt er auf der Anklagebank. Das, was er Andrea Dittrich angetan habe, sei feige und hinterhältig gewesen, habe Ronny Seller dem Gutachter gegenüber geäußert.

Das Chemnitzer Schwurgericht hat bei seiner Urteilsfindung keinen großen Spielraum. Seller hat bereits lebenslänglich. Nach nur sechsstündiger Verhandlung berät die Kammer eine Stunde und verurteilt den Angeklagten erneut wegen Mordes zu lebenslanger Haft. Es ist eine so genannte Gesamtstrafe in einem folgenschweren Schnellprozess.

Ronny Sellers Verteidiger erkennt die Verfahrensfehler und legt Revision gegen das Urteil ein. So hatte die Kammer – wohl um Zeit zu sparen – in der Beweisaufnahme auf die Vernehmung der Polizisten verzichtet, die mit dem Angeklagten im Ermittlungsverfahren gesprochen hatten. Es wurden nur ihre Vernehmungsprotokolle verlesen – ein grober Formfehler. Die Chemnitzer Staatsanwaltschaft sah das anders und schloss sich der Revision nicht an, wie normalerweise üblich in solchen Fällen. Sollte die Revision Erfolg haben, dürfte die Staatsanwaltschaft in der nächsten Hauptverhandlung keine höhere Strafe fordern als die, die das erste Gericht bereits ausgesprochen hatte. Juristen bezeichnen diese Situation als das Verschlechterungsverbot.

Die Chemnitzer Kammer hatte regelrecht geschlampt. So hatte Richter Wirth in seiner mündlichen Urteilsbegründung zwar von der besonderen Schwere der Schuld gesprochen, die der Angeklagte auf sich geladen habe. Aber im schriftlichen Urteil hatte er diesen Passus an der entscheidenden Stelle offensichtlich schlicht vergessen. Insgesamt spricht der Bundesgerichtshof in seiner Revisionsentscheidung vom 25. Januar 2001 von „einer im Blick auf das Gewicht der Sache ganz ungewöhnlichen tatrichterlichen Nachlässigkeit". Außerdem hatten die Chemnitzer Richter in ihrem Urteil keine Belege oder Argumente dafür geliefert, dass Ronny Seller sein Opfer vorsätzlich getötet hatte.

So muss der Mord im Regionalexpress 4412 im Februar 2002 noch einmal aufgerollt werden. Der Angeklagte schweigt auch vor dem Dresdner Landgericht. Diesmal verhandelt die Schwurgerichtskammer mehrere Tage und hört sich an, was Kripobeamte in Karlsruhe und in Chemnitz von Ronny Seller erfahren hatten. So wird bekannt, dass er zwar anfangs behauptet hatte, sein Opfer erwürgt zu haben, weil die junge Frau ihn wegen Vergewaltigung bei der Polizei anzeigen wollte. Doch dem widerspricht, dass er die Vergewaltigung hartnäckig leugnet.

Dennoch gelingt es auch den Dresdner Richtern nicht, nach all den Jahren ausreichende Beweise dafür zu finden, dass Ronny Seller sein Opfer vorsätzlich töten wollte. Die Gerichtsmediziner gehen auch in diesem Prozess davon aus, dass Andrea Dittrich durch den Knebel in ihrem Mund erstickt ist und bereits tot war,

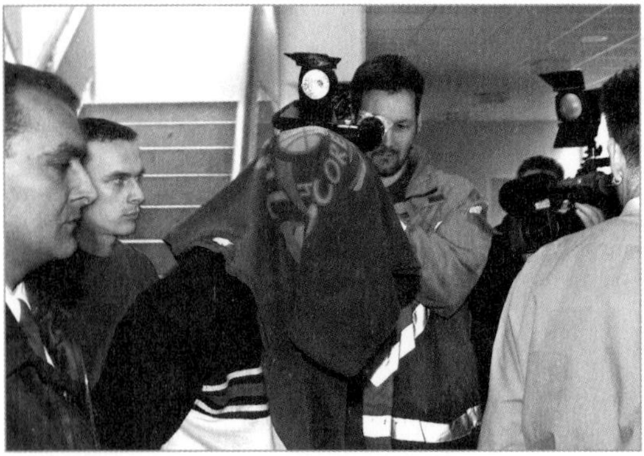

Auf dem Weg in den Gerichtssaal verhängt der mutmaßliche Mörder sein Gesicht.

als der Angeklagte sie würgte und später aus dem Zug warf. Deshalb verurteilt die Kammer Ronny Seller „nur" wegen Mordversuchs zu einer lebenslangen Haftstrafe. Der Vorsitzende Richter Werner Stotz deutete an, dass die Kammer auf Grund des wenige Wochen später begangenen zweiten Mordes wohl die besondere Schwere der Schuld bejaht hätte. Doch wegen des Verschlechterungsverbots bleibt den Richtern dieses Mittel versagt. So ist es nun nach 15 Jahren Haft möglich, zu prüfen, ob Ronny Sellers Strafe zur Bewährung ausgesetzt werden kann.

„Ich möchte ein Urteil, mit dem nicht nur der Täter leben kann", hatte Knut Dittrich vor dem Abschluss des zweiten Prozesses gesagt. Er weiß, dass die Dresdner Richter keinen Spielraum mehr nach oben haben, als sie das Strafmaß festlegen. So kommt der Mann, der Dittrichs Tochter auf dem Gewissen hat, im günstigsten Fall nach 15 Jahren wieder frei. Das hatten die Eltern nicht gewollt.

Schon nach dem ersten Urteil hatten sie sich darüber beschwert, wie nachlässig die Justiz in ihrem Fall verfahren sei. Im Justizministerium führte man die „richterliche Unabhängigkeit" ins Feld. Die sei wichtig, sagt Knut Dittrich, als der den Brief des Justizministers Manfred Kolbe las. „Aber dass richterliche Unabhängigkeit auch die richterliche Nachlässigkeit einschließt, wusste ich nicht", sagt er. Nur einer äußert damals schriftlich seinen „Zorn" über den Fall: Ministerpräsident Kurt Biedenkopf. In einem persönlichen Brief bittet er die Familie „nicht am Rechtsstaat zu zweifeln".

ANGELIKAS LETZTER KUNDE

VON KARSTEN SCHLINZIG

Der Anruf kommt gegen 2.15 Uhr und ist unpassend. Angelika und Ralf sind in der Dresdner Disko „Hollywood" auf der Bautzener Straße und wollen sich vergnügen. Der Mann am Telefon fragt, ob die „rassige Ungarin" jetzt gleich zu ihm ins Hotel kommen könne. Was soll Ralf tun? Schließlich hat er selbst die Anzeige in der „Dresdner Morgenpost" geschaltet, um Kunden für Angelika zu werben. Nun ruft ein Kunde an, mitten in der Nacht. Außerdem brauchen beide das Geld. Der Mann am Telefon fragt, ob die Ungarin auch Fesselspiele machen würde. Angelika nickt Ralf zu: „Ja, das ist schon möglich." Ralf macht die Verabredung perfekt: Seine schöne Ungarin kann in einer Viertelstunde im Hotel sein.

EINE SÜNDE WERT - RUND UM DIE UHR!

Sindy - jung & rassig
möchte Dich verwöhnen.
☎ 01 72-3 66 45 53
Nur Haus und Hotel

Angelique, rass. Ungarin
20 J., vollbusig, heiß u. tabulos
Erlebnis pur - auch Haus + Hotel
Tel. 01 72-3 54 13 19

Diese Kleinanzeige unter dem Künstlernamen Angelique wird der 21-jährigen Ungarin Angelika Horvathova zum Verhängnis.

Der Freier heißt Harald Schröder und wartet im Zimmer 207. Ralf fährt Angelika zur Prager Straße und setzt sie am Eingang zum „Königstein" ab. Beide vereinbaren das übliche Programm. Angelika soll anrufen, wenn alles in Ordnung ist und sie sich mit dem Kunden auf einen Preis geeinigt hat. Ralf wartet vor dem Hotel im Auto auf Angelika. Die Ungarin klingelt an der Hoteltür und wird eingelassen. Herr Schröder auf Zimmer 207 erwarte sie, sagt Angelika an der Rezeption. Die Frau lässt sie auf das Zimmer. Fünf Minuten später klingelt Ralfs Handy, und Angelika sagt, dass sie eine Stunde bleiben werde. Der Kunde zahle 300 Mark für Sex mit Fesselspielen.

Ralf macht es sich im Auto bequem, verspürt nach einer Weile Hunger und fährt zum „Burger King". Dort holt er sich etwas zu essen und nimmt auch für Angelika etwas zum Frühstück mit. Wieder zurück am Hotel, schläft er im Auto ein. Erst Stunden später, als ein Polizist an die Scheibe klopft, wacht er auf. „Scheiße", denkt Ralf, „die Bullen haben mir gerade noch gefehlt." Der Beamte fragt, warum er hier im Auto schlafe. Ralf entschließt sich, die Wahrheit zu sagen. Seine Partnerin sei bei einem Kunden im „Königstein". Er warte auf sie. „Dann kommen Sie mal mit", sagt der Beamte. „Und geben Sie mir ihren Personalausweis."

Der Gast von Zimmer 207 verlässt etwa um 3.30 Uhr das Hotel. Der Angestellten an der Rezeption sagt er nur: „Ich hole für uns noch was zu trinken". Wo will der jetzt noch etwas zu trinken kaufen, fragt sich die Frau am Empfang. Vielleicht im Hauptbahnhof? Sie geht ihrer Arbeit nach, etwas nachdenklich vielleicht. Fünfzig Minuten später ist der Mann noch immer nicht zurück. Sie wird unruhig und ruft im Zimmer 207 an. Doch dort geht keiner ans Telefon. „Die Prostituierte müsste doch noch im Zimmer sein", denkt die Frau. Sie ruft eine Kollegin und den Mann vom Sicherheitsdienst. Die beide gehen zum Zimmer 207 und klopfen. Als niemand reagiert, öffnet der Mann das Zimmer mit dem Generalschlüssel. Schon vom Flur aus sehen beide, dass eine nackte Frau auf dem Bett liegt. Ihr Gesicht ist von Blut überströmt. Leblos liegt sie da. Polizei und Notarzt werden gerufen. Der Arzt kann nichts mehr tun. Es ist Sonnabend, der 27. Juli 1996.

Wenig später beginnt im Hotel „Königstein" die bei Tötungsverbrechen übliche Routinearbeit der Polizei. Kriminaltechniker arbeiten am Tatort, ein Dutzend Polizei- und Kriminalbeamte schwärmen aus, um die Umgebung abzusuchen und erste Zeugen zu befragen. Schnell ist klar, wer die Tote ist. Es handelt sich um die 21-jährige Angelika Horvathova, die ganz offensichtlich als Prostituierte gearbeitet hat. Als ihr Zuhälter Ralf Anders (32) erfährt, dass Angelika Opfer eines Verbrechens wurde, ist er geschockt. Ralf bezeichnet Angelika als seine Lebensgefährtin.

Erste Befragungen der Hotel-Angestellten zeigen, dass der Gast aus Zimmer 207 am Vortag um 16.30 Uhr eingecheckt hat. Der Mann namens Harald Schröder stammt aus Berlin. So steht es auf dem Anmeldezettel. Doch schon erste Recherchen ergeben, dass dessen Adresse in Berlin nicht existiert. In den nächsten Stunden ermitteln Dutzende Kriminalbeamte in verschiedene Richtungen. Vieles läuft parallel. Bereits während der Spurensicherung im Hotel versuchen andere Beamte herauszubekommen, auf welchem Weg der Mann die Prager Straße oder vielleicht sogar Dresden verlassen hat. Ein Fährtenhund der Polizei läuft vom Hotel über die Prager Straße in Richtung Hauptbahnhof, dann biegt er ab in Richtung Reitbahnstraße zum C&A-Kaufhaus. Von dort läuft er zum Hauptbahnhof an den Taxistand. Nun werden die Taxifahrer zu wichtigen Partnern in der Fahndung. Außerdem wird geprüft, welche Züge nach 3.30 Uhr Dresden verlassen haben. Der Parkplatzwächter hinter den drei Hotels wird vernommen, Mitarbeiter der Deutschen Bahn im Hauptbahnhof und die Mitarbeiter im Imbissbetrieb im Bahnhof werden befragt. Gleichzeitig wird mit Angestellten des Hotels ein Phantombild am Computer angefertigt. Es wird noch am selben Tag an Taxifahrer verteilt und an Zeitungen und TV-Sender gegeben.

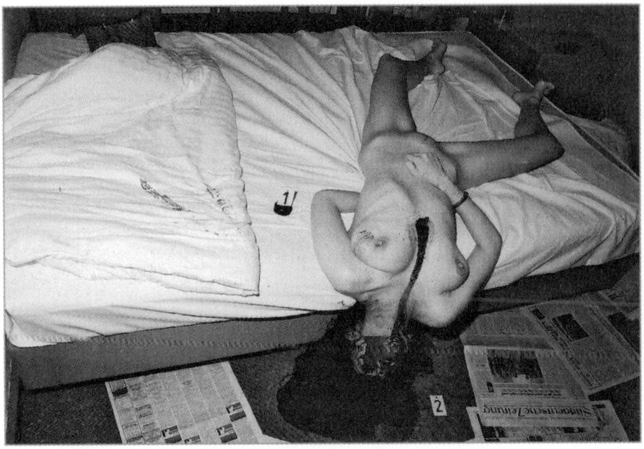

In Zimmer 207 des Hotels Königstein auf der Prager Straße wird die Prostituierte mit einem Messerstich ins Herz gefunden.

Im Hotelzimmer finden die Kriminaltechniker eine zerknüllte Verpackungsschachtel für Handschellen der Marke „Handcuffs" und einen Folienbeutel der Ladenkette „Zwilling". Außerdem verschiedene Kleidungsstücke, leere Bierdosen und kleine Schnapsflaschen. In der Nähe des Bettes liegt ein benutztes Kondom, eine wichtige Spur. Im Zimmer werden außerdem Fingerabdruckspuren gesichert. Angelika Horvathova liegt auf dem Bett in Rückenlage, ihre Hände sind auf dem Rücken mit einer Handschelle gefesselt. Der Schlüssel für die Fesseln liegt auf dem Bett neben der Leiche. Der Kopf der Frau hängt über der Bettkante, ist aber nicht auf dem Boden aufgeschlagen. Das Blut im Gesicht und am Hals ist bereits getrocknet. Es stammt aus einer Stichwunde in der Brust. Die Handgelenke und der Hals zeigen Verletzungen. Die Sektion in der Gerichtsmedizin am Nachmittag ergibt, dass ein Stich Angelikas Herz getroffen hat und tödlich war.

Wenige Stunden nach der Tat übernimmt die Mordkommission des Polizeipräsidiums Dresden den Fall. Mehrere Wochen lang wird Kriminaloberkommissar Günter Strohschein die Ermittlungen leiten. Am Vormittag nach dem Mord besuchen zwei Kriminalbeamte das Fachgeschäft für Messer und Küchenwerkzeuge der Marke Zwilling auf der Wallstraße. Sie landen einen Volltreffer. Das Personal erinnert sich an einen Mann mit Berliner Dialekt, der am Nachmittag des Vortages ein Messer und eine Handfessel gekauft hatte. Die Personenbeschreibung der Fachverkäufer stimmt mit dem Bild überein, dass im Hotel von dem Gast aus Zimmer 207 angefertigt worden war. Gekauft hatte der Mann ein Messer der Marke „Haller 420" mit einer 260 mm langen Klinge, einer Säge auf dem Klingenrücken und einem schwarzen Kunststoffgriff. Etwa eine Stunde, bevor er im Hotel eincheckte, hatte sich der Mann das Messer und die Handfessel besorgt. Nach ersten Rundfunkmeldungen über den Mord kommen noch im Laufe des Sonnabends eine Reihe Hinweise. Alle werden überprüft. Auch Ralf Anders, der Zuhälter der Toten, hört sich im Milieu um. Andere Prostituierte erzählen ihm von einem Mann, der die Frauen auch mit Handschellen fesselt. Auch diese Spur wird verfolgt.

Das Hotel Königstein in Dresden wird 1996 zum Tatort eines Verbrechens.

Nach drei Tagen erhält der Fall plötzlich Dynamik – mitten in der Nacht durch ein Telex aus Bad Reichenhall. Am 30. Juli um 23.04 Uhr telegrafiert die bayerische Grenzpolizei an das Polizeipräsidium Dresden, dass die österreichische Gendarmerie in Großgmain im Salzburger Land an der Grenze zu Deutschland einen Mann festgenommen hat. Der wird von den Behörden des Landes Brandenburg mit Haftbefehl gesucht. Bei der ersten Vernehmung habe der Mann von einem Mord an einer Prostituierten in Dresden gesprochen. Sein Name ist Torsten Schmelz, wohnhaft in Berlin. Das gleiche Telex erhält auch das Polizeipräsidium Potsdam. Nun laufen die Telefonleitungen heiß zwischen Brandenburg, Sachsen und Salzburg. Dutzende Faxe werden hin- und hergeschickt. Außerdem meldet am selben Tag auch noch das Landeskriminalamt Berlin Interesse an dem Mann an – ebenfalls wegen eines ungeklärten Mordes an einer Prostituierten.

Ein Anwohner aus Marzoll in Bayern hatte am Dienstag, dem 30. Juli, gegen 17.20 Uhr der Grenzpolizeistation Piding telefonisch mitgeteilt, dass ein Fremder seinen Wagen, einen Ford Orion mit Berliner Kennzeichen, unmittelbar an der Grenze abgestellt habe und zu Fuß über die Grenze nach Österreich gegangen sei. Die Beamten prüfen das Kennzeichen im Fahndungscomputer „Inpol" und stellen fest, dass der Halter des Autos per Haftbefehl gesucht wird. In der Folge bewährt sich einmal mehr die unkomplizierte Zusammenarbeit zwischen der Polizei in Bayern und in Österreich. Die Bayern telefonieren nur mit dem benachbarten österreichischen Gendarmerieposten in Großgmain. Sofort setzen sich jenseits der Grenze der Gendarmerieinspektor Alexander Neumüller und Bezirksinspektor Rupert Fahrnick in ihren Patrouillenwagen und fahren zur deutschen Grenze. Auf der Landstraße in Richtung Wals kommt ihnen ein Mann zu Fuß entgegen. Der 30-jährige Alexander Neumüller steigt aus dem Auto und fordert von dem Mann den Ausweis. Als er seinen deutschen Personalausweis reicht, erklären die Österreicher ihm, dass er festgenommen sei. Daraufhin versucht der Mann, zurück in Richtung Deutschland zu flüchten. Neumüller sprintet ihm nach und reißt ihn mit einem Hechtsprung nieder. Zu zweit legen die österreichischen Gendarmen dem Deutschen Handfesseln an und durchsuchen ihn. In der rechten Hosentasche finden sie eine Schreckschusspistole, in einem Beutel ein Messer der Marke Haller 420 mit minimalen Blutspuren und eine Handfessel. Bei einer ersten Vernehmung im Gendarmerieposten Großgmain begründet der Mann seine Flucht mit dem Satz: „Ich hab am Freitag in Dresden eine Nutte erstochen". Den beiden Landgendarmen in der Salzburger Provinz schwant sofort, dass sie einen Mörder gefasst haben. Sie bringen ihn nach Salzburg, wo Staatsanwältin Herta Krainer die Haft anordnet. So schließen sich am 30. Juli 1996 hinter Torsten Schmelz die Tore der Justizvollzugsanstalt Salzburg. Wodurch war die Fahndung nach Torsten Schmelz ausgelöst worden?

Ausgangspunkt ist der Überfall auf eine Frau am 25. Juli 1996 in der Nähe von Königs Wusterhausen südlich von Berlin. An diesem Morgen klopft jemand fünf Minuten vor sechs Uhr bei Familie B. in Gallun bei Königs-Wusterhausen an der Bungalowtür. Noch etwas schlaftrunken öffnet Karin B. (43) die Tür. Ihr Mann Ingo hatte zehn Minuten zuvor das Grundstück mit dem Auto verlassen, um nach Berlin zu fahren. Nun steht ein Fremder in der Tür und fängt an zu stottern. Karin B. fragt, was er wolle. Der Mann sagt: „Ist Ingo schon weg? Er wollte mich mitnehmen!". Jetzt erkennt Karin auch den Besucher. Es ist einer von Ingos Kollegen. Beide absolvieren gerade in Berlin eine Umschulung zum Gas-Wasser-Installateur. Der Mann hatte Ingo vor einigen Wochen bei der Montage einer Satellitenantenne geholfen. Deshalb ahnt sie nichts Böses. Doch plötzlich stößt sie der Mann zurück in den Bungalow und sticht mit einem Messer auf sie ein. In Todesangst schreit Karin B.: „Der sticht, der sticht!". Das hört ihre Tochter Mareen, die im Schlafzimmer noch im Bett liegt. Mareen springt auf, läuft in den Flur und sieht ihre Mutter am Boden liegen. Ein Mann beugt sich über sie. Er richtet sich auf und schlägt Mareen mit der Faust ins Gesicht. Als auch die zweite Tochter Melanie hinzukommt, flüchtet der Mann aus dem Bungalow. Zurück lässt er nur sein Messer. Die Frauen rufen den Notarzt und die Polizei. Karin B. hat eine Stichverletzung in der Bauchdecke unterhalb des Brustbeins. Sie beschreibt den Täter. Als sein Phantombild später mit anderen Bildern verglichen wird, besteht kein Zweifel: Es ist Ingos Umschulungskollege Torsten Schmelz aus Berlin.

Am 1. August 1996 steigt Kriminaloberkommissar Andreas Voges von der 7. Berliner Mordkommission in ein Flugzeug nach Salzburg. Er will dort den inhaftierten Torsten Schmelz vernehmen. Die Brandenburger Polizei hat ihn gebeten, Schmelz ebenfalls zum Überfall auf Karin B. in Gallun zu befragen. Der Fall wird später, ebenso wie der Mord im Dresdner Hotel Königstein, an die 7. Mordkommission in Berlin übergeben. Denn in Voges Bericht verübte der vermeintliche Serientäter Torsten Schmelz im Sommer 1996 sein erstes Verbrechen. Der Dresdner Ermittler Günter Strohschein war schon am Vortag mit dem Auto nach Österreich gefahren und erwartet seinen Berliner Kollegen in Salzburg am Flughafen. Gemeinsam mit Voges will er herausfinden, was Torsten Schmelz in den sechs Tagen vom 25. bis 30. Juli 1996 getan hat. Mittlerweile liegt in Dresden ein Foto von Schmelz aus Berlin vor. Die Zeugen im Hotel und im Zwilling-Geschäft erkennen ihn wieder. Daraufhin erlässt das Amtsgericht auf Antrag von Staatsanwalt Joachim Gregor einen weiteren Haftbefehl gegen Torsten Schmelz. Aber warum interessiert sich Voges von der 7. Berliner Mordkommission eigentlich für diesen Mann?

Am 25. Juli gegen ein Uhr spricht der Fahrer eines roten Ford Orion auf der Berliner Kurfürstenstraße die erst 16-jährige slowakische Prostituierte Anna Molnarova an. Beide werden sich einig. Für 50 D-Mark steigt Anna in das Auto ein. Sie schlägt ihm vor, in einen verlassenen dunklen Innenhof in der Lützowstraße zu fahren. Der Mann ist damit einverstanden. Kurz nach ein Uhr kommen sie dort an und halten. Der Mann holt ein Messer hervor und drückt es Anna an den Körper. Sie solle sich Handfesseln anlegen lassen. Anschließend wolle er mit ihr schlafen. Anna beginnt zu schreien. Daraufhin sticht er mehrmals auf den Oberkörper der Frau ein. Sie versucht zunächst, den Angriff mit den Armen abzuwehren, schließlich gelingt es ihr, das Fahrzeug zu verlassen. Dabei sticht der Mann ihr in den Rücken. Während sie flüchtet startet er das Auto und fährt davon. Sie schleppt sich noch einige Meter und bricht zusammen. Minuten später findet ein junger

Mann das Mädchen, das im Sterben liegt. Minuten zuvor hatte dieser Zeuge auch gesehen, wie der weinrote Pkw schnell weggefahren war. Als der Rettungswagen der Berliner Feuerwehr eintrifft, ist Anna bereits tot. Die am selben Tag durchgeführte Sektion ergibt insgesamt acht Stiche. Ein 11,5 cm tiefer Herzdurchstich hat den Tod verursacht.

Nachdem der Mann den Hof verlassen hat, wischt er mit einem Lappen das Blut von der Klinge des Messers und verstaut es griffbereit im Ablagefach der Autotür. Er ist verärgert, weil es nicht zum beabsichtigten Geschlechtsverkehr mit dem Mädchen gekommen war. Deshalb beschließt er, zum Straßenstrich in der Oranienburger Straße zu fahren, um erneut eine Prostituierte zu finden. Gegen 1.50 Uhr spricht er die 23-jährige Jeanette W. an und erkundigt sich nach den Preisen. Was man denn alles im Auto machen könne, will er wissen. Er wird mit Jeanette einig. Wieder bleibt die Frage, wohin fährt man zum Sex. Der Mann will einen möglichst einsamen Platz. Jeanette schlägt vor, unter einen Bahnbogen an der Spandauer Brücke zu fahren. Dort angekommen, spürt auch Jeanette sofort das Messer des Mannes an ihrem Hals. Er fordert sie auf, nichts Unbedachtes zu tun, die Arme auf dem Rücken zu kreuzen und sich vorzubeugen. Doch Jeanette wehrt sich. Sie drückt auf die Hupe. Das irritiert den Mann und lenkt ihn kurz ab. Jeanette nutzt diesen Augenblick. Sie drückt mit der linken Hand das Messer weg, öffnet mit der rechten Hand die Beifahrertür und lässt sich aus dem Auto fallen. Dabei verletzt sie sich. Der Mann startet sein Auto und verfolgt die flüchtende junge Frau. Dabei stößt er an mehrere Begrenzungspfosten, einen Baum und ein parkendes Auto. Jeannette rennt zu einer Haltestelle. Dort warten zum Glück einige Leute. Das rettet ihr das Leben. Mit quietschenden Reifen verlässt ihr Peiniger den Ort. In den nächsten Stunden fährt der Mann in dem Ford Orion ziellos durch die Stadt. Als es schon Tag wird, erinnert er sich plötzlich an die Ehefrau seines Kollegen Ingo B. Er verlässt Berlin und fährt in südliche Richtung – nach Gallun.

Die Prostituierte Jeanette W. liest am nächsten Tag in der Zeitung vom Mord an Anna Molnarova und geht zur Polizei. Dort kann sie den Mann und einige Details des weinroten Autos sehr gut beschreiben. Nur beim Typ des Wagens irrt sie sich, sie hält ihn für einen Audi. Das Kennzeichen des Autos lautet B-HX und vier Ziffern. Nun hat es die 7. Berliner Mordkommission mit einem Mord und einem versuchten Mord zu tun. Und sie sucht nach dem weinroten Auto mit dem Kennzeichenfragment B-HX. Am 31. Juli, einige Stunden später als seine Kollegen von der Dresdner Mordkommission, erhält auch Andreas Voges das Telex aus Bayern mit der Information, dass in Österreich der Besitzer eines weinroten Autos mit dem Berliner Kennzeichen B-HX 3991 verhaftet wurde. Ist das der gesuchte Mörder? Der Wagen gehört Torsten Schmelz (33), wohnhaft in der Grünauer Straße 67, der nun im Gefängnis von Salzburg sitzt.

Die Mordkommission durchsucht dessen Wohnung. Im selben Haus wohnen auch die Eltern des Mannes. Sie erzählen der Polizei, dass sie am 26. Juli in der Zeitung auch über den Mord an Anna in der Lützowstraße gelesen hatten. Sofort seien sie in Sorge gewesen, dass ihr Sohn dieses Verbrechen begangen haben könnte. Ihr Torsten habe bereits 1987 die Frau eines Kollegen vergewaltigt und versucht, den Mann umzubringen. Torsten sei erst im Oktober 1995 aus dem Gefängnis entlassen worden. Seitdem hätten die Eltern Angst gehabt, dass er „wieder jemand umbringt".

So weiß Andreas Voges schon einiges über Torsten Schmelz, als er ihm – gemeinsam mit dem Dresdner Kripo-Kommissar Günter Strohschein – am 1. August 1996 im Gendarmeriekommando in Salzburg gegenübersitzt. Doch Schmelz ist nicht besonders gesprächig. Als er mit den Verbrechen konfrontiert wird, sagt er: „Ja, kann sein. Wenn ich Alkohol getrunken habe, werde ich gewalttätig." Er stelle sich vor, dass er Frauen quäle und dabei mit ihnen sexuell verkehre. Das errege ihn. Diese Vorstellung genieße er. Strohschein fragt ihn, ob er den Meldeschein im Dresdner Hotel Königstein ausgefüllt habe? Schmelz räumt das ein. Er sei in dem Hotel gewesen, sagt er. Doch mehr will er nicht sagen. Günter Strohschein ist klar, dass Torsten Schmelz sein gesuchter Mörder ist. Auch wenn der das nicht zugeben will. Jetzt geht es darum, ihm die Tat nachzuweisen. Dafür hat die Kripo am Tatort in Zimmer 207 genug Spuren gesichert. Sie müssen nun mit den Fingerabdrücken und der DNA des Verdächtigen verglichen werden.

Unterdessen trifft am 2. August der bordeauxrote Ford Orion in Berlin ein und wird dort kriminaltechnisch untersucht. Der Wagen zeigt auf der Beifahrerseite starke Beschädigungen an Tür und Kotflügel. Die hintere rechte Tür ist ebenfalls beschädigt. Im Fahrzeug liegt rechts neben dem Fahrersitz ein weißer Lappen mit blutähnlichen Flecken. Im Kofferraum liegen etwa 30 Zeitschriften – alles Sex-Hefte. Außerdem finden die Beamten Dresdner Tageszeitungen, so die Sächsische Zeitung und die Morgenpost vom 29. Juli, dazu die Morgenpost am Sonntag vom 28. Juli und die Bild-Zeitung vom 30. Juli. Ausführlich berichten die Blätter über den Mord an einer Prostituierten im Hotel Königstein am 27. Juli 1996.

Wer ist dieser Torsten Schmelz, der im Sommer 1996 offenbar in einem Blutrausch lebt? Er wird 1963 in Berlin geboren und hat eine um fünf Jahre ältere Schwester. Bei seiner Familie wächst der Junge in einem Dorf im heutigen Land

Brandenburg auf. Er besucht die zehnklassige Oberschule und lernt den landwirtschaftlichen Beruf Agrotechniker und Mechanisator. Danach arbeitet er zwei Jahre als Traktorfahrer, später als Tierpfleger. Bereits im Alter von 15 oder 16 Jahren, so erzählt er den Beamten später, seien ihm Vergewaltigungsphantasien durch den Kopf gegangen. Besondere Befriedigung verschaffe ihm die Vorstellung, eine sich passiv verhaltende Frau mit einem Messer zu bedrohen, sie zu fesseln und dann mit ihr Geschlechtsverkehr zu haben.

Im Jahr 1982 lernt Schmelz seine spätere Ehefrau kennen. 1985 heiraten sie. In der Ehe werden zwei Kinder geboren, und scheinbar hat Torsten seine abartigen sexuellen Neigungen im Griff. Aber nur bis zum 13. Februar 1987. An diesem Tag trinkt Torsten Schmelz im Laufe des Tages in seiner Wohnung Bier und Schnaps und verspürt eine sich immer mehr steigernde sexuelle Erregung. Er befriedigt sich selbst, kann seinen Trieb dadurch aber nicht lösen. Er erinnert sich an die Frau eines Kollegen. Sie ist krank geschrieben und hält sich allein in ihrer Wohnung im selben Haus auf. Mit einem Messer in der Hand geht er zur Wohnung des Kollegen. Es gelingt ihm unbemerkt einzudringen. Die Frau des Kollegen liegt schlafend auf der Couch im Wohnzimmer. Als sie aufwacht, steht Schmelz nackt vor ihr und bedroht sie mit dem Messer. Er fordert sie auf, sich auszuziehen. Als sie den Oberkörper entblößt hat, schiebt er sie ins Schlafzimmer und stößt sie auf das Bett. Dort reißt er ihr Hose und Slip herunter. Dann vergewaltigt er die Frau und bedroht sie ständig mit dem Messer. So zwingt er sie auch anschließend noch zum Oralverkehr. Als der Kollege die Wohnung betritt und die Schlafzimmertür öffnet, sticht ihm Schmelz mit dem Messer sofort in den Bauch. Bei dem folgenden Handgemenge sticht er ein zweites Mal mit dem Messer auf seinen Kollegen ein, diesmal in den Rücken. Der Mann flüchtet aus Angst um sein Leben.

Später verurteilt das Bezirksgericht Potsdam Torsten Schmelz wegen versuchten Mordes, Vergewaltigung und Körperverletzung zu einer Freiheitsstrafe von 13 Jahren. Bis zum 13. Oktober 1995 verbüßt er seine Strafe in der Justizvollzugsanstalt Brandenburg. In den letzten Haftmonaten erhält er Freigang. Die Reststrafe aus der DDR-Zeit ist zur Bewährung ausgesetzt. Es bleiben nur neun Monate, bis Torsten Schmelz seine sexuellen Phantasien nicht mehr kontrollieren kann.

Die 7. Berliner Mordkommission überprüft nun auch alle Freigangtermine von Torsten Schmelz. Interesse an diesen Ergebnissen zeigen auch Ermittlungsbehörden der Tschechischen Republik in Liberec sowie die Chemnitzer Mordkommission bei der Suche nach dem Mörder einer jungen Frau, die am 22. Dezember 1995 im Zug von Dresden nach Zwickau brutal ermordet wurde. Doch in allen Fällen kommt Schmelz als Täter nicht in Frage.

Am 2. August 1996 kommt es in Salzburg zu einem zweiten Gespräch mit Schmelz. Andreas Voges von der 7. Berliner Mordkommission und Kriminalinspektor Landerer von der Kripo Salzburg holen den verdächtigen Serientäter aus der Arrestzelle der Gendarmerie und wollen ihn zurück in die Justizvollzugsanstalt bringen. Da fragt Schmelz überraschend, wohin er denn bei einer Auslieferung nach Deutschland gebracht würde. Voges antwortet: „Wahrscheinlich nach Berlin". Daraufhin bietet Schmelz an „auszupacken", wenn er nicht nach Berlin, sondern nach Brandenburg käme, wo er bis 1995 saß. Voges sagt ihm, dass er das nicht versprechen könne, er wolle sich aber dafür verwenden. So fahren die beiden Kriminalisten erst einmal nicht in die Haftanstalt. Sie gehen auf Landerers Dienstzimmer. Dort kocht der Österreicher erst einmal Kaffee. Derweil erkundigt sich Voges, worüber Schmelz denn auspacken möchte. Über die Sachen in Berlin? Ja, antwortet Schmelz, über die zwei Sachen in Berlin. Er schildert die Begegnung mit Anna Molnarova, behauptet aber, er habe das Mädchen nicht töten wollen. Danach gesteht er die Tat an Jeanette W. Zu den Taten in Gallun und Dresden sagt er ebenfalls aus. Aber auch im Fall Angelika Horvathova behauptet er, dass er die Frau nicht töten wollte.

Als Tatwaffe wird ein Messer gesucht, das diesen Vergleichsmustern ähnlich ist.

Der Dresdner Ermittler Günter Strohschein fährt inzwischen zurück nach Sachsen. Im Gepäck hat er die Fingerabdrücke und eine Blutprobe von Schmelz – Vergleichsmaterial für die Auswertung der Spuren vom Tatort im Hotel. Nun schlägt die Stunde der Kriminaltechniker des Landeskriminalamtes und des Polizeipräsidiums. Als Spuren stehen das Messer, das Kondom aus Zimmer 207, ein T-Shirt von Schmelz und die Fingerspuren aus dem Hotelzimmer zur Verfügung.

Das daktyloskopische Gutachten ergibt bei sieben Fingerspuren aus dem Zimmer 207 Übereinstimmungen mit den Fingerabdrücken des Torsten Schmelz. Die Ergebnisse der Gutachter des LKA zu den Spuren am Messer und dem Kondom ist ebenso eindeutig: Am Messer kann in den geringen Blutresten die DNA von Angelika Horvathova nachgewiesen werden. An der Innenseite des Kondoms wird die DNA von Torsten Schmelz festgestellt, auf der Außenseite die DNA des Opfers. Die DNA-Analyse ist erst vor wenigen Monaten, im Herbst 1995 im LKA Sachsen eingeführt worden. Der Mord im Hotel Königstein ist der erste Mordfall in Dresden, bei dem sie als Beweismittel angewandt wird. Bald hat Günter Strohschein alle Beweise zusammen, der Fall ist so gut wie abgeschlossen.

Am 23. September 1996 beschließt das Landgericht Salzburg die Auslieferung von Torsten Schmelz an die Bundesrepublik Deutschland. Grundlage sind Auslieferungsersuchen der Justizbehörden von Berlin, Brandenburg und Sachsen. Zwei Tage später wird Schmelz der Bayerischen Grenzpolizei am Grenzübergang Freilassing übergeben und in die JVA Traunstein eingeliefert. Am 15. Oktober kommt er in der JVA Bautzen an. Acht Tage später erscheint Günter Strohschein mit seinem Kollegen Günter Donat bei Schmelz zu einer letzten Vernehmung. Strohschein konfrontiert den Beschuldigten mit den Ergebnissen der kriminaltechnischen Gutachten. Schmelz schildert daraufhin, wie er nach Dresden kam, dass er sich ein neues Messer kaufen musste, weil er sein altes in Gallun verloren hatte. Er spricht darüber, wie er die Prostituierte per Telefon bestellte, mit ihr im Zimmer über Preis und sexuelle Leistung einig wurde. Nachdem er ihr die Handfesseln auf dem Rücken angelegt habe, wollte Angelika aber nicht mehr. Er habe sie deshalb geschlagen, daraufhin hätte die Frau geschrien. Es sei zu einer Rangelei gekommen. Dabei sei er auf sie gefallen und habe ihr in die Brust gestochen – versehentlich, behauptet Torsten Schmelz. Als er festgestellt habe, dass die Frau tot ist, habe er das Messer am Bettlaken abgewischt und die 300 D-Mark wieder an sich genommen, die Angelika zuvor von ihm erhalten hatte. Dann habe er das Hotel verlassen.

Die Dresdner Staatsanwaltschaft gibt den Fall schließlich nach Berlin ab. Dort findet vom 21. Juli bis 1. August 1997 der Prozess gegen Torsten Schmelz statt. Günter Strohschein und Andreas Voges treten in dem Verfahren als Zeugen auf. Am 1. August 1997 wird Schmelz wegen Mordes in zwei Fällen und wegen versuchten Mordes in Tateinheit mit versuchter Vergewaltigung zu lebenslanger Freiheitsstrafe verurteilt. Die besondere Schwere der Schuld wird festgestellt, es wird Sicherungsverwahrung angeordnet. Damit gibt es für Torsten Schmelz keinen Weg mehr zurück in die Freiheit. Das Gericht hatte die volle Schuldfähigkeit des Angeklagten erkannt und auf der Grundlage des psychiatrischen Gutachtens eine krankhafte seelische Störung ausgeschlossen.

Ralf Anders, der Zuhälter und Lebensgefährte von Angelika Horvathova, erlebt diesen Tag nicht mehr. Er wird am 4. Oktober 1996 in der Slowakei unweit von Angelikas Heimatort tot in seinem Opel Omega gefunden. Er hat einen Schlauch vom Auspuff in das Auto gelegt und sich mit den Abgasen vergiftet.

Torsten Schmelz hat innerhalb von drei Tagen zwei Frauen ermordet, zwei weitere Frauen mit dem Messer bedroht und versucht, sie ebenfalls zu ermorden und zu vergewaltigen. Eine ungewöhnliche Serie schwerster Straftaten. Während dieser drei Tage kommt er eher zufällig nach Dresden. Das wird Angelika Horvathova zum Verhängnis.

EIN KOFFER VOLLER GELD FÜR REINA

VON CHRISTIAN KREBS

Wider Erwarten pünktlich fährt um 19.24 Uhr der Zug aus Berlin im Dresdner Hauptbahnhof ein. Erst beim Aussteigen wird Andreas Bartel* bewusst, wie abgespannt und müde er von der langen Fahrt ist. Eine anstrengende Woche liegt hinter ihm. Vormittags hat er noch als Zivildienstleistender arbeiten müssen. Deshalb konnte er erst nach vierzehn Uhr mit dem Zug von Rostock gen Heimat starten. Natürlich hatte es auch diesmal Verspätung gegeben. In Berlin-Lichtenberg konnte er den Anschlusszug um 17.20 Uhr nur mit einem Sprint durch den Tunnel zum anderen Bahnsteig erreichen. Wie immer am Freitag waren die Wagen sehr voll. Trotzdem hatte er gerade noch einen Sitzplatz ergattert. Dann ist ihm auch noch der Schaffner regelrecht patzig gekommen, weil er die Fahrkarte nicht sofort fand. Während der Fahrt hat er viel gelesen, konnte sich aber wegen der Unruhe nicht entspannen. Jedes Mal, wenn er aufsah, schaute er in mürrische Gesichter. Blickte er aus dem Fenster, sah er öde Landschaften, verwahrloste Hinterhöfe, unaufgeräumte Firmengrundstücke oder wild bewachsene Bahndämme. Selbst auf freier Strecke sorgte der Nieselregen zunehmend für trübe herbstliche Bilder. Wie so oft hatte er sich über die hohen Preise geärgert, die die Deutsche Bahn für diese geradezu unerquicklichen Fahrten forderte. Bevor er sich weiter in diesen Ärger hineinsteigerte, hatte Andreas Bartel versucht, an seine Freundin zu denken, die er in wenigen Minuten treffen würde.

Mit Reina ist er an diesem 25. Oktober 1996 für abends halb neun in der Kuppelhalle des Dresdner Hauptbahnhofs verabredet. Die Vorfreude auf ein schönes Wochenende mit netter Unterhaltung und Natur pur ließ Andreas Bartel seine Müdigkeit vergessen. Wenn sie sich getroffen haben, wollen sie gemeinsam von Dresden aus zunächst weiter nach Neustadt trampen, wo die Eltern von beiden wohnen. Am Samstag dann würden sie zusammen mit ihren Freunden eine Wanderung in die Sächsischen Schweiz unternehmen, vielleicht auch bis zum Sonntag irgendwo abseits vom Weg zwischen den Felsen boofen.

Zusammen mit Reina und zwei jungen Leuten wohnt Andreas Bartel zurzeit in Rostock Groß-Stove. Seine Freundin studiert im fünften Semester Biologie. Beide

* *Name geändert*

sind froh, dass er eine Zivi-Stelle an ihrem Studienort gefunden hat. Schon als er sich am Morgen von ihr verabschiedet hatte, war er regelrecht neidisch auf sie gewesen. Reina hatte heute nur ein Seminar an der Uni und dann noch einen Termin bei der Physiotherapie. Dadurch ergab sich für sie die Gelegenheit, schon ab zehn Uhr an der Autobahnauffahrt Rostock-Süd zu sein. Sie wollte diesmal nicht warten, bis er am Nachmittag loskonnte. Wenn sie Glück gehabt hat, ist sie bald mitgenommen worden, nach der für Anhalter typischen Bewegung mit dem ausgestreckten Arm und dem Daumen nach oben. Dann wäre es auch nicht schwierig für sie, sogar noch eher als Andreas am Treffpunkt zu sein.

Aber da war Andreas Bartel zu optimistisch, denn auch nach einer Stunde ist Reina immer noch nicht da. Trampen ist eben auch ein Glücksspiel, denkt er. Oft genug sind sie beide gemeinsam auf diese alternative Art gereist und dabei schon viel längere Strecken unterwegs gewesen. Natürlich ist das für Studenten auch eine finanzielle Frage. Da kann man sich die langen Fahrten mit der Bahn von der Ostsee bis zu dem fast an der tschechischen Grenze gelegenen Heimatort nur in größeren Abständen leisten oder wie er als Zivi mit Heimfahrkarte reisen. Um zu sparen, sind beide auch bereit, einzeln zu trampen. Zudem hat Reina allein auch bessere Chancen, mitgenommen zu werden. Meist sind es LKW-Fahrer, die halten und sie mitnehmen, um sich bei ihren stundenlangen Fahrten nett zu unterhalten. Oder es sind PKW-Alleinfahrer, die früher selbst als Tramper unterwegs waren. Andere Autofahrer haben einfach nur Mitleid. Nebenbei ist es auch interessant und oft amüsant, was Reina als Anhalterin schon erlebt hat. Die Fahrer sind so verschieden, dass man sie kaum in Typen einteilen kann: Stoische Bleifüße, die keine Geschwindigkeitsbegrenzung kennen, überhebliche Meckerer, Fahrer, die anderen den Vogel zeigen und am liebsten allein über die Autobahnen herrschen möchten, waren dabei. Mit den bewusst ökologisch Denkenden liegen Reina und Andreas schon eher auf einer Wellenlänge. Darüber hinaus gib es auch Geizhälse, die jede Beschleunigung fürchten, weil der Motor dabei einen Schluck Sprit mehr saugen könnte. Konsequente Schweiger wechseln sich ab mit Alleinunterhaltern und mit denen, die nur Fragen stellen, aber nie etwas über sich selbst erzählen. Oft kann man auch eine kleine Lebensgeschichte hören und mitunter gibt es sogar regelrecht interessante Diskussionen über Gott und die Welt. Immer wieder bestätigt sich, dass man vom Äußeren der Fahrer eben nicht auf den Inhalt der folgenden Unterhaltung und ihr Denken schließen kann.

Mehr als zwei Stunden wartet Andreas Bartel nun schon vergeblich. Er macht sich langsam Sorgen. Wie er aus Reinas Erzählungen weiß, hat sie bisher keine negativen Erfahrungen beim Trampen gemacht. Seine 21-jährige Freundin schätzt er als ruhige, besonnene und selbstbewusste junge Frau ein, die sich zu helfen weiß. Sie hat eine sportliche Figur und wird mit ihren 174 Zentimetern Größe sicher nicht unterschätzt. Sie kann sich auch wehren. Andreas ist fest davon überzeugt, dass sie auf Anzüglichkeiten nicht eingehen würde. Sollte jemand aufdringlich werden, würde Reina sofort am nächsten Rastplatz aussteigen. Ihr würde es sicher auch gelingen, im richtigen Moment geschickt zu einem anderen Thema überzuleiten, ohne ihren Gesprächspartner zu beleidigen oder vor den Kopf zu stoßen. Zwar hatte sie sich schon mal zum Essen in einem Rasthof einladen lassen. Aber von der kürzesten Strecke würde sie auf dem Weg nach Hause nicht abweichen. Sie müsste wie gewöhnlich über die Rostocker Autobahn bis zum Berliner Ring und über das Schönefelder Kreuz nach Dresden kommen.

Ist vielleicht doch etwas Unvorhersehbares dazwischengekommen? Andreas kann nicht länger untätig bleiben. Vom Bahnhof aus ruft er zunächst alle seine Bekannten an, die etwas zu Reina sagen könnten. Aber bei keinem hat sich die Studentin gemeldet oder eine Nachricht hinterlassen. Und wenn es einen Unfall gegeben hat?, fragt sich Andreas. Mit wachsender Unruhe beginnt er, Unfall- und Rettungsstationen anzurufen, um sich nach Reina zu erkundigen. Erst gegen ein Uhr nachts verlässt er den Dresdner Hauptbahnhof, um bei Bekannten zu übernachten – allein.

Am nächsten Morgen macht sich Andreas Bartel sehr früh wieder auf zum Hauptbahnhof. Keine Nachricht. Kein Zeichen. Mit Hilfe von Telefonbüchern und der Auskunft ruft er die Krankenhäuser an, die nahe der Strecke von Rostock nach Dresden liegen. Nirgendwo erfährt er etwas über Reina. Lediglich eine Kommilitonin erreicht er. Sie bestätigt ihm, dass sich seine Freundin am Vortag nach dem Seminar gut gelaunt und mit Rucksack bepackt nach Hause verabschiedet hat.

Verzweifelt macht sich der junge Mann nun auf nach Neustadt. Noch vor dreizehn Uhr trifft er bei Reinas Eltern ein. Herr und Frau Striebel* teilen längst seine Sorgen. Sie haben schon mit Reinas Oma telefoniert, die nur einige Häuser weiter wohnt und auch gleich vorbeikommt. Nach einer Viertelstunde entschließt sich Andreas, bei der Polizei anzurufen. Der Beamte in Pirna hört aufmerksam zu und fragt einiges nach. Er macht sich offensichtlich Notizen. Nach einigen Hinweisen zum zweckmäßigen Verhalten in solchen Fällen vereinbart man, wegen einer Vermisstenanzeige später noch einmal vorzusprechen.

Es ist genau 13.54 Uhr, als das Telefon bei Familie Striebel klingelt. Reinas jüngerer Bruder nimmt zufällig den Hörer ab und stellt sich mit dem Familienna-

---

** Name geändert*

men vor. Der Anrufer nennt jedoch seinen Namen nicht. Frau Striebel kann die Lautsprecherfunktion einschalten. So hört sie mit, wie ein Mann mit sehr tiefer Stimme, langsam und betont, fast einem Roboter gleich, sagt: „WENN SIE DIE REINA WIEDERSEHEN WOLLEN, GEHEN SIE SCHNELL ZUR BANK UND HOLEN GELD! ZEHNTAUSEND MARK." Auf Nachfragen reagiert der Mann nicht. Und kaum ist das Gespräch beendet, klingelt es erneut. Dieselbe Stimme fordert nur ganz kurz: „KEINE POLIZEI!" Der Anruf dauert nur drei Sekunden, dann legt der Unbekannte auf.

Wesentlich länger dauert es, bis die Anwesenden realisieren können, was da gerade geschehen ist. Als erste findet Reinas Oma Worte. Ihr fällt plötzlich ein, dass sich schon gegen zehn Uhr bei ihr zu Hause ein Mann telefonisch nach Reina erkundigt hatte, ohne seinen Namen zu nennen. Sie hatte ihn an die Eltern verwiesen und deren Telefonnummer mitgeteilt. Dabei hatte sie sich zunächst nichts gedacht. Haben die Anrufe etwas miteinander zu tun?

Das Ehepaar Sybille und Horst Striebel muss sich zwingen, rational zu denken. Das kann kein böser Scherz sein, das ist unheimliche Realität: Reina ist seit gestern verschwunden. Und jetzt fordert ein unbekannter Mann zehntausend Mark dafür, dass sie ihre Tochter wiedersehen können. Da gibt es einen Kriminellen, der Reina in seiner Gewalt hat und zudem einen absolut entschlossenen und aggressiven Eindruck macht. Striebels wird bewusst, dass sich Reina in höchster Gefahr befindet und dringend Hilfe benötigt. Das Entsetzen kommt über die Familie. Es scheint sich alles in einer anderen Welt abzuspielen. Die Situation ist so unwirklich, wie sie nur in einem Film sein kann. Aber plötzlich ist alles real und sie müssen irgendwie reagieren. In allergrößter Sorge, wie sie ihrer Tochter helfen können, ziehen sie die einzig richtige Schlussfolgerung: Sie teilen alles der Polizei mit.

Zwei Kriminalbeamte aus Pirna treffen kurz nach einem erneuten Anruf ein. Sie nehmen die Sache ernst und lassen von der Wohnung aus erste Maßnahmen einleiten. Noch während sie das Protokoll der Zeugenvernehmung schreiben, klingelt das Telefon erneut. Frau Striebel betätigt die Lautsprechertaste. Der Unbekannte ist wieder dran. Mit derselben tiefen Stimme wiederholt er langsam und eindringlich seine Forderung. Als Frau Striebel nach Reina fragt, wird sie abgewiesen. Als sie zu bedenken gibt, dass es ihr unmöglich ist, diesen hohen Geldbetrag am Wochenende zu beschaffen, geht der Anrufer darauf ein und meint, dass „FÜNFTAUSEND ERST MAL AUSREICHEND" sind. Dann verlangt er, „ZWEI D-ZWEI FUNKTELEFONE" zu besorgen. Er werde am Montag wieder anrufen. Die beiden Polizisten hören den Anruf mit.

Doch das grauenvolle Spiel auf Kosten von Reinas Eltern geht schon am Sonntagabend weiter. Wieder meldet sich der Mann mit der tiefen Stimme und fordert, keine größeren Scheine als 50-Mark-Noten zu holen. Er droht: „FALLS SIE AN DIE POLIZEI DENKEN, DENKEN SIE AN DAS LEBEN IHRER TOCHTER!"

Die Kriminalisten der Polizeidirektion Pirna haben zu diesem Zeitpunkt schon einiges getan. Reinas Eltern, ihr Freund Andreas sowie die engeren Kontaktpersonen sind vernommen. Das ist nicht so einfach, denn jede Maßnahme muss so organisiert werden, dass der Unbekannte das Handeln der Polizei im Hintergrund auf keinen Fall bemerkt. Anderenfalls steht zu befürchten, dass Reina in große Gefahr kommt. Auch die Vermisstenfahndung ist eingeleitet. Die Staatsanwaltschaft, die die rechtlichen Grundlagen für so genannte operative Maßnahmen schafft, ist informiert. Am Abend liegt für die Planung der Ermittlungen ein wichtiges Ergebnis vor: In Zusammenarbeit mit der Telefongesellschaft ist rückverfolgt worden, dass der vierte Anruf aus Waren an der Müritz kam, aus einem öffentlichen Münzfernsprecher. Damit gibt es einen ersten Hinweis zu einem Aufenthaltsort des Täters.

Genauso wichtig ist die Mitteilung, dass von Reinas Konto bei der Sparkasse Pirna Abbuchungen vorgenommen worden sind. Dem Geldinstitut ist es aber technisch nicht möglich, Auskünfte darüber vor Montag zu präzisieren. So müssen die Fahnder mit der Information auskommen, dass der Täter mit der EC-Karte der Vermissten Geld in unbekannter Höhe und unter nicht bekannten Umständen aus Bankautomaten zieht. Wichtig für die Fahndung ist aber, dass der Täter agiert. Damit hinterlässt er zwangsweise Spuren, und die liefern erste Anknüpfungspunkte für die Suche nach Reina. Aber die Zeit drängt, denn von der Studentin gibt es noch immer kein Lebenszeichen.

Die Fahndung erreicht schon nach einigen Stunden ein so großes Ausmaß, dass sie durch die örtlich zuständige Kripo in Pirna nicht mehr allein und optimal zu bewältigen ist. Das Polizeipräsidium Dresden übernimmt die Suche nach der jungen Frau. Es ist für das gesamte Territorium des Regierungsbezirkes Dresden zuständig. Am Sonntagabend fährt der Leiter der Kriminalpolizei dieser Dienststelle mit seinem Vertreter nach Pirna, um sich vor Ort zu informieren. Der Kriminaloberrat lässt sich die ersten Protokolle vorlegen, spricht persönlich mit den anwesenden Ermittlern und ist auch an deren Eindrücken und Vermutungen interessiert. Schnell ist ihm klar: Hier geht es um erpresserischen Menschenraub – ein schweres Verbrechen. Das erfordert eine entsprechende Organisation der kriminalpolizeilichen Arbeit. Ohne lange zu zögern entscheidet der Kripo-Chef, dass sein Dezernat für Sonderfälle den Fall übernimmt. Er alarmiert seine Leute in Dresden und fährt zurück in seine Dienststelle. Auf dem Weg dorthin sagt er wohl mit einer Vorahnung, was auf seine Kriminalisten zukommen würde: „Das wird ein ganz böses Ding!" Der Kriminaloberrat wird Recht behalten.

Abgesehen von der Dramatik, die Reinas Entführung in ihrer Familie ausgelöst hat, entwickelt sich auch die Suche nach ihr zu einem der größten und nervenaufreibendsten Einsätze, die seine Dienststelle bis dahin zu bewältigen hatte. Die Ermittlungen bekommen eine Dynamik, wie sonst kaum in einem Fall.

In den folgenden Stunden richtet der Leiter der Kripo im Polizeipräsidium Dresden die Sonderkommission „Reina" ein. Mitarbeiter aller notwendigen Polizeisparten werden der Ermittlungsgruppe zugeordnet und von allen anderen Aufgaben des täglichen Dienstes freigestellt. In kurzer Zeit bilden der Polizeiführer und sein Führungsstab so genannte Einsatzabschnitte und Unterabschnitte. In solch eingespielter Struktur lässt sich alles Notwendige regeln: Pressearbeit, Technik, der Einsatz der Polizei-Hubschrauber-Staffel bis hin zur Versorgung. Am Sonntag gegen Mitternacht ist dieses komplexe Einsatzsystem voll arbeitsfähig.

Zu dieser Zeit arbeitet die Dresdner Polizei bereits eng mit den Kollegen der Kripo in Mecklenburg-Vorpommern zusammen. Die hat am Ort des Verschwindens der Studentin an der Rostocker Uni, in ihrem Wohnbereich und dort zu ermitteln, wo sie beim Trampen eventuell mitgenommen worden war. Intensiv, aber sehr vorsichtig sind die Kriminalisten im Großraum Waren unterwegs, dort wo der Anrufer vielleicht zu finden ist. Die mit der Sache befassten Kriminalisten in Rostock und Neubrandenburg werden ebenfalls der Sonderkommission in Dresden unterstellt und bilden einen eigenen Einsatzabschnitt. Zwei Dresdner Kriminalisten werden sofort nach Neubrandenburg geschickt. Sie sollen die Zusammenarbeit koordinieren und ihre Kollegen im Dresdner Führungsstab ständig auf dem Laufenden halten.

In der sächsischen Landeshauptstadt, wo die Soko „Reina" ihre Einsatzzentrale im Mitteltrakt des altehrwürdigen Polizeigebäudes in der Schießgasse eingerichtet hat, weicht die Hektik zunehmend den normalen und geordneten Arbeitsabläufen. Mitarbeiter des Führungsstabes haben inzwischen eine Chronologie der Ereignisse erarbeitet. In einem so genannten „Lagefilm" werden alle polizeilichen Maßnahmen erfasst. Jeder dienstliche Anruf wird notiert, so dass der Informationsfluss auch später noch genau nachvollzogen werden kann. In ihm wird auch jede Entscheidung des Polizeiführers protokolliert. Die Bildschirmansicht eines PC wird ständig auf eine Leinwand gebeamt, damit allen im Raum die aktuellsten Informationen permanent zur Verfügung stehen. Auf dem PC der Arbeitsplätze sind die Einsatzdokumente abrufbar. An den Wänden hängen Landkarten und Stadtpläne. Die ersten farbigen Markierungen zeigen, wo Reina in Rostock zum letzten Mal gesehen wurde, aber auch Varianten ihrer Fahrstrecke sind zu sehen und die Telefonzelle in Waren, von wo aus der unbekannte Entführer angerufen hatte. Ein Organigramm zeigt die Struktur der Soko „Reina". Damit sind die Zuordnung der Polizeibeamten und die Unterstellungsverhältnisse übersichtlich und schnell erkennbar. Ein Kommunikationsplan gibt Auskunft, wie die einzelnen Abschnitte der Soko über Funk und Telefon zu erreichen sind, welche Funkkanäle und Rufnamen zur Verfügung stehen. Ergänzend zum Standard wird an mehreren Computerarbeitsplätzen der Zugriff auf sämtliche polizeilichen Dateien und auf die Datenbank des Kraftfahrtbundesamtes eingerichtet. Für regelmäßige Telefonkonferenzen werden konkrete Zeiten festgelegt. Als sich die Lage zuspitzt, steht eine Standleitung nach Neubrandenburg zur Verfügung. Alles in allem sind fast zweihundert Polizisten in der Soko „Reina" integriert. Um weitreichende Entscheidungen schnell treffen zu können, lässt sich der Chef des Polizeipräsidiums laufend persönlich und detailliert berichten. Auch der Landespolizeipräsident ist einbezogen und es gibt Abstimmungen zwischen den Innenministerien Sachsens und Mecklenburg-Vorpommerns. Innerhalb von Stunden werden so die Voraussetzungen geschaffen, damit bei Notwendigkeit ein gewaltiger Polizeiapparat über Landesgrenzen hinweg tatsächlich auch schnell funktionieren kann.

Parallel dazu laufen die dringenden Ermittlungen. Nachdem die Soko „Reina" steht, macht sich zunehmend Spannung breit: Würde sich der Täter wieder melden? Wie will er an das von ihm geforderte Geld kommen? Welche Vorbereitungen sind für eine Geldübergabe zu treffen? Über allem aber stehen die Fragen: Wie geht es Reina? Wo befindet sie sich? Welchen Gefahren ist sie ausgesetzt?

Die möglichen Antworten auf diese Fragen bestimmen die gesamte Einsatzkonzeption. Doch die ist dennoch schwierig zu erarbeiten. Denn die Möglichkeiten offensiver Ermittlungen sind sehr eingeschränkt, da der Entführer Reinas Eltern davor gewarnt hat, die Polizei einzubeziehen. Bekommt der Täter Wind von den polizeilichen Maßnahmen, könnte er den Kontakt abbrechen und Reinas Leben wäre in höchster Gefahr. Die Soko kann sich keine Panne leisten, die könnte tödlich enden. Das heißt auch: die Forderungen des Täters sind zwangsläufig zu erfüllen.

In dieser Lage dürfen Reinas Eltern nicht auf sich alleingestellt bleiben. Um seelischen Beistand und Unterstützung kümmert sich die dafür zuständige Verhandlungsgruppe des Landeskriminalamtes Sachsen. Beamte, die für solche Situationen ausgebildet sind, nehmen Kontakt zu den Eltern auf und versuchen, deren Vertrauen in die Polizei zu erhalten. Professionell müssen sie die Sorgen und Ängste der Eltern mit den polizeilichen Interessen unter einen Hut bringen.

Schon am Montag, dem 28. Oktober, haben sie Gelegenheit dazu, als der unbekannte Täter sich erneut am Telefon meldet. Zu der Zeit hält sich die Verhandlungsgruppe schon bei den Eltern auf. Zermürbende Stunden des Wartens liegen hinter den Beamten. Der Täter hatte nicht mitgeteilt, zu welcher Zeit er anrufen werde. Auch die Eltern warten auf den neuen Kontakt mit dem Täter. Sie haben sich mit Hausarbeiten etwas abgelenkt. Aber finden sie auch die Kraft, mit dem Entführer zu verhandeln?

Alle schrecken auf, als das Telefon um 11.53 Uhr läutet. „GUTEN TAG, HABEN SIE SCHREIBZEUG DA?", will der Unbekannte wissen. Frau Striebel aber interessiert nur eines. Fast flehend fragt sie, ob sie Reina sprechen könne. Doch die Antwort ist: „NEE, DAS GEHT NICHT. ICH KANN SIE NICHT IN DIE TELEFONZELLE HOLEN!" Ihre Tochter wieder zu sehen, wäre erst möglich, wenn er das Geld habe, sagt der Mann. Wahrscheinlich wurde ihm das Gespräch schon zu lang, denn mit seiner dunklen Stimme kündigt er an, um vierzehn Uhr noch einmal anrufen zu wollen.

Sybille Striebel hat sich bei dem Telefonat tapfer gehalten. Aber die Sorge um Reina, die unendlichen Befürchtungen und Ängste sind nun so groß, dass sie ein weiteres Gespräch wohl nicht mehr ertragen kann. Auch ihr Mann Horst kann sie kaum noch beruhigen. Er ist selbst am Ende seiner Kräfte.

In dieser Situation völliger Verzweiflung springt ein Freund der Familie ein, der durch Andreas Bartel von Reinas Verschwinden erfahren hat. Rainer Werner berät sich zunächst zu Hause mit seiner Frau. Er ist unsicher, ob er Striebels nicht doch eher in Ruhe lassen sollte. Aber beide erinnern sich, dass Striebels ihnen auch schon sehr geholfen haben. Dafür sind sie dem Ehepaar bis heute dankbar.

Warum sollen sie in dieser Notlage nicht füreinander da sein? Manchmal spendet bloße Anwesenheit schon Kraft, denken die Werners. So suchen sie Striebels auf und Rainer Werner bietet ihnen an: Das nächste Mal werde er ans Telefon gehen. Er weiß, was Sybille und Horst wollen: ihre Tochter, und dafür würden sie auch große Opfer bringen. So ist zwischen ihnen nicht viel zu bereden. Am Kopfnicken von Reinas Eltern erkennt er, dass sie ihm dankbar sind.

Sechs Minuten nach zwei Uhr hat Rainer Werner den Erpresser am Apparat. Er zögert nicht und erklärt ihm, dass die Eltern nicht mehr können und er für sie einspringt. Er versichert glaubwürdig, dass das Geld auf der Bank bereitgestellt sei. Nachdem der Täter Typ, Farbe und Kennzeichen des für die Fahrt zur Übergabe des Geldes vorgesehenen Autos abgefragt hat, stellt er seine Bedingungen: Am nächsten Tag um zehn Uhr soll sich Werner in Wittstock an der Dosse einfinden. Er soll die geforderten „ZWEI CB-FUNKGERÄTE" auf einen bestimmten Kanal einstellen und dann über Röbel und Waren nach Neubrandenburg fahren. Im Hotel „Vier Tore" wäre ein Zimmer auf den Namen von Reina bestellt. Dort solle er warten. Wieder versichert der Erpresser, dass es Reina gut gehe, aber er könne sie ja in der Öffentlichkeit nicht in die Telefonzelle schleppen. Man soll ihm doch vertrauen. Er werde in einer halben Stunde wieder anrufen.

Eine Banalität wächst sich nun plötzlich zur Schwierigkeit aus. Entweder hat der Täter seine Forderung geändert, oder man hatte ihn beim Anruf zuvor falsch verstanden. Mit einiger Mühe sind am Wochenende zwei Funktelefone beschafft worden. Nun will der Entführer auf einmal zwei Geräte für den CB-Funk. Oder will er nur testen, ob die Polizei mit im Spiel ist? Die Soko „Reina" könnte in kürzester Zeit das Beste beschaffen, was an CB-Funk-Technik auf dem Markt ist. Aber das ist zu riskant. Sie müssen auf dem Wege gekauft werden, wie es auch der Familie möglich wäre. Da sind Schnelligkeit und Pfiffigkeit gefragt.

Viel problematischer ist es für die Soko, dem Täter schon während seiner Aktivitäten auf die Spur zu kommen. Der Erpresser hat noch immer einen Zeitvorsprung. Den müssen die Beamten aufholen – auch für routinierte Polizisten kein leichtes Unterfangen. Denn die Übermittlung der Informationen zwischen der sächsischen Polizei und den Dienststellen in Mecklenburg dauern immer noch zu lange. Die operativen Kräfte in Mecklenburg erfahren nicht rechtzeitig, in welcher Telefonzelle der Entführer sein letztes Gespräch mit Sybille Striebel geführt hat. In Kriminalfilmen funktioniert so etwas fast immer, in der Realität sieht es anders aus. Es vergeht schlichtweg zu viel Zeit, ehe bekannt wird, dass der Täter aus dem kleinen mecklenburgischen Örtchen Wulkenzin angerufen hat. Er befand sich also zu jener Zeit an der Bundesstraße 192 in der Nähe von Neubrandenburg.

Das letzte Gespräch mit Rainer Werner hat sicher länger gedauert, als es dem Erpresser lieb war. Aber der musste seine Forderungen verständlich und eindeutig übermitteln. Da blieb ihm nichts weiter übrig, als Rückfragen von der Gegenseite zu akzeptieren. Er musste auch hinnehmen, dass sich sein Gesprächspartner Notizen machte, um nichts zu verwechseln.

Die richterlich angeordnete Telefonüberwachung des Apparates im Wohnhaus von Striebels in Neustadt funktioniert bei diesem letzten Kontakt technisch einwandfrei. Aber wieder dauert es zu lange, bis sich die Polizei sicher sein kann, woher der Anruf kam. Wieder aus einer Telefonzelle. Diesmal steht sie in Sietow, einem Dörfchen, in dem sich die Straßen nach Röbel, Waren und Malchow kreuzen. Das zeigt: Der Entführer ist sehr vorsichtig. Mit Sicherheit ist er mobil. Die Orte, die er anfährt, sind kaum kalkulierbar. Aber aus ihren kriminalistischen Erfahrungen heraus glauben die Fahnder, dass der Mann mit der tiefen Stimme tatsächlich allein handelt.

Später als angekündigt, erst um 17.44 Uhr, meldet sich der Erpresser. Nun präzisiert er die Modalitäten der geforderten Fahrt an die Müritz, lässt aber offen, wie und wo die Geldübergabe stattfinden soll. Rainer Werner soll schon um „HALB ZEHN AM HAGE-BAU-MARKT IN WITTSTOCK AN DER DOSSE" sein. Dort erhalte er über Funk eine Nachricht. Dann soll er um zehn Uhr weiterfahren und sich aller fünf Minuten selbst melden. Unterwegs werde er jemanden schicken, der von allem nichts wisse. Dem soll Werner das zweite CB-Funkgerät und das Geld geben. „SEINE TOCHTER HAB ICH AUCH." Wessen Tochter, fragt Rainer Werner irritiert nach. Ja, die Tochter des vom ihm geschickten Mannes habe er auch in seiner Gewalt, bestätigt der Erpresser.

Schon nach etwa einer Viertelstunde ruft der Täter wieder in Neustadt an. Diesmal unterbricht ihn Rainer Werner sofort und drängt den Entführer, irgendetwas über den Verbleib von Reina zu berichten oder mitzuteilen, woraus er schließen könne, dass sie lebt. Aber der Unbekannte vertröstet ihn auf den nächsten Tag: „IN KLINK, DA KOMMEN SIE MORGEN DURCH, DA IST EINE BAUSTELLE. DA KRIEGEN SIE DIE ANTWORT, DIE SIE WOLLEN."

Das Gespräch veranlasst den Führungsstab der Soko in Dresden zu neuen Überlegungen, wie der Entführer die Geldübergabe wohl organisiert hat und was für ein Mensch mit welchen Persönlichkeitseigenschaften er eigentlich ist. Ist es einem Einzeltäter überhaupt möglich, zwei Entführungsopfer unter Kontrolle zu halten? Kann man ihm glauben, dass er den Vater eines zweiten Entführungsopfers so kontrollieren und steuern kann, dass eine Geldübergabe auf diese Weise Erfolg verspricht? Ist die geforderte Geldsumme von fünftausend D-Mark nicht zu gering im Verhältnis zum Risiko, das er eingeht? Warum ist er so schnell kompromissbereit gewesen, die geforderte Summe zu halbieren? Ist es möglich, aus den Inhalten der anderen Anrufe Schlüsse zu ziehen auf Besonderheiten des Täters, die ihn von anderen unterscheiden und über die sich Ermittlungsansätze finden lassen? Fragen, die sich zwar jeder Kriminalist stellt, die in dem Fall aber bisher im Wesentlichen intuitiv und aus der Erfahrung der Kollegen beantwortet wurden.

In der Kriminalistik werden Antworten auf solche Fragen zunehmend auch auf der Basis eines neu ausgearbeiteten kriminalistischen Hilfsmittels gesucht. In den USA entwickelte und bewährte sich bereits das so genannte Profiling. In Deutschland ist man gerade dabei, die Methodik grundlegend zu überarbeiten und nennt sie ganz bewusst abweichend vom amerikanischen Begriff „operative Fallanalyse". Die Soko „Reina" möchte diese neue Arbeitsmethode nicht ungenutzt lassen. Deshalb treffen nach Anforderung am Dienstag, dem 29. Oktober, auf diese Fachrichtung spezialisierte Beamte des Bundeskriminalamtes und der Berliner Verhandlungsgruppe in Dresden ein. Sie besprechen im Team alle Einzelheiten des Falles, werten dabei nur gesicherte Informationen aus und legen die vorhandenen Aufzeichnungen der Anrufe zu Grunde. Das Ergebnis dieser Analyse sieht auf den ersten Blick recht mager aus. Die Spezialisten gehen von einem männlichen Täter im Alter zwischen fünfundzwanzig und vierzig Jahren aus, der sozialisiert und leicht überdurchschnittlich gebildet ist. Die Tat basiere wahrscheinlich nicht auf fundierten Planungen. Vieles spreche für spontane, wenig durchdachte Ideen. Zu weiteren Aussagen lässt sich das Team nicht hinreißen. Trotzdem ist der Leiter der Soko mit dem Ergebnis zufrieden. Er fühlt sich in seinen eigenen Überlegungen bestätigt und kann seine nächsten Entscheidungen auf dieser Aussage aufbauen.

An Bankautomaten hebt der Unbekannte mehrmals mit Reinas Geldkarte Bargeld ab. Dabei entsteht unter anderem dieses Foto.

Erst am Montagabend trifft eine Mitteilung der Finanzermittler ein: Von Reinas Konto wurde am Samstag, um 16.22 Uhr in der Sparkasse Neubrandenburg am Geldautomaten abgehoben. Eine zweite Abbuchung sei wahrscheinlich noch eher erfolgt. Bilder der Überwachungskameras wurden gesichert.

In der Nacht berichten die Mecklenburger Kriminalisten Erfreuliches: Die in der Stadtsparkasse Neubrandenburg am Geldautomaten bei Abbuchungen mit Reinas Geldkarte am 26. und 28. Oktober gefertigten Bilder der Überwachungskamera sind von guter Qualität. Sie zeigen offensichtlich den Täter, der teilweise vermummt ist. Ein weißer Schal oder ein helles Tuch bedeckt den Mund, ein Schlapphut aus Stoff ist tief in die Stirn gezogen, außerdem trägt er eine Brille. So bleibt sein Gesicht im Wesentlichen verborgen. Die Fotos werden in Schärfe und Kontrast noch optimiert und mit einschlägig bekannten Straftätern verglichen. Die Neubrandenburger Sparkasse in der Stargarder Straße liegt nur dreihundert Meter von dem Hotel entfernt, in dem für den Geldboten ein Zimmer reserviert ist. Das stützt die Vermutung, dass der unberechtigte Geldabheber und der Telefonerpresser ein und dieselbe Person ist.

Bereits am frühen Morgen des 29. Oktober ist die Atmosphäre in der Soko „Reina" angespannt und hoffnungsvoll zugleich. Über vier Tage zieht sich die Entführung nun schon hin. An diesem Dienstag will der Erpresser die geforderten fünftausend D-Mark in seinen Besitz bringen. Dazu muss er sich örtlich und zeitlich in die Nähe des Geldboten begeben. Das ist für ihn, der bisher über große Entfernungen hinweg agiert hat, ein hohes Risiko. Für die Polizei ist es dagegen die große Chance, den Täter zu Gesicht zu bekommen.

Aber die Polizei kennt noch immer nicht den Aufenthaltsort der entführten Studentin, um sie befreien zu können. Bei solchen Aktionen kommt es besonders auf das Können und das abgestimmte Handeln der operativen Kräfte, der Beobachter, der Verfolger und der Beamten an, die schließlich zugreifen sollen. Alle erwarten einen Erfolg. Aber übereiltes Handeln kann zum Abbruch der Aktion und zu einem hohen Risiko für das Entführungsopfer führen. Es gilt wie immer, in einer problematischen Situation schnell und richtig zu entscheiden.

Um vier Uhr morgens meldet sich Rainer Werner bei dem Abschnitt der Soko, der ausschließlich mit seiner Begleitung und Betreuung eingerichtet wurde. Wie vereinbart ist er soeben in Neustadt/Sachsen mit dem Auto der Familie Striebel in Richtung Norden gestartet. Nicht nur wegen des Geldes, das er im Auto versteckt hat, ist ihm unbehaglich. Horst Striebel hat die geforderten fünftausend D-Mark, von der Bank in Fünfziger-Scheinen gebündelt, sorgfältig und übersichtlich in die Kofferschalen eingelegt. Der Koffer soll Reina zurückbringen. Ein Koffer im Tausch gegen ein Leben.

Rainer Werner denkt weniger an die Gefahr, in die er sich als Geldbote selbst begibt. Natürlich ist ihm die Fahrt nicht gleichgültig, aber er will vorsichtig sein und weiß die Polizei unsichtbar an seiner Seite. Gegen sieben Uhr erreicht der Kurier über das Schönefelder Kreuz den Berliner Ring und meldet seinen Standort wiederum dem Führungsstab der Polizei. Er hat genug Zeit, kann im normalen Tempo weiterfahren und sogar eine Pause machen. Er fährt auf die Hamburger Autobahn und biegt am Dreieck Wittstock/Dosse in Richtung Rostock ab. Wenige hundert Meter hinter dieser Autobahnabfahrt Wittstock biegt er, wie vom Täter gefordert, um 9.25 Uhr auf den großen Parkplatz des „Hagebaumarktes" an der Pritzwalker Straße ein. Der großzügig im Gewerbegebiet angelegte Baumarkt ist bereits geöffnet. Es herrscht schon reger Kundenverkehr. Rainer Werner hält am Rand der Parkfläche, von wo aus er gute Sicht hat. Alles in seiner Umgebung zu beobachten und sich einzuprägen, ist ihm nicht möglich. Außerdem rechnet er fest damit, dass die Polizei hier irgendwo vor Ort ist.

Aber wo verbirgt sich der Täter? Ist es der Mann, der gerade Tapetenrollen in seinem Auto verstaut, oder der, der mit einem leeren Einkaufswagen aus dem Markt zurück zu seinem Auto kommt? Werner ist hoch konzentriert. Aber niemand versucht, mit ihm Kontakt aufzunehmen. Er kontrolliert noch einmal die CB-Funkgeräte, die die Polizei beschafft hatte. Die Akkus sind voll geladen, sie sind eingeschaltet, der geforderte Kanal ist eingestellt und sie arbeiten im Empfangsmodus. Aber es geschieht nichts. Auch als er sich selbst meldet, kommt keine Antwort. Ein Kontakt kommt nicht zustande. Mit der Polizei kann er sich nicht beraten, eine Abstimmung in dieser Situation wäre zu riskant. So entscheidet er sich, um zehn Uhr weiterzufahren – wie vom Erpresser gefordert.

Der Geldbote hält die geforderte Fahrtstrecke ein und meldet sich in kurzen Abständen über CB-Funk. Er bekommt keine Antwort. Er passiert Röbel. Keine Antwort. Er fährt durch die Baustelle in Klink und steht dort einige Minuten im Stau. Die unhandlichen CB-Funkgeräte bleiben stumm. Den schönen Blick von der Straße nach rechts auf die Müritz, der ihm von seinen Urlaubsfahrten bekannt ist, nimmt er diesmal nicht wahr. Um halb zwölf lässt er das Ortsausgangsschild von Waren hinter sich. Noch immer hat niemand versucht, mit ihm Kontakt aufzunehmen. Schließlich erreicht er Neubrandenburg und kommt um 12.15 Uhr im Zentrum der Stadt an dem gut ausgeschilderten Hotel „Vier Tore" an. Nichts deutet darauf hin, dass der Entführer oder ein anderer Kontaktmann in seiner Nähe ist. Nach einigem Zögern spricht er die Empfangsdame an der Rezeption an. Ja, auf den Namen Striebel ist ein Zimmer reserviert, erfährt er. Er füllt das Anmeldeformular aus und bekommt den Schlüssel für das Zimmer 236. Im Hotelzimmer angekommen, stellt er seine Reisetasche ab und den Koffer in den Schrank. Abgespannt von der Fahrt und ratlos wirft er seine Jacke auf das Bett. Was soll er unternehmen? Es bleibt ihm keine Wahl, er kann nur warten. Sein Blick verharrt auf der Schranktür, seine Gedanken sind bei dem Koffer. Wird der so mächtig sein, Reina den Eltern zurückzubringen? Wird er den Erpresser sehen, was wird der ihm sagen? Gar zu gern würde er ihm davon berichten, welche Ängste Reinas Familie durchlebt. Was wird wohl Reina alles zu erzählen haben? Ohne sie wird er das Geld nicht zurücklassen. Seine Gedanken drehen sich, um Reina und immer wieder um diesen unsäglichen Koffer.

Beinahe wäre er eingenickt, als das Zimmertelefon mit angenehm leiser Tonfolge klingelt. Rainer Werners Armbanduhr zeigt 13.49 Uhr. Er erkennt sofort die Stimme des Erpressers. Der wirft ihm vor, die Forderungen nicht einzuhalten. Werner versicherte ihm, alles, so wie verlangt, getan zu haben. Schnell fragt er noch, was nun mit Reina sei. Der Anrufer antwortet mit seiner tiefen Stimme in unverändert ruhiger Art: „DAS HAT SICH ERLEDIGT. ICH HÖRE AUF. ICH HABE NICHT DIE KRAFT, ALLES NOCH MAL AUFZUBAUEN.“ Rainer Werner beharrt auf seiner Frage. Was mit Reina sei, will er wissen. „DIE KRIEGEN SIE. SIE FAHREN NACH ALT-SCHWERIN ÜBER MALCHOW UND DANN RICHTUNG SPAROW. SIE WERDEN SEHEN ... ICH HABE DAFÜR EINFACH KEINE NERVEN MEHR.“ Dann legt der Anrufer auf.

War dies das Ende der Entführung, eine Täuschung oder nur eine Falle? Was erwartet ihn als Geldbote nun? Vom Zimmer aus gelingt es ihm, sich kurz bei der Soko zu melden und von der Situation zu berichten. Rainer Werner tut, was die Polizei ihm rät und was der Erpresser verlangt hat. Mit seinem Gepäck in beiden Armen verlässt er halb drei am Nachmittag das Hotel und fährt die vom Erpresser bezeichnete Route. Es regnet. Draußen sind es nur wenig über zehn Grad Lufttemperatur. Er friert im Auto und schaltet die Heizung ein. Es fällt ihm schwer, sich auf die unbekannte Fahrstrecke zu konzentrieren. Auf dem Beifahrersitz liegt sein Autoatlas, ohne den würde er sich hier nicht zurechtfinden. Er versucht, die Umgebung zu erfassen, achtet auf Fußgänger, geparkte Autos und Ungewöhnliches. Aber nichts fällt ihm auf. Bald passiert er Waren und fährt weiter in südwestliche Richtung. Als er auf der Bundesstraße 192 schon die blauen Schilder zur Autobahn sieht und die Inselstadt Malchow durchfahren hat, wählt er die schmale Landstraße nach Norden. Er ist froh, dass er den kleinen gelben Wegweiser „Sparow“ nicht übersehen hat. Er durchfährt den Ort, kommt durch ein Waldstück und muss nun unmittelbar vor der Autobahn sein. Nach wenigen hundert Metern sieht er zwei grün-weiße Funkstreifenwagen. Sie stehen links in einem Waldweg. Er ist kurz vor dem vom Erpresser genannten Zielort. Er hat sie schon passiert, da kommt es ihm in den Sinn: Haben die Polizeiautos etwas zu bedeuten? Rainer Werner wendet und hält an. Er will selbst erkunden, was da passiert ist.

Aber es ist alles abgesperrt. Von einem Uniformierten wird er konsequent zurückgewiesen. Rainer Werner soll seine Personalien nennen, sie werden sogar notiert. Nun fröstelt ihn noch mehr. Den böigen Wind halten hier im Wald auch die schwankenden Bäume kaum zurück. Weiter hinten auf dem Waldweg erkennt er noch mehr Polizeifahrzeuge. Und es treffen weitere ein. Schließlich fragt er einen Mann, der mit mehreren Fotoapparaten bepackt und durch seine legere Kleidung als Journalist erkennbar ist. Er wisse auch noch nichts Genaues, sagt er, habe aber gehört, dass da hinten eine Leiche gefunden worden sein soll. Jetzt wird es Rainer Werner regelrecht schlecht. Er muss sich ins Auto setzen.

Gegen fünf Uhr nachmittags fährt er zu einem nahegelegenen Parkplatz, sammelt sich und nimmt Verbindung zur Polizei auf. Er wird gebeten, noch einige Zeit auf einen Kontakt zu warten und dann ins Hotel nach Neubrandenburg zurückzufahren. Die Kriminalisten in Dresden bestätigen seine Vermutung: An diesem Waldweg findet sich möglicherweise die Antwort auf die letzte Frage, die Rainer Werner dem Erpresser gestellt hat.

Gegen 12.45 Uhr erreichte die Soko „Reina" in Dresden die Nachricht aus dem Norden vom Fund einer Leiche. Ein Pilzsucher hatte im Wald bei Sparow einen Körper gefunden, aber erst beim näheren Hinsehen erkannt, dass da eine Frau regungslos auf dem Bauch liegt. An ihrem Kopf war Blut zu erkennen. Der Finder rief den Notruf 112 an. Von der Rettungsleitstelle wurde ein Notarzt losgeschickt. Die Polizei beorderte über Funk einen Einsatzwagen an den Ort. Kriminalisten aus Neubrandenburg und Rechtsmediziner der Universität Greifswald treffen nach einer ersten Besichtigung am Fundort die vorsichtige Aussage, dass die Frau mindestens schon einen Tag, eher noch länger, dort liegt. Die Tote ist mit einer weinrot-schwarz karierten Hose und einem Pullover bekleidet. Sie hat schulterlange, gelockte Haare. Schnell kommt der Verdacht auf, dass es sich um die entführte Reina Striebel handeln könnte. Mit Hilfe einer Freundin aus Rostock wird dieser Verdacht am Abend des 29. Oktober 1996 zur traurigen Gewissheit. Die Kommilitonin ist bereit, die Tote in Greifswald anzusehen und bestätigt danach: Es handelt sich zweifelsfrei um ihre Freundin Reina.

Damit endet ein makabres Spiel. Alle, die gezwungenermaßen daran teilnehmen mussten, fühlen sich plötzlich unendlich leer. Hoffnungslosigkeit macht sich breit. Völlig übernächtigt, mit geröteten Augen vom beißenden Zigarettenrauch, nach dem Genuss von Litern bitteren Kaffees, herrscht nur Schweigen im Führungsstab der Soko. Rainer Werner wartet im Hotel in Neubrandenburg bis zum nächsten Morgen, ob sich der Täter vielleicht doch noch einmal meldet. Dann fährt er nach

Neustadt zurück. Allein. Den unheimlichen Koffer hat er neben ihm auf der Beifahrerseite immer wieder im Blick – ungenutzt. Zu gern hätte er ihn dagelassen und sogar dem Teufel überlassen – im Tausch gegen Reina.

Die Kriminalisten, die in den letzten Tagen den engsten Kontakt zu Reinas Eltern hatten, müssen ihnen nun die Nachricht vom Tod ihrer Tochter überbringen. Diese Aufgabe fällt ihnen besonders schwer. Sie können nicht verhindern, dass die Eltern danach intensive medizinische Hilfe brauchen. Das falsche Spiel des Täters und seine psychische Grausamkeit gegenüber den Angehörigen des Opfers machen alle Einsatzkräfte besonders betroffen. Sie müssen vorläufig eine bittere Bilanz ziehen. Trotz höchstem Einsatz ist es nicht gelungen, Reinas Leben zu retten und den Täter zu stellen.

Jeder fragt, warum der Erfolg ausgeblieben ist, trotz der vielen Anhaltspunkte für die Fahndung. Selbstkritisch wird der sehr komplexe Fall ausgewertet. Aber keinem sind konkrete Fehler vorzuwerfen. Den Entscheidungen im polizeilichen Handeln liegen nun einmal nur die Informationen zu Grunde, die zum konkreten Zeitpunkt der Entscheidung tatsächlich vorhanden waren und nicht mehr. So mancher Kritiker ist auch in diesem Fall hinterher klüger und vergisst das. Noch bevor der Täter mit der makabren Erpressung begann, war Reina bereits tot. Bei seinem Agieren danach hatte er eine gehörige Portion Glück.

Nachdem Reinas Leiche gefunden wurde, ist die Soko in Dresden quasi über Nacht in einer völlig neuen Situation. Nun gibt es den Tatort einer schweren Straftat in Mecklenburg. Dort, im Raum Neubrandenburg, agiert offenbar auch der Täter. Aus diesem Grunde entscheiden Polizeiführung und Staatsanwaltschaften, die weiteren Ermittlungen an die Neubrandenburger Polizei und Justiz abzugeben. Der sächsische Teil der Soko „Reina" bleibt zunächst noch bestehen, wird aber reduziert. Sämtliche in Dresden angelegten Akten werden kopiert. Die Originale müssen zu den nunmehr verantwortlichen Dienststellen nach Mecklenburg. Zur reibungslosen Übergabe fährt ein verantwortlicher Kriminalist der Soko nach Neubrandenburg. Neben mehreren Klappkisten voller Aktenordner hat er auch die Originale der Tonbandaufzeichnungen von den Täteranrufen im Gepäck. Die Bänder liefert er allerdings in einer Außenstelle des Landeskriminalamtes Brandenburg in Berlin ab. Dort sollen Experten für Stimmanalyse und Sprecheridentifizierung mit hochsensibler Audio- und Auswertetechnik ihr Bestes versuchen.

Nach Reinas Tod können die Ermittlungen nun viel offensiver geführt werden. Die Mecklenburger Kollegen lösen die öffentliche Fahndung nach einem unbekannten, männlichen Täter wegen Verdacht des Mordes, des erpresserischen Menschenraubes und anderer Straftaten aus. Sie hoffen auf Hinweise zum Täter aus der Bevölkerung. Im Dresdner Polizeipräsidium wird für den 30. Oktober 1996 eine Pressekonferenz vorbereitet. Sie soll um dreizehn Uhr zeitgleich mit einer Pressekonferenz in Neubrandenburg stattfinden. Zwei Dinge sollen bekannt gegeben werden. Zum Ersten kann jeder ab sofort eine Sondernummer in den Landeskriminalämtern Sachsen und Mecklenburg-Vorpommern anrufen. Dann wird ihm am Telefon ein Zusammenschnitt von Gesprächsteilen der erpresserischen Anrufe vorgespielt. Die Ermittler hoffen, dass jemand Besonderheiten der Wortwahl, der Sprechweise, des Klangs oder der Melodie der Stimme erkennen und sagen kann, wem sie gehört. Zum Zweiten werden den Medien die Bilder der Überwachungskameras an den Geldautomaten zur Verfügung gestellt.

In der Nacht vor der Pressekonferenz wird bekannt, dass der Unbekannte insgesamt fünfmal Geld von den beiden Konten von Reina Striebel gezogen und so über zweitausend D-Mark betrügerisch zusammenbekommen hat. Einige Versuche, Geld abzuheben, waren fehlgeschlagen, weil er zu hohe Summen abheben wollte. Bei seinem letzten Versuch, aus dem Automaten achthundert D-Mark zu ziehen, war die Geldkarte vom Bankautomaten eingezogen worden. Dies war auch seine letzte nachvollziehbare Aktion: am 29. Oktober, um 15.13 Uhr in Waren an der Müritz. Zuvor um 13.49 Uhr hatte der Unbekannte aus einem Münzfernsprecher in Neu Schloen noch einmal im Hotel „Vier Tore" in Neubrandenburg angerufen und nach Rainer Werner verlangt. Doch da war der Geldbote aus Sachsen gerade auf dem Weg nach Sparow.

Vor dem Treffen mit den Medien teilt der Experte für Stimmidentifizierung aus Berlin mit, dass bei allen Anrufen offenbar ein und dieselbe Person gesprochen hat. Sie könnte zwischen 25 und 40 Jahre alt sein. Der Mann stamme aus dem mecklenburgischen Sprachraum, spreche aber auch etwas Obersächsisch und halte sich sehr wahrscheinlich seit längerer Zeit im neuen Bundesgebiet auf.

Die Bilder der Überwachungskameras kommen per Bote zehn Minuten vor der Pressekonferenz gerade noch rechtzeitig an. Punkt dreizehn Uhr werden dem Polizeiführer noch die ersten Ergebnisse aus Greifswald von der Untersuchung der Leiche zugeflüstert. Als die Pressekonferenz beginnt, ist die Sektion noch im Gange. Mit der Staatsanwaltschaft ist abgestimmt, ohne weitere Details nur folgendes mitzuteilen: Die Studentin ist mit einem Messer getötet worden, wahrscheinlich schon am Freitag, dem Tag ihres Verschwindens. Kripo-Chef Bert Nötzker schildert das tragische Geschehen und zeigt ein Foto mit dem hübschen Gesicht von Reina

Striebel. Die Pressekonferenz zeigt enorme Wirkung: Die Zugriffe auf das Endlosband mit der Täterstimme sind so zahlreich, dass einige Anrufer stundenlang beim Wählen der gebührenfreien Sonderrufnummer des LKA nur das Besetztzeichen hören. Das Verbrechen ist nun in Sachsen und in Mecklenburg-Vorpommern in aller Munde. Aber brauchbare Hinweise kommen aus Sachsen nur wenige.

Den Neubrandenburger Kollegen ergeht es erst einmal ähnlich. Das ändert sich jedoch bald. Dort wurde die Leiche entdeckt, und am Fundort stoßen die Kriminaltechniker auf eine Vielzahl von Spuren: Blut, Haare, Fasern. Schon wenige Stunden nachdem Reina aufgefunden worden ist, bringen Boten verschiedene Gegenstände, wie Reinas Rucksack, zur kriminaltechnischen Untersuchung. Auch Reinas Isomatte und ihr Schlafsack sind dabei, der am Waldweg in der Nähe des Jabelsees einem Spaziergänger schon am Samstagvormittag aufgefallen war. Der Finder hatte sich aber erst später gemeldet.

Dem unbekannten Täter selbst ist es schließlich zu verdanken, dass die Ermittlungen entscheidend vorankommen, denn er machte bei seinem vorletzten Anruf im Hotel „Vier Tore" einen fatalen Fehler. Das Gespräch war zunächst im Hotel entgegengenommen und dann auf den Apparat von Rainer Werners Zimmer vermittelt worden. Als die Kriminalisten den aufgezeichneten Anruf zum ersten Mal anhören, staunen sie nicht schlecht. Denn der Anrufer spricht mit der Dame an der Rezeption mit einer völlig anderen, normalen Stimme. Die hat die deutlichen Sprachbesonderheiten des Mecklenburger Dialekts: „DEEN HEEERRN WEEERNEER HÄTTE ICH GEEERNE, VON DER FAMILIE STRIEBEL..." Erst beim Gespräch mit Rainer Werner verstellt er seine Stimme wieder und spricht auffallend tief und langsam, wie verzerrt. Ab 2. November ist auch die unverstellte Stimme von Reinas mutmaßlichem Mörder auf einer Sonderrufnummer bei der Polizei abrufbar.

Vier Tage später, am 6. November, wird Reina Striebel unter großer Anteilnahme der Bevölkerung in ihrer Heimatstadt Neustadt in Sachsen beigesetzt. Es ist bedrückend, dass ihr Mörder immer noch nicht gefunden ist.

Die Polizei in Pirna und Dresden ist in der folgenden Zeit in die Ermittlungen kaum einbezogen. Die Fahndung nach Reinas Mörder konzentriert sich auf Mecklenburg. Im Bereich der Telefonzellen, die er genutzt hat, werden die Anwohner befragt, auch von den Mitarbeitern der Banken, in denen er war, erhofft sich die Polizei Hinweise. Bei „Kripo live", dem Fahndungsmagazin des Mitteldeutschen Rundfunks, wird über den Fall zur besten Sendezeit am Sonntagabend informiert und dabei auch die Täterstimme vorgespielt. Danach kommen aus der

Bevölkerung zahlreiche Hinweise. Einer wird unter der Nummer 170 registriert und keinesfalls sofort als „Knaller" betrachtet. Doch prüfenswert erscheint den Beamten schon, was da eine Frau mitteilt, die anonym bleiben will. Sie benennt einen Mann, der ihrer Meinung nach so spricht und so aussieht wie der Täter. Vorsichtig holt die Polizei erste Erkundigungen zu dem Mann ein, der Holger V. heißt. Wenige Tage später erhält die Polizei vollkommen unabhängig vom ersten Hinweis einen zweiten Tipp auf denselben Mann. Ein Mecklenburger informiert, dass ihm beim Betrachten der Fahndungsfotos aus der Bank die langen und schmalen Finger aufgefallen seien. Solche Finger habe auch sein guter Bekannter Holger V.

Nun sammeln die Ermittler in Neubrandenburg alle Informationen zu Holger V. Dann tauchen Beamte bei dem nun zweifach Benannten auf und befragen ihn und andere Bürger in der Nachbarschaft unverfänglich, ob sie zu dem Fall Angaben machen könnten.

Der 29jährige bewohnt ein Bauernhaus in einem kleinen Dorf mit wenigen hundert Einwohnern nördlich von Waren und Malchow. Er ist verheiratet, hat aber keine Kinder und bezieht infolge einer schweren Erkrankung Erwerbsunfähigkeitsrente. Straftaten hat er bisher noch nicht begangen. Schon bei der ersten Begegnung mit Holger V. fällt den Neubrandenburger Kriminalisten auf, dass er dem Mann auf den Fahndungsbildern sehr ähnelt. Hinzu kommt, dass er durch seine früheren Wohnorte und Tätigkeiten ausgezeichnete Ortskenntnisse besitzt und auch jetzt noch in Röbel, Malchow und Neubrandenburg zu tun hat.

Seine ersten Angaben widersprechen allerdings teilweise dem, was die Kripo zu ihm ermittelt hatte. Holger V. wird schließlich am 28. November festgenommen. Unmittelbar danach durchsucht die Polizei seine Wohnung und die von ihm genutzten Fahrzeuge. Sie findet unter anderem in seinem PKW einen Parkschein, der in Neubrandenburg in der Stargarder Straße gelöst worden ist, zu einer Zeit, als von Reinas Konto Geld abgehoben wurde.

Holger V. weist in seiner ersten Vernehmung empört alle Vorwürfe von sich. Sein Wissen zum Opfer und zur Tat habe er aus dem „Nordkurier", der Regionalzeitung, und aus „Kripo live". Man könne ihn so lange vernehmen, wie man wolle, er sei kein Mörder. Selbst wenn er der Täter wäre, würde er diese Sache nie eingestehen, beteuert er. Doch sein Vernehmer ist davon wenig beeindruckt. Er beweist Geduld. Ruhig stellt er auch am folgenden Tag seine Fragen und protokolliert ausführlich alle Antworten. Nach einigen Stunden erklärt der Beschuldigte völlig überraschend, er wolle nunmehr etwas zu Protokoll geben. Sein Diktat wird auf

Tonband aufgenommen. Holger Voss beginnt es mit den Sätzen: „Ich bin der Gelderpresser und der Anrufer und der Geldabheber... Ich habe die Tasche zufällig in Jabel aufgefunden ..., den roten Rucksack, der dort lag..."

Aus Neugier habe er die Sachen durchsucht, sagt er. Das Bargeld hätte er eingesteckt und verbraucht, die Geldkarte mitgenommen und benutzt. Aus den im Rucksack gefundenen Papieren und Notizen habe er Namen und Telefonnummer der Besitzerin erfahren. Unmittelbar bevor er das erste Mal am Geldautomaten gewesen sei, habe er sich den Stoffhut und die Brille gekauft. Jeweils direkt vor den Automaten habe er sich den Kragen seines weißen Strickpullovers hochgeschlagen. Nicht wie in der Zeitung zu lesen war, einen Schal, da habe sich die Polizei geirrt, sagt er. Auf den später veröffentlichten Fahndungsfotos hat sich Holger V. sofort erkannt. Er brüstet sich: „Wie es so hieß, dass die keine heiße Spur haben und so, hab ich das in der Zeitung mitverfolgt, da kam fast so'n bisschen Stolz auf ... Ich habe das so gut hingekriegt ..." Später erklärt V. sein Motiv für die Tat in der ihm eigenen Denkweise, die jedes Mitgefühl mit den Erpressten vermissen lässt: „Ich habe angerufen, weil ich dachte, die Idee wäre gut, vielleicht da ein wenig Geld rauszuschlagen ..." Bei der Erpressung habe er auch an den Fall „Dagobert" gedacht. „(Dabei) habe ich mich köstlich amüsiert, wie es dem gelang, die Polizei an der Nase herumzuführen." Er habe das Auto des Geldboten nicht erkannt und sei unsicher geworden. Als ob es sich um ein Gesellschaftsspiel gehandelt hätte, will er den plötzlichen Abbruch seiner Erpressung glaubhaft machen: „... weil mir keine gute Geldübergabe eingefallen ist, das ist der eigentliche Grund, warum ich ausgestiegen bin."

Mit dem Tod von Reina Striebel will der geständige Erpresser aber keinesfalls etwas zu tun haben. Es dauert noch eine Weile, bis er dem Vernehmer erklärt, er habe damals Zugang zum Polizeifunk gehabt. Das ist die Variante, von der er sich letzte Hoffnung verspricht. Denn wie soll er seine Unschuld glaubhaft machen, wenn er nicht erklären kann, wodurch er von dem Fund der Leiche erfahren hat. Für den Vernehmer ist es eigentlich klar. V. muss sich in der Nähe befunden haben, als erste Polizeikräfte am Fundort der Leiche eintrafen. Nur der Täter konnte wissen, wem der Einsatz galt, kein Außenstehender konnte ahnen, wohin die Einsatzkräfte fuhren. Mit dem Abbruch der Erpressung und der Vorgabe des Weges für den Geldboten hatte sich der Anrufer als Mörder verraten. Aus dieser Schlinge wollte sich V. noch befreien.

Später erklärt er hartnäckig: „Und wenn sie mich noch drei Wochen verhören, ich werde bei der Aussage bleiben, dass ich kein Mörder bin." Nach vielen Fragen lässt er sich schließlich auf die Äußerung ein: „Ich habe die Geschädigte im Wald (leblos) gefunden, als mich ein menschliches Bedürfnis überkam ..." Doch der Mann, der so stolz auf seine Leistungen ist, muss damit rechnen, dass man ihm diese banale Geschichte nicht „abkauft". Nach einiger Zeit erkennt der Beschuldigte offensichtlich, dass er aus der Sache nicht mehr herauskommt. Wahrscheinlich begreift er auch, dass er unter der Last der Indizien nur verlieren kann. Die Zähigkeit des Vernehmers, seine Souveränität, tragen wohl maßgeblich dazu bei. V. hatte offenbar Vertrauen zu ihm gefasst. So bringt er sein zurechtgebasteltes Gebäude aus Teilwahrheiten, Lügen und Ausreden nach und nach selbst zum Einsturz. Er räumt schließlich ein: „Na gut ..., ich war Freitag in Rostock mit dem Auto und als ich Rostock-Süd runterfuhr, habe ich sie dort stehen sehen ... Sie wollte nach Sachsen, hat sie gesagt ... Als ich dann im Waldweg anhielt, weiß ich nicht, was ich gedacht habe ... Sie fing an, sich zu wehren ... Sie hat auch angefangen zu schreien ... und da habe ich ihr halt die Kehle durchgeschnitten."

Über einige Details will Holger V. bis zum Schluss nicht sprechen. So scheinen seine Angaben zum Motiv zwar zunächst glaubhaft. Er verweist auf seine Krankheit und sagt, er habe seine Ehefrau finanziell absichern wollen. Aber angesichts seiner Lösegeldforderung von gerade mal fünftausend D-Mark bleiben da auch berechtigte Zweifel. Ein Grund für die Ermordung der jungen Frau konnte das kaum sein. Auch einige andere Details behält Holger V. für sich. Zudem widerruft er sein Geständnis. Doch das hilft ihm nicht. Er hat in den Vernehmungen selbst über Tatsachen berichtet, die nur der Täter wissen konnte. Und er hatte sein Wissen so preisgegeben, wie es nur der schildern kann, der die Tat selbst erlebt hatte. Charakteristisch für Holger V. ist seine ergänzende Bemerkung: „Ich habe es geschafft, absolut normal weiterzuleben." Er bewunderte sich am Ende selbst. Vor Gericht wird später von seiner „grandiosen Verstellungskunst" gesprochen.

Nachdem sich V. vom Tatort entfernt hatte, fuhr der biedere Ehemann nach Hause, wechselte die Bekleidung und holte seine Frau von der Arbeit ab. Am Abend besuchte er mit ihr und Freunden eine Gaststätte und beteiligte sich dort an einem Dart-Turnier. Die fröhliche Runde dauerte bis in den frühen Morgen. An den folgenden Tagen half er Bekannten beim Bauen, ging einkaufen, fuhr seine Frau zu Terminen und stattete Verwandten und Bekannten Besuche ab. Teilweise genügten ihm wenige Minuten des Alleinseins, um unauffällig vom normalen Weg abzuweichen und die erpresserischen Anrufe oder Geldabhebungen zu tätigen. Im „Hagebaumarkt" besorgte er für seinen Vater eine Mikrowelle und erwartete fast „nebenbei" den Überbringer des Geldes. Tatsächlich schöpfte niemand in seinem Umfeld irgendeinen Verdacht, auch seine Frau nicht. Später unterhielt sich V.

mit Bekannten sogar offen darüber, dass er dem Täter ähnlich sähe und glaubte, dass er sich damit völlig unverdächtig verhalten habe. Doch auch in diesem Punkt hatte er sich überschätzt.

Die Hauptverhandlung gegen Holger V. beginnt im Mai 1997 und dauert mehrere Tage. Der Angeklagte schweigt zunächst hartnäckig. Erst im Verlaufe der Beweisaufnahme entscheidet er sich auszusagen, bestreitet aber den Mordvorwurf heftig. Das Gericht weist den Angeklagten darauf hin, dass er sich ständig in Widersprüche verwickele und wertet seine Aussagen als Schutzbehauptungen. Noch am Tag, als das Urteil verkündet werden soll, stellt sein Verteidiger überraschend weitere Beweisanträge. Doch sie sollen offensichtlich nicht helfen, die Tat aufzuklären, sondern nur den Verhandlungsverlauf verzögern. Die Richter lehnen diese Anträge ab. Die erste Strafkammer des Landgerichts Neubrandenburg ist von der Schuld des Angeklagten überzeugt. Die Richter verurteilen Holger V. wegen Mordes in Tateinheit mit Raub mit Todesfolge, versuchter Erpressung Geldkartenbetrug zu einer lebenslangen Freiheitsstrafe. Die Kammer stützt ihre Beweisführung unter anderem auf ein anthropologisches Gutachten. Das identifiziert den in der Bank fotografierten Mann, der mit Reinas EC-Karte Geld abhebt, eindeutig als Holger V. Zudem bestätigt ein Biologe übereinstimmende Merkmale von Haaren, die sowohl an der Leiche, als auch im Wohnzimmer des Angeklagten gesichert worden waren.

Reinas Eltern nehmen trotz des durchlebten Martyriums an der Verhandlung teil. Mit dem Urteil spüren sie eine große Entlastung.

Holger V. stirbt nach einigen Jahren Haft in Folge seiner schweren Krankheit.

Das Polizeipräsidium Dresden wird mit Ende des Jahres 2004 als polizeiliche Mittelbehörde im Freistaat Sachsen aufgelöst. Die beteiligten Kriminalisten versuchen nun in verschiedenen Dienststellen der Polizei des Landes, ihre bei diesem Einsatz gesammelten Erfahrungen einzubringen.

DER RÄUBER MIT DEM LANGEN ATEM

VON THOMAS SCHADE

Am ersten Donnerstag im September 1998 hängen die Wolken tief über dem Weißen Hirsch. In der Sparkasse des feinen Dresdner Viertels sind zwanzig Minuten vor 18 Uhr kaum noch Kunden. Keiner merkt, wie ein Mann die acht Stufen zum Schalterraum hinaufsteigt und sich eine graue Maske übers Gesicht zieht. Mit einer Pistole in der linken Hand sagt er am ersten Schalter leise: „Das ist ein Überfall." Ohne hektisch zu werden oder mit der Pistole zu fuchteln, fordert er an den beiden Kassen Geld. Die Kassiererinnen erschrecken heftig und packen widerspruchslos gebündelte Geldscheine in die braune Plastiktüte des Bankräubers.

Der ungepflegte Mann trägt einen mausgrauen Pullover und Turnschuhe. Er ist mit dem Kassengeld zufrieden, will nicht in den Tresor. Dafür hat er es eilig, verlangte nach den großen Scheinen. „Bitte schnell, bitte schnell", ruft er, verzichtet auf die Fünf-Mark-Scheine. Die Frauen an den Kassen riechen seine leichte Alkoholfahne. Nach etwa fünf Minuten verlässt er ohne Hast die Sparkasse, gerade noch rechtzeitig, ehe die ersten Streifenwagen der Polizei mit Blaulicht heranrasen. Denn gleich nachdem der Maskierte den Schalterraum betreten hatte, war es zwei Mitarbeiterinnen gelungen, unbemerkt den stillen Alarm auszulösen und die Videoüberwachung einzuschalten – genau um 17.43 Uhr.

Nach einer Viertelstunde ist Dresdens Polizeichef Eberhard Pilz persönlich am Tatort und leitet den ersten Angriff, wie es im Polizeideutsch heißt. In der Landeshauptstadt läuft gerade eine Wahlkampfveranstaltung der CDU. Innere Sicherheit ist eines ihrer wichtigsten Themen. Ausgerechnet zur selben Zeit räumt ein Bankräuber die Sparkasse des Nobelviertels aus. 57.000 D-Mark fehlen in der Filiale. Da ist es eine Frage des Prestiges, den Gangster so schnell wie möglich zu fassen. Zeugen sehen, wie der Räuber zu Fuß in der Dresdner Heide verschwindet. Der Polizeichef alarmiert alle verfügbaren Kräfte. Suchtrupps in Grün und in Zivil schwärmen aus und riegeln den Wald in Richtung Bühlau ab. Bald kreist der Polizeihubschrauber „Passat 3" über dem Tal, das sich Mordgrund nennt. Später kommt noch „Pirol 542" dazu. Die Besatzung dieses Helikopters vom Bundesgrenzschutz versucht, den Räuber mit einer Wärmebildkamera zu finden – erfolglos. Es sind zu viele Menschen in der Dresdner Heide unterwegs. Auch eine Jagdgesellschaft mit 30 Leuten.

Während die Hubschrauber in der Luft kreisen, versucht der Bankräuber abseits der Wege Abstand zum Tatort zu gewinnen. Doch bald sieht er, wie Polizeiwagen auf den breiteren Schotterwegen im Wald patrouillieren, auch Mannschaftswagen sind dabei. Direkt über ihm donnert der Rotor eines der beiden Helikopter. Hatten sie ihn schon entdeckt? Nicht auszudenken, wenn sie anfangen, den Wald zu durchkämmen, denkt der Mann, der von weitem wie ein Jogger aussieht, wären da nicht die prall gefüllten Plastikbeutel mit dem Geld. Vielleicht ist eine ganze Hundertschaft auf den Beinen, schwer bewaffnet. Und er? Ausgerüstet mit einer Schreckschusspistole, die nicht mal geladen ist.

Der Bankräuber mit dem schütteren Haar unter der Mütze sieht sich in höchster Bedrängnis, aber er hat mal gelernt, mit solchen Situationen umzugehen. Er nutzt Wassergräben, um seine Spur zu unterbrechen und beschließt, sich „unsichtbar" zu machen. In einer Senke unter einem dichten Brombeerstrauch liegt er schließlich regungslos auf dem Waldboden – direkt neben dem Sportplatz an der Milkeler Straße. Dort, in nur 200 Meter Entfernung, landen und starten die Hubschrauber der Polizei auf dem Fußballfeld. Keiner entdeckt den Bankräuber, der reglos unter Laub und allerlei Gestrüpp liegt und abwartet.

Mit der Dunkelheit zieht die Polizei ab. Der Bankräuber vergräbt die Beute und seine Klamotten gleich neben seinem Versteck im Waldboden. Nur noch mit einer kurzen Sporthose und Trägerhemd macht er sich in der Dunkelheit als Jogger auf den Weg quer durch die Heide zur Königsbrücker Landstraße. Dort steht sein Fluchtauto. Am nächsten Tag kehrt er zu seinem Versteck zurück und holt das Geld. Haarscharf war er der Polizei entkommen – wieder einmal.

Sieben Jahre später läuft der Mann wieder durch die Dresdner Heide. Es ist Anfang November 2005. Wieder hängen die Wolken tief über den alten Buchen. Der Boden ist glitschig. Aber der mittlerweile 56-jährigen Otto H.* läuft immer noch federnd leicht. Diesmal jagt ihn keiner. Ausdauer hat er reichlich und Zeit, über sein Leben nachzudenken.

Otto H. hat mittlerweile Kriminalgeschichte geschrieben. Stolz ist er darauf nicht. „Ich war am Verzweifeln", sagt er. Sechzehn Monate Dauerstress und all die Banküberfälle hätten ihn zehn Jahre älter gemacht. „Es war die schlimmste Zeit meines Lebens." Seit einigen Wochen ist er aus dem Bautzener Gefängnis entlassen – vor-

* *Name geändert*

zeitig, wegen guter Führung und weil der zuständige Psychiater glaubt, dass von Otto H. keinen Banküberfälle mehr zu erwarten sind.

Beim lockeren Trab durch die Heide lässt Otto H. die Seele baumeln. „Schritt für Schritt läuft da dein Leben vorüber", sagt er. 56 Jahre haben den Neubauernsohn aus einem kleinen Dorf am Rande des Havellandes arg gebeutelt. Als er sechs ist, lassen sich seine Eltern scheiden. Oma und Opa sorgen für den Jungen. Die Schule ist Ottos Ding nicht. Er drückt sich lieber in den Ställen und auf den Weiden der LPG herum. Schäfer will er werden, denn er ist gern bei den Tieren. „Frische Luft und Bewegung liebe ich", schwärmt er noch immer. In der Natur hält er sich am liebsten auf.

Doch 1968, im Jahr des Prager Frühlings, ruft erstmal die Pflicht. Die Nationale Volksarmee zieht ihn ein. Bald ist Otto H. schnellster Läufer im Regiment, gewinnt alle Strecken zwischen 800 und 10.000 Metern. Noch vor Ende des Grundwehrdienstes nimmt er die große Kelle, wie es damals heißt, und wird Berufssoldat. „Bei der NVA konnte ich mein Hobby zum Beruf machen", sagt er und meint den Sport. Beim Armeesportklub Potsdam sind die Trainer zwar der Ansicht, zum Weltrekord reiche sein Talent nicht. Dennoch nimmt er als ausgezeichneter Leichtathlet und einer der besten Kalaschnikow-Schützen der Armee 1974 mit der NVA-Auswahl an den Militär-Meisterschaften des Warschauer Vertrages in Kuba teil und schafft einen Platz unter den zwanzig Besten. Er hat das Zeug zu einem Elitekämpfer, aber kämpfen ist nicht seine Sache. „Ich bin zwar ein zäher Hund, aber ein knallharter Typ bin ich deshalb noch lange nicht", sagt Otto H..

Mit 30 Jahren holt er das Abitur nach, absolviert ein Fernstudium und wird als Diplomsportlehrer ohne militärische Zusatzausbildung zum Offizier ernannt. Die NVA schickt Otto H. an die Offiziershochschule der Kampfflieger ins sächsische Kamenz. Schon aus dieser Zeit kennt er die Dresdner Heide wie seine Westentasche. Sie wird sein Abenteuerspielplatz. Tagelang durchstreift Otto H. mit seinen Offiziersschülern den Wald und unterweist sie im Überlebenstraining. Nach dem Banküberfall im September 1998 auf dem Weißen Hirsch hätten deshalb auch hundert Polizisten mit Hubschraubern gegen ihn kaum eine Chance gehabt.

Privat läuft es weniger gut im Leben des Otto H. Seine erste Ehe hält nicht lange, trotz zweier Kinder. Seine zweite Frau ist eine sehr verständnisvolle Lehrerin. Sie geht mit ihm durch dick und dünn. Nach 25 Armeejahren will sich Otto H. eigentlich zur Ruhe setzen, auf einem bereits gepachteten Grundstück in der Nähe von Bischofswerda. Ein Häuschen will er da bauen – für sich, seine Frau und die beiden Töchter. Gemütlich will er von seiner Rente leben, Tiere züchten und Gartenbau betreiben.

Doch 1990 kommt alles anders. Nach 23 Jahren NVA leistet sich der Überlebensstratege einen großen Fehltritt. Statt die restlichen zwei Jahre bis zum Pensionsanspruch in der Bundeswehr abzudienen, kündigt er. „Erst war es der Klassenfeind, und dann sollte ich als NVA-Offizier in der Bundeswehr als Unteroffizier weitermachen. Das wollte ich nicht", sagt er. Stolz hatte ihn blind werden lassen für das, was vernünftig schien. Heute weiß er: „Es war mein größter Fehler." Eine Zeit lang kommt er als Bademeister in Bischofswerda unter, aber auch da schmeißt er hin. Er will mehr im Leben, jetzt wo es angeblich überall aufwärts geht. Als Bauträger macht sich Otto H. selbstständig und errichtet mit seiner zweiten Frau das lang ersehnte Eigenheim. Anfangs läuft das Geschäft. Er verkauft für mehrere Firmen Häuser, arbeitet mit einer Bausparkasse zusammen und bietet seinen Kunden auch eine Finanzierung an. Ein festes Gehalt bezieht er dabei nicht. Alles läuft auf Provisionsbasis. Kommt der Umsatz, dann verdient auch er gut.

Jungunternehmer Otto H. besitzt zwar eine Menge handwerkliche Fertigkeiten, aber ihm fehlt jede kaufmännische Erfahrung. So muss sich der Sportpädagoge Partner suchen. Doch seine Teilhaber aus dem Westen ziehen ihn gründlich über den Tisch und verschwinden eines Tages mit seinem Kundenstamm, den er mühevoll aufgebaut hat. Nacheinander gehen Otto H.s geschäftliche Verbindungen in die Brüche. Häuslebauer warten auf die vereinbarten Leistungen. Aber Otto H. kann die Handwerksfirmen nicht mehr bezahlen. Zuerst versucht er es mit billigeren Handwerkern aus Polen und Tschechien. Schließlich werkelt er sogar selbst auf den Baustellen herum. Dennoch tappt der Selfmade-Unternehmer Schritt für Schritt in die Schuldenfalle. Anfang 1997 kann er Verbindlichkeiten von rund einer halben Million Mark nicht mehr bedienen. Er stopft nur noch Löcher und reißt zugleich andere auf.

Der Überlebenskünstler versucht sich als Glücksspieler, um an schnelles Geld zu kommen. Es soll ihm helfen, aus dem Schuldenstrudel herauszukommen. Er liest Bücher und studiert das Roulette. Er will sein Glück nicht dem Zufall überlassen, macht mit einem kleinen Roulettespiel zu Hause Trockenübungen und entwickelt ein Spielsystem. Er ist sicher, dass er damit gewinnen kann. An sein System glaubt Otto H. bis heute, Geld hat es ihm nie gebracht. Im April 1997 meldet er sein Gewerbe ab. Vergeblich bemüht er sich, im Baugeschäft eines ehemaligen Regimentsgenossen neu Fuß zu fassen. So steht Otto H. ausgerechnet an seinem 49. Geburtstag, Anfang Januar 1998, vor der Frage: „Soll ich den Offenbarungseid leisten und als Versager dastehen oder mir das Geld dort holen, wo es liegt?" An der Schwelle zum 50. Lebensjahr entscheidet er sich für den kriminellen Weg.

In der ersten Januarwoche des Jahres 1998 beobachtet er fast jeden Tag heimlich die Sparkasse von Neukirch in der Oberlausitz. Die nächsten Polizeidienststellen sind in Bischofswerda und Bautzen. Zehn Minuten Vorsprung würden ihm auf jeden Fall bleiben, bis die ersten Streifenwagen eintreffen, so rechnet er. Das reicht ihm zur Flucht. Otto H. sucht seine alte rote Wollmütze, die eigentlich in die Lumpen müsste, schneidet Nasen- und Augenschlitze ein. Plastikbeutel, Taschenlampe, Taschenmesser und eine Kompassuhr komplettieren seine Bankräuberausrüstung. Auch eine Schreckschusspistole gehört dazu – ungeladen, versteht sich. Denn abdrücken, das kommt für Otto H. schon aus moralischen Gründen unter keinen Umständen in Frage. Schließlich ist er „kein gewöhnlicher Krimineller", so glaubt Otto H. Deshalb lädt er die Pistole gar nicht erst auf.

Doch nüchtern reicht seine kriminelle Energie nicht aus für einen Bankraub. Der erste Versuch scheitert kläglich. In Bischofswerda stellt er seinen roten Ford Escort zunächst wie geplant auf einem Apothekenparkplatz ab und läuft die zehn Kilometer bis Neukirch im Jogginganzug zu Fuß. In einem Wald versteckt er Kleider zum Wechseln. Doch vor der Sparkasse bringt er es nicht fertig, seine rote Wollmütze übers Gesicht zu ziehen. „Ich war plötzlich wie gelähmt", sagt Otto H. später. Er geht am Eingang zur Sparkasse vorbei, dreht noch eine Runde, um sich zu sammeln. Aber auch der zweite Anlauf, kriminell zu werden, scheitert. „Ich brachte es nicht fertig, mir fehlte der Mut."

Reichlich frustriert trabt Otto H. zurück zu seinem Auto, redet zu Hause von Kopfschmerzen und verschwindet in seiner Werkstatt. Seine Frau und die Töchter sollen nichts merken von seinem Gemütszustand. Nach einigen Flaschen Bier und zwei oder drei Gläsern Kognak verfliegt seine Depression, und er merkt plötzlich: In diesem Zustand wärst du nicht an der Sparkasse vorbeigelaufen. Ein paar Dosen Bier und eine kleine Flasche Korn gehören fortan zu seiner Bankräuberausrüstung und werden seine ständigen Mutmachern.

Ein paar Tage später, am 14. Januar 1998, senkt Otto H. erstmals auf diese Weise seine moralische Hemmschwelle zum Verbrechen. Im dritten Anlauf überfällt er erstmals eine Sparkasse. Seine alte rote Wollmütze mit den Schlitzen für Nase und Augen über das Gesicht gezogen, betritt er gegen 9.45 Uhr die Filiale in Neukirch auf der Hauptstraße 137. An beiden Schaltern steht Kundschaft. Unerfahren wie er ist, stellt sich Otto H. maskiert hinten an. Die Kunden staunen ungläubig. Dann zieht der Bankräuber seine Pistole und richtet die Waffe auf die Kassiererin hinter der Panzerglasscheibe. Höflich habe der Räuber im türkisblauen Jogginganzug um das Geld gebeten und sich mit „Danke schön, auf Wiedersehen" verabschiedet, sagt eine Angestellte später der Polizei. Otto H. verlässt die Bank mit 96.510 D-Mark. So viel wird er nie wieder erbeuten.

Zu Fuß flüchtet der trainierte Langstreckenläufer auf seiner geplanten Route querfeldein den Neukircher Berg hinauf in den Wald. Über die alten Steinbrüche von Demitz-Thumitz macht er sich auf den Weg zurück zu seinem Auto, immer in Angst, dass ihn der Bundesgrenzschutz-Hubschrauber entdeckt, der schon nach einer Viertelstunde zur Fahndung nach dem Bankräuber von Neukirch angefordert wird. Im Bischofswerdaer Stadtwald wechselt Otto H. sein Räuberzivil und vergräbt die ganze Ausrüstung im Waldboden. Eigentlich will er sie nie mehr nutzen. Zu sehr hatte er die Strapazen der fast vierstündigen Flucht zu Fuß unterschätzt.

Im schwarzen Mantel fast wie ein Geschäftsmann, kehrt der Bankräuber als Otto Normalbürger nach Bischofswerda zurück, leistet sich erstmal eine Ledertasche für hundert D-Mark. Im Hotel „Goldener Engel" speist er ausgiebig zu Mittag und packt in der Toilette seine Beute um. Dann fährt er am Nachmittag mit dem Zug nach Dresden. In der Dresdner Spielbank im Hotel Bellevue will Otto H. am Roulettetisch das Ergebnis seiner kriminellen Geldbeschaffungsaktion weiter aufbessern. Den ganzen Abend setzt er auf Zero, so wie es sein System verlangt. Aber Zero gewinnt nicht, und der Bankräuber verzockt an diesem Abend fast 20.000 D-Mark, ein Fünftel seiner Beute. Geld, das er eigentlich dringend zur Tilgung seiner Schulden braucht. Weit nach Mitternacht im Taxi auf dem Heimweg hat Otto H. kein gutes Gefühl. Dass er einen solchen Tag mal erleben würde, hätte er nicht gedacht.

Am nächsten Morgen sitzt die Familie beim Frühstück zusammen. Die kleine Tochter erzählt aufgeregt von dem Banküberfall in Neukirch und dass sie den Gangster sogar mit einem Hubschrauber gejagt haben. Otto H. spielt den staunenden Vati und bedauert, dass er gerade gestern geschäftlich unterwegs war. Seiner Frau macht sich schon seit längerer Zeit Sorgen über die Geschäfte ihres Mannes. Sie ahnt seine Geldsorgen, will ihn aber nicht auch noch damit nerven. Otto H. will seine Frau mit den Schulden nicht belasten. So bleibt vieles unausgesprochen zwischen ihnen. Und der 49-jährige Familienvater ahnt selbst nicht, dass er am Vortag eine unglaubliche Serie von Überfällen begonnen hat, die ihresgleichen sucht und erst am 29. April 1999 in Weißwasser enden wird.

Der Rest seiner Beute aus Neukirch versickert schon in den folgenden Tagen. Für einen Hausbau muss Otto H. Rechnungen begleichen und Löhne auszahlen. Schon nach zwei Wochen steht er da, wie vor dem Bankraub: ohne Geld, aber mit neuen Rechnungen, die er nicht bezahlen kann. So beschließt er, noch einmal zuzuschlagen. Um nicht aufzufallen, sucht er sich ein Dorf aus, in dem er zwar geboren wurde, aber wo er schon seit vielen Jahren nicht mehr war – Wusterwitz. Keiner würde ihn kennen, aber er kennt die Gegend genau.

Am 28. Januar 1998 macht sich Otto H. früh auf den Weg ins Nachbarland Brandenburg. Auf einem Autohof an der Autobahn 2 unweit von Ziesar parkt er seinen Pkw. Fast 30 Kilometer sind es von hier noch bis Wusterwitz. Die legt er mit seinem alten grauen Fahrrad zurück, das er zu diesem Zweck mitgenommen hat.

In der Walther-Rathenau-Straße 3 in Wusterwitz vermutet ein Fremder nicht sofort eine Filiale der Mittelbrandenburgischen Sparkasse. Seit vier Wochen fehlt sogar das Schild an der Eingangstür. Wieder nimmt Otto H. ein paar Züge aus der Schnapsflasche, zieht seine alte rote Wollmütze mit den Schlitzen tief ins Gesicht und betritt im Jogginganzug den Schalterraum. Es ist fast auf die Minute zehn Uhr. Mit vorgehaltener Pistole verlangt er Geld. Doch Kassiererin Hannelore Kühl* sagt, sie habe kein Geld im Tresor. Otto H. ist irritiert. Er wiederholt seine Forderung und will mit ihr zum Tresor gehen. Da deutet die Kassiererin auf eine Schublade ihres Schreibtisches. Eilig greift Otto H. nach den Scheinen, packt sie in seine Plastiktüte, verlässt die Sparkasse und flüchtet auf seinem Fahrrad. Ein Monteur, der gerade die Geldautomaten wartet, folgt ihm in seinem Dienstauto. Otto H. muss sein Tempo beschleunigen, wählt Nebenstraßen und trampelt auf seinem Fahrrad schließlich durch den Wald. Dort kann ihm der Monteur nicht mehr folgen.

„Gerade noch mal geschafft", denkt der 49-Jährige. Was er nicht bemerkt hat: Hannelore Kühl war es gelungen, den stillen Alarm auszulösen. Um 10.01 Uhr kommt das Signal in der Alarmzentrale der Firma Siemens in Berlin an. Die ruft sofort die zuständige Polizeihauptwache in Brandenburg an. Dort telefoniert der diensthabende Polizeiführer mit der Sparkasse Wusterwitz und erhält die Bestätigung: Kennwort „Herz". Das bedeutet Banküberfall. Alle Funkstreifenwagen, die gerade unterwegs sind, werden nach Wusterwitz beordert. 10.07 Uhr sind laut Einsatzbericht die ersten Kräfte vor Ort. Hauptkommissar Heiko Kurz* fordert zusätzlich einen Hubschrauber an und einen Spürhund. Der Helikopter kann wegen des schlechten Wetters nicht fliegen. Aber ein Spürhund nimmt schon bald Otto H.s Spur auf. In kürzester Zeit sind die Verfolger in dem kleinen Wald, durch den

* *Name geändert*

auch der Oder-Havel-Kanal fließt. Doch im Wald versagt der Polizeifunk. Hauptkommissar Kurz kann seine Leute nur schwer koordinieren. Er glaubt wohl, der Bankräuber ist in Richtung Westen geflohen und schickt seine Leute in den Wald rund um den Gollwitzer Berg. Aus dem nahen Ort Kade meldet sich ein Jäger. Der hat den flüchtigen Bankräuber auf dem Rad gesehen. Der Einsatzführer beordert den Spürhund nach Kade. Doch das Tier ist schon zehn Kilometer gelaufen und erschöpft. Erst viereinhalb Stunden nach dem Überfall treffen zwei frische Hunde im Fahndungsgebiet ein. Inzwischen kreist auch ein Hubschrauber über dem Wald. Aber die Polizei findet im Wald nur noch das Fahrrad des Bankräubers. Es ist am nächsten Tag in allen regionalen Zeitungen zu sehen. Die Polizei sucht nach Zeugen, die das alte DDR-Rad kennen.

Die Kripo in Genthin, die den Banküberfall aufklären soll, glaubt, dass jemand aus der nahen Umgebung die Sparkasse ausgeraubt hat. Wer sollte schon von weit her mit dem Rad anreisen? In den folgenden Tagen verdächtigt die Polizei eine ganze Reihe einschlägig bekannter Straftäter aus der Region, sogar Hausdurchsuchungen finden statt. Doch keiner der Verdächtigen ist es gewesen. Die brandenburgische Polizei weiß nicht, dass sie dem Bankräuber kurz nach dem Überfall im Wald westlich von Wusterwitz dicht auf den Fersen war. Aber Otto H. hatte sich dann unbemerkt in Richtung Süden abgesetzt und ist die mehr als zwanzig Kilometer zu Fuß zu seinem Pkw an der Autobahn gelaufen.

Drei Wochen später schaut ein aufmerksamer Kriminalhauptmeister des Potsdamer Polizeipräsidiums die MDR-Fahndungssendung „Kripo live" an. Moderatorin Birgit von Derschau sucht Zeugen, die den Mann kennen, der am 14. Januar die Sparkasse Neukirch ausgeraubt hat und dabei von den Überwachungskameras gefilmt wurde. Als die Bilder ausgestrahlt werden, fällt dem Potsdamer Polizisten sofort die rote Mütze auf. „Das ist doch derselbe, der in Wusterwitz war", denkt er sich. Bald besteht Kontakt zwischen den ermittelnden Behörden in Bautzen und Genthin. Wegen des taktischen Geschicks, das der Bankräuber bei seinen Fluchten zeigt, vermuten die Kriminalisten schon im Frühjahr 1998, dass ein ehemaliger NVA-Soldat der Bankräuber sein könnte. In Wusterwitz war zu DDR-Zeiten eine kleine Nachrichtenkompanie stationiert, deren Soldaten vorwiegend aus Sachsen kamen. Gibt es da einen Zusammenhang, fragen sich die Ermittler. Ein halbes Jahr lang versuchen sie, ehemalige Wusterwitzer Nachrichtensoldaten ausfindig zu machen. Doch keiner von denen, die sie finden, hat mit den Überfällen etwas zu tun. Und Otto H. hatte zwar in Wusterwitz das Licht der Welt erblickt und war 23 Jahre bei der NVA gewesen, aber als Soldat war er nie in seinem Geburtsort.

Von der umfangreichen Fahndung nach ihm erfährt Otto H. erst viel später. Als der gescheiterte und von seinen Gläubigern geplagte Kleinunternehmer mit seiner roten Pudelmütze das erste Mal in „Kripo live" zu sehen ist, hat er bereits die dritte Sparkasse ausgeraubt. In Wusterwitz waren nur etwa 12.000 D-Mark in seiner Plastiktüte gelandet. Die Schulden und das Glücksspiel verschlingen das Geld innerhalb weniger Tage. Deshalb schlägt er schon 15 Tage später wieder zu – diesmal in der Sparkassenfiliale im brandenburgischen Alt-Ruppin. Als Otto H. am 12. Februar 1998 eine halbe Stunde vor Kassenschluss die Bank betritt, ist ausgerechnet der Innenrevisor anwesend. Eindringlich redet der ältere Herr auf den Bankräuber ein, von dem Überfall abzulassen. „Der hätte mich fast bekehrt", sagt Otto H. später. Eine Kassiererin packt ihm schließlich 20.475 D-Mark in den Beutel. „Tut mir Leid, es ist nicht viel", sagt die Frau zu ihm. „Es tut mir auch leid", entgegnet der maskierte Mann mit der Pistole. Zum Innenrevisor sagte er nur: „Ich hab sowieso nichts mehr zu verlieren."

Auch dem Bearbeiter des Überfalls in Alt-Ruppin wird erst „Kripo-live"-Moderatorin Derschau ein halbes Jahr später zum Aha-Erlebnis verhelfen. Zum wiederholten Mal informiert sie in der letzten Augustwoche über den Serienbankräuber. Unter dem Namen „Rotkäppchen" geistert der Unbekannte mit der roten Mütze inzwischen wie ein Phantom durch Polizeidienststellen in allen ostdeutschen Bundesländern.

In der Nacht nach dem Überfall in Alt-Ruppin und am nächsten Tag legt Otto H. auf der Flucht zu seinem Auto sogar siebzig Kilometer zu Fuß zurück. Seine Beute ist wieder nicht der große Wurf, der all seine Probleme löst. Deshalb beschließt er auf dem langen Marsch, solange weiterzumachen, bis all seine Schulden abgezahlt sind. Banküberfälle werden für Otto H. zur „normalen" Geldbeschaffungsmaßnahme. Etwa aller zwei Wochen zieht er los. Mal sind die Abstände kürzer, länger sind sie kaum. Denn mittlerweile will der Gerichtsvollzieher H.s Eigenheim pfänden. Er überschreibt es seiner Frau. Sie zahlt fortan die Raten, vertraut aber ihrem Mann nicht mehr. „Sie dachte, ich hab eine andere, weil ich nachts so oft weg war." Doch Otto H. hat ganz andere Probleme: Zu den Fehlkalkulationen auf seinen Baustellen kommen Spielschulden hinzu. „Ich war in einem Teufelskreis, aus dem ich nicht mehr rauskam", sagt er später.

Mitte August 1998 hat Otto H. fast ein Dutzend Banken überfallen. Am 4. August will er in Tharandt die Filiale der Sparkasse Weißeritzkreis überfallen, ohne vorher zu trinken. Sein Auto lässt er in Klingenberg stehen und läuft quer durch den Tharandter Wald. Doch er kann ohne Schnaps nicht. Von den letzten acht D-Mark, die er in der Tasche hat, kauft er sich bei einem vietnamesischen Händler eine kleine Flasche Korn, nimmt ein paar Schlucke aus der Pulle, streift seine Maske übers Gesicht und zieht die Sache durch. Doch auch diesmal reicht seine Beute von 7.000 D-Mark nicht lange.

Am 20. August 1998 freuen sich die Angestellten der Müritz-Sparkasse Waren im Ortsteil Papenberg auf den Feierabend, als kurz vor 18 Uhr noch ein Kunde kommt. In Turnschuhen, fleckiger Trainingshose und gestreiftem T-Shirt betritt der Mann die Bank. Er riecht leicht nach Alkohol. Auch sonst macht er einen ungepflegten Eindruck. Mitten im Sommer hat er eine Wollmütze über Nase und Mund gezogen. Sehen kann er nur durch zwei Schlitze. Unsicher reicht der Fremde eine Plastiktüte durch den Spalt im Panzerglas, zeigt der 58-jährigen Kassiererin eine Pistole und sagt: „Packen Sie alles Geld in diesen Beutel!"

Es sei kein Geld in dieser Kasse, erwidert die erschrockene Frau. Instinktiv drückt sie den Alarmknopf unterm Schaltertisch. Gut hörbar schaltet sich dabei auch die Überwachungskamera ein. „Ich dachte, er rastet aus, als er die Alarmierung bemerkte, aber er blieb ganz ruhig und ging ohne Eile", sagt später ein Zeuge zur Polizei. Der Bankräuber sagt nur: „Sie sollten keinen Alarm auslösen, sondern mir das Geld geben!" Dann greift er selbst in die zweite Kasse. Er trägt keine Handschuhe. Ohne es zu merken ergreift er mit den Geldscheinen auch ein so genanntes Explosionsbündel, das angeblich später Farbe verspritzt. Ohne Hast verlässt der Räuber die Müritz-Sparkasse. Vor allem die feuerwehrrote, verwaschene Mütze bleibt der Kassiererin in Erinnerung. In ihrer Kasse fehlen nur 400 D-Mark.

Draußen auf der Straße beobachtet Torsten Wunderlich*, wie der Fremde aus der Bank kommt und die rote Mütze abstreift. Der Zeuge ahnt nichts Gutes. Deshalb verfolgt er den Mann in seinem Auto und sieht, wie er sich einen Wanderhut mit Krempe aufsetzt. Bis zum Feißneckblick, einer kleinen Eigenheimsiedlung, folgt er dem Bankräuber im Abstand von 30 Metern. Dann muss er passen. Quer über den Acker flieht der Fremde zu Fuß in Richtung Waupaksee.

Die Polizei leitet eine Ringfahndung ein, sperrt Brücken, kontrolliert Straßen. Die Blaulichter treiben den Flüchtigen in einen Wald am Stadtrand. Dort läuft er wieder mal einem Jäger über den Weg. Der ruft die Polizei. Bald tummeln sich jede Menge Beamte am kleinen Waupacksee östlich von Waren. Otto H. kann sich nur durch einen Sprung ins Wasser retten. Im See zieht er fast alles aus, packt vorsichtig Kleidung und Pistole in die Plastiktüte mit der Beute und bleibt regungslos im morastigen Uferschilf liegen – nur einen Steinwurf neben den Polizeiwagen. Jedes Wort, das die Beamten über Funk wechseln, kann er hören. Der Fährtenhund, den

* *Name geändert*

sie anfordern, kann den Räuber im Wasser nicht aufstöbern und kommt unverrichteter Dinge ans Ufer zurück. Die Polizisten selbst haben keine Lust, im flachen Wasser zu suchen. Nach drei Stunden ziehen sie ab. In Turnhose und Strümpfen steigt Otto H. nach mehreren Stunden im Schutze der Dunkelheit aus dem kleinen See. Nur mit den nassen Socken an den Füßen läuft er in dieser Nacht 50 Kilometer bis Neustrelitz – ohne Klamotten und ohne Beute. Dort steht sein Auto. Auf dem Auspuff hat er den Schlüssel versteckt – seinen letzten. Einen hatte er zuvor im Tharandter Wald verloren.

Zu dieser Zeit treffen Kriminalisten aus Cottbus, Potsdam und Bautzen zusammen, um sich gegenseitig über elf Banküberfälle zu informieren, bei denen insgesamt 250.000 Mark erbeutet wurden und die vermutlich alle von einem Einzeltäter verübt wurden. Immer kommt der Räuber zu Fuß, immer sucht er kleine Sparkassen auf, immer ist er höflich, fast ängstlich, nimmt widerspruchslos hin, was Bankangestellte ihm sagen. Ein reisender Serientäter ohne festen Wohnsitz treibt da sein Unwesen, vermuten die Ermittler. Möglicherweise ist es einer mit militärischer Ausbildung, denn Zeugen beeindruckt sein geübter Umgang mit der Pistole. Was Beamten nicht ahnen können: Schon eine Woche später verschwindet die typische rote Strickmütze der Bankräubers im Schlamm des Waupacksees bei Waren und taucht bei keinem Überfall mehr auf.

Doch die Ermittler glauben inzwischen, einiges über den Unbekannten zu wissen. Nach einem Überfall der Sparkasse in Ortrand am 28. April war der mutmaßliche Täter dem Zeugen Willy Huhn* praktisch in die Arme gelaufen, der am Ortsausgang seine Schafe fütterte. Der Unbekannte hatte Huhn erzählt, dass er selbst Schäfer sei, arbeitslos war und jetzt bei einem Wachdienst in Dresden tätig sei. Er konnte die Rasse von Huhns Schafen genau bestimmen und erklärte sein plötzliches Auftauchen damit, dass er dienstfrei habe und gern in der Natur wandere. Er sagte, er wolle ins „Zeisholz", dass eigentlich nur Einheimische kennen. Früher war dort mal ein kleiner Stützpunkt der Sowjetarmee. Dann ging der Mann aber genau in entgegengesetzter Richtung davon. Das kam dem Zeugen seltsam vor. Als er von dem Überfall hörte, meldete er sich bei der Polizei. Mit Huhns Hilfe wurde auch das erste Phantombild von „Rotkäppchen" gefertigt.

Nach Huhns Hinweisen und den zahlreichen Zeugenaussagen von Angestellten und Kunden der Sparkassen sucht die Polizei in den Bundesländern Sachsen, Brandenburg und Mecklenburg-Vorpommern nach einem sportlich durchtrainierten Typ zwischen 35 und 45 Jahren, der vielleicht Schäfer ist oder beruflich mit Landwirtschaft zu tun hat, der wegen seines Körpergeruches vermutlich ohne

* *Name geändert*

festen Wohnsitz ist und sich vorwiegend im Freien aufhält. Der Unbekannte war möglicherweise Soldat, besitzt militärische Kenntnisse im Umgang mit Waffen, tritt ausgesprochen höflich auf, lässt sich nicht aus der Ruhe bringen. Die Ermittler beschließen, sich gegenseitig auf dem Laufenden zu halten. Nach dem Treffen sucht die Polizei getrennt in allen drei Ländern nach Rotkäppchen.

Otto H. erfährt natürlich nichts von diesem Treffen und dass er jetzt bei der Polizei den Namen Rotkäppchen hat. „Klingt ja eher harmlos", sagt er später.

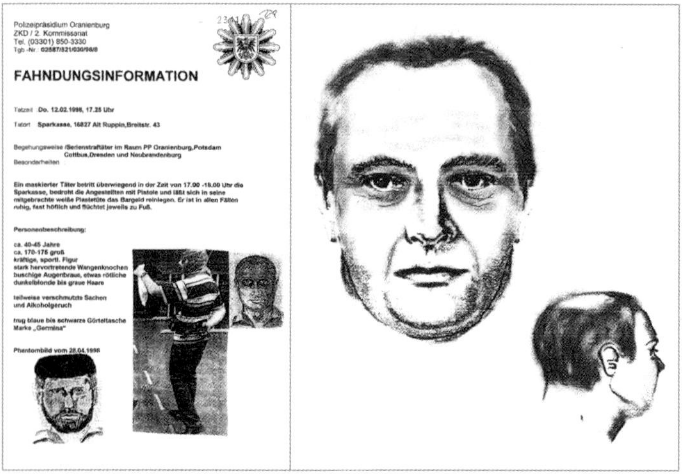
Polizeipräsidium Oranienburg
ZKD / 2. Kommissariat
Tel. (03301) 850-3330
Tgb.-Nr.: 02587/521/030/98/8

FAHNDUNGSINFORMATION

Tatzeit: Do. 12.02.1998, 17.25 Uhr

Tatort: Sparkasse, 16827 Alt Ruppin,Breitstr. 43

Begehungsweise /Serienstraftäter im Raum PP Oranienburg,Potsdam
Cottbus,Dresden und Neubrandenburg
Besonderheiten:

Ein maskierter Täter betritt überwiegend in der Zeit von 17.00 -18.00 Uhr die Sparkasse, bedroht die Angestellten mit Pistole und läßt sich in seine mitgebrachte weiße Plastetüte das Bargeld reinlegen. Er ist in allen Fällen ruhig, fast höflich und flüchtet jeweils zu Fuß.

Personenbeschreibung:

ca. 40-45 Jahre
ca. 170-175 groß
kräftige, sportl. Figur
stark hervortretende Wangenknochen
buschige Augenbraue, etwas rötliche
dunkelblonde bis graue Haare

teilweise verschmutzte Sachen
und Alkoholgeruch

trug blaue bis schwarze Gürteltasche
Marke „Germina"

Phantombild vom 28.04.1998

Mit diesen Phantombildern sucht die Polizei außerhalb von Sachsen nach dem Bankräuber, der den Namen Rotkäppchen bekommen hat.

1998 überfällt Otto H. weiterhin eine Bank nach der anderen. Wenn er glaubt, dass die Polizei ihm in einer Gegend zu dicht auf den Fersen ist, wechselt er sein Operationsgebiet. Auf Handschuhe verzichtet er bei seinen Straftaten. In den Sparkassen lässt er sich von den Überwachungskameras filmen und narrt dennoch immer wieder die Polizei. So nimmt er sich die Sparkassenfiliale in Königsbrück vor. Sie liegt direkt neben dem örtlichen Polizeiposten. Doch die Beamten kommen zu spät. Ende Januar 1999 durchschwimmt er bei eisigen Temperaturen nach einem Überfall in Jerichow, auf der Flucht nach Genthin, zwei Arme des Elbe-Havel-Kanals und foppt so die Polizei, die alle Brücken besetzt hat.

Fast schon absurde Szenen spielen sich am 2. März 1999 in der Sparkasse Wehrsdorf bei Sohland im Lausitzer Oberland ab. Schon auf dem Weg dorthin verliert Otto H. seine Pistole und muss fünf Kilometer zurücklaufen, ehe er sie findet. In der Bank merkt er, dass er keine Plastiktüte für die Beute dabei hat und bittet das Personal um ein Behältnis. Eine Angestellte gibt ihm den Abfalleimer. Der Bankräuber verlangt einen Karton und füllt den Abfall um. Mit dem Mülleimer vor dem Bauch und 47.000 D-Mark darin flüchtet er auf der Hauptstraße mitten durchs Dorf und lässt vor lauter Aufregung seine Pistole in der Bank liegen.

Zwei Tage vor Weihnachten, am 22. Dezember 1998, überfällt Otto H. die Filiale der Dresdner Bank im thüringischen Eisenberg. Zehn Minuten vor Schalterschluss liegen nur zwei 5-Mark-Scheine in der Kasse. Sie sind Rotkäppchens einzige Beute. Eine Woche später, am 29. Dezember 1998, nach dem Überfall auf die Sparkasse in Möckern (Sachsen-Anhalt), reißt dem Bankräuber mitten auf der Straße ein Henkel seiner Plastiktüte. Die erbeuteten Scheine und seine Pistole fallen aufs Pflaster. Hastig sammelt er alles wieder ein und setzt seine Flucht zu Fuß fort. Nach Mitternacht, Otto H. hat zu Fuß sein Auto im zwanzig Kilometer entfernten Burg schon fast erreicht, kommt ihm ein Streifenwagen der Polizei entgegen. Aber die Beamten haben wohl keine Lust, ihn zu kontrollieren, sondern verfolgen lieber ein Auto mit defektem Auspuff.

Zwei Tage nach seinem 50. Geburtstag schlägt Rotkäppchen im sächsischen Lauta zu und erbeutet ohne Probleme mehr als 23.000 D-Mark. Nur auf der Flucht zu Fuß verirrt er sich, läuft im Kreis um den Tatort herum und steigt schließlich in ein Taxi, um zu seinem Auto nach Bernsdorf zu kommen. Der Taxifahrer erzählt seinem Fahrgast von dem Überfall. Otto H. bezahlt den Mann mit einem 50-Mark-Schein aus der Beute.

Mehrfach fährt Otto H. in Verkehrskontrollen der Polizei, wenn er gerade auf dem Weg zu einem neuen Überfall ist oder wenn er nach seiner Flucht zu Fuß wieder im Auto auf dem Heimweg ist. Mehrmals wird er geblitzt, weil er zu schnell unterwegs ist. Als Zeuge eines Verkehrsunfalls hinterlässt er am Unfallort sogar seine Visitenkarte. Aber keiner der Polizisten schöpft Verdacht im Gespräch mit dem höflichen, eher zurückhaltenden, immer ordentlich gekleideten Autofahrer.

Ende März 1999 hat Otto H. nicht weniger als 27 Banken überfallen. Über das erbeutete Geld führt er kein Buch. Seit über einem Jahr zerrinnt es ihm jedes Mal innerhalb weniger Tage zwischen den Fingern. Seine prekäre finanzielle Lage bessert sich nicht. Und angesichts der zahlreichen Missgeschicke fragt es sich schon, wie lange er dieses Leben als Bankräuber noch durchhalten kann. Seit Monaten lebt er im Dauerstress. Bauschulden, Spielschulden, die Angst, erwischt zu werden und die zunehmende Erklärungsnot gegenüber seiner Familie, die von Otto H.s Doppelleben keine Ahnung hat. Nur seine tiefen Augenhöhlen fallen auf und dass er nach seinen seltsamen Geschäftsreisen ständig übermüdet ist.

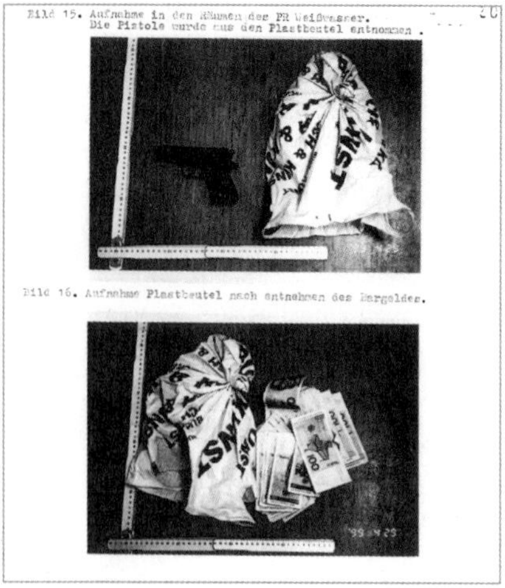

Mit diesem Plastikbeutel voller Geld wurde Rotkäppchen in Weißwasser unmittelbar nach einem Überfall gestellt.

Dennoch entschließt sich der nunmehr 50-Jährige, am 29. April wieder zuzuschlagen. Bereits vor einer Woche hatte er die Sparkassenfiliale am Sachsendamm in Weißwasser ausgekundschaftet. Er fährt mit dem Auto nach Spremberg, stellt es gegen Mittag auf dem Parkplatz eines Lidl-Marktes ab und macht sich zu Fuß auf den Weg in die Glasmacherstadt. Zehn Minuten vor Geschäftsschluss betritt er, wie immer maskiert, die Filiale, findet aber nicht gleich die Kassen. Zeugen berichten später, dass der Bankräuber fast schüchtern fragte: „Entschuldigen Sie bitte, wo ist hier die Kasse?" Liane Jung*, die Frau am Schalter, sagt ihm, dass er genau davorstehe. „Ich möchte bitte das Geld haben", erklärt der Bankräuber daraufhin. Erst jetzt bemerkt die 21-jährige Kassiererin die Pistole in der Hand des Mannes. Sie packt ihm 11.700 D-Mark in den Plastikbeutel. Das Hartgeld lehnt der Bankräuber dankend ab. Es ist ihm zu schwer. Er schreitet auch nicht ein, als das Telefon klingelt. Die Angestellten dürfen den Hörer abnehmen und sprechen. Der Bankräuber bittet nur darum, den Alarm nicht auszulösen. Doch das hat Azubi Nicole Heine* schon längst gemacht, als sie das Geld für den Bankräuber aus dem so genannten automatischen Kassentresor zieht. Dann darf die Auszubildende sogar den Raum verlassen. Unbemerkt gelingt es ihr, den Kundeneingang der Sparkasse abzuschließen. Dabei sieht sie, dass schon Streifenwagen vor der Sparkasse ankommen.

In Weißwasser ist die Polizei erstmals schneller als Otto H. Bereits vier Minuten, nachdem er die Bank betreten hat, ist ein Funkstreifenwagen vom Revier Weißwasser am Sachsendamm unterwegs. Weil der Haupteingang schon verschlossen ist, muss der Bankräuber durch den Hintereingang flüchten. Draußen angekommen

* Name geändert

sieht er auf drei Seiten hohe Mauern, über die er nicht flüchten kann. Und in der einzigen Fluchrichtung steht bereits ein uniformierter Polizist. Der Bankräuber läuft dem Polizeimeister direkt in die Arme. Er versucht ein letztes Ausweichmanöver, merkt aber, dass er keine Chance hat wegzukommen. Dann wirft er den Beutel mit dem Geld und die Pistole von sich, streift die Maske vom Kopf und fällt mit erhobenen Händen auf die Knie. Es gehört zur Ironie dieser Geschichte, dass der Polizeimeister, der ihn stellt, ein Namensvetter ist. Die Beamten der Weißwasseraner Polizisten schauen ungläubig, als Otto H. ihnen sagt, was für einen großen Fang sie gemacht hätten und dass er in fast allen neuen Bundesländern gesucht werde.

„Ich war froh, dass es vorbei war", sagt Otto H. später über sein Ende als Bankräuber. Noch am Abend des 29. April wird der 50-Jährige zur Kripo nach Görlitz gebracht und sofort als Beschuldigter vernommen. Ehe ihm der Kriminalhauptkommissar die erste Frage zu dem Vorfall in Weißwasser stellen kann, sagt Otto H., dass er seit etwa einem Jahr mehr als 20 Banken überfallen hat. Genau weiß er es in diesem ersten Moment selbst nicht. Die ganze Nacht hindurch schildert Otto H. den verblüfften Beamten einen Überfall nach dem anderen, versucht sein Motiv zu rechtfertigen und ist bei Nummer elf, als gegen 5.50 Uhr der nächste Morgen dämmert. Nach einer Stunde Pause berichtet er, wie es zu dem Überfall in Weißwasser gekommen ist. Dann will der Kommissar aufhören, aber nach einem Frühstück bittet Otto H., weiterzumachen. Bis Mittag erleichtert er weiter sein Gewissen und berichtet von Banküberfällen, von denen die Görlitzer Polizei noch gar nichts weiß. Im Laufe der nächsten Tage und Wochen treffen Ermittlungsakten ungeklärter Banküberfälle aus allen neuen Ländern in Görlitz ein. In mehr als einem Dutzend Vernehmungen macht der gescheiterte Existenzgründer reinen Tisch. Die Ermittler staunen, wie schusselig und geschickt gleichermaßen und mit welchem läuferischen Aufwand Sachsens meistgesuchter Bankräuber seine Überfälle durchgezogen hat.

Rund 650.000 D-Mark hatte Otto H. im Alleingang mit einer ungeladenen Schreckschusspistole erbeutet. Dass davon kein Pfennig mehr übrig sein soll, dass glauben die Ermittler dem 50-Jährigen nicht. Sie wollen seine Buchhaltung überprüfen, doch die gibt es faktisch nicht. Otto H. hatte zwar versucht, seine Schulden zu bezahlen, aber die eingehenden Rechnungen einfach weggeschmissen. Das Spielbanken-Personal bestätigt, dass der 50-Jährige teilweise beträchtliche Summen verloren hat, aber nie exzessiv gezockt hatte.

Nach einigen Wochen in der Untersuchungshaft glaubt Otto H., seine körperliche Fitness noch einmal nutzen zu können. Spektakulär versucht er über eine drei

Meter hohe Bauwand des Görlitzer Gefängnisses zu flüchten, verfängt sich aber im Stacheldraht. Mit zahlreichen Schnittverletzungen wird er von den Justizbediensteten geborgen.

Im Februar 2000 sitzt Rotkäppchen vier Tage lang vor dem Landgericht Görlitz auf der Anklagebank. Der Vorsitzende Richter Peter Krattinger, ein erfahrener Jurist, glaubt dem Angeklagten Otto H., dass er nur deshalb begonnen hatte, Banken zu überfallen, „um seiner Geldnot zu entkommen". Dennoch hebt das Gericht die besonders hohe kriminelle Energie des Täters hervor, würdigt aber auch dessen ungewöhnliche Art, gewaltlos und höflich zum Ziel zu kommen. Das Gericht findet auch keine Anhaltspunkte dafür, dass der Angeklagte von seiner Beute in Höhe von über einer halben Million D-Mark noch etwas besitzt. Im Gericht entschuldigt sich Otto H. bei den Sparkassenmitarbeitern für den Ärger, den er ihnen bereitet habe – glaubwürdig wie das Gericht meint. Es verurteilt den ungewöhnlichen Bankräuber zu elf Jahren Haft.

Nach seiner Haftentlassung hält sich Otto H. fit, noch immer läuft er mit Begeisterung durch die Natur.

Nach reichlich der Hälfte seiner Haftzeit wird Otto H. aus dem Bautzener Gefängnis entlassen. Psychologen können die Richter überzeugen, dass von ihm keine Straftaten mehr zu erwarten sind. „Draußen ist es auch nicht einfach", sagt Otto H. Schulden drücken ihn immer noch. Seit Monaten sucht er Arbeit. Mal ist es ein Job als Staplerfahrer. Er scheitert, weil „nach Feierabend nur geraucht und gesoffen" wurde. Auch im Innenausbau versucht er sich, vergebens. So joggt der nunmehr 59-Jährige noch immer, um fit zu bleiben. Ab und zu schaut er beim Brücke e.V. vorbei – einem Verein, der Häftlingen zur Seite steht, nachdem sie ihre Strafe verbüßt haben. Von Überfällen habe er genug, sagt Otto H. und fügt augenzwinkernd hinzu: „Dabei war es manchmal so leicht, aber ich will ja nicht zum Trinker werden."

FLUCHT BIS ANS ENDE DER WELT

VON CHRISTIAN KREBS

Auf dem Tisch von Kriminalisten, die Tötungsdelikte bearbeiten, liegen gewöhnlich mehrere Fälle. Sehr oft sind es leider zu viele. Deshalb fehlt ihnen im Arbeitsalltag gewöhnlich die Zeit, um sich mit allen Seiten der einzelnen Fälle gründlicher zu beschäftigen, auch mit denen, die abseits der reinen Beweisführung liegen. Wie zum Selbstschutz verdrängen sie Gefühle und Gedanken an schreckliche Erlebnisse, Grausamkeiten oder die psychischen Qualen der Opfer. Meist wird ihnen erst in Ruhephasen oder bei der Rückbesinnung das Außergewöhnliche eines Falles bewusst. Oft erst verspätet werden auf diese Weise extrem Nerven raubende, bewegende oder sogar traumatische Erlebnisse verarbeitet. Mit anderen darüber zu reden oder zu philosophieren hilft diesen nach außen oft hart wirkenden, gestandenen Frauen und Männern, psychische Belastungen abzubauen.

Am Stammtisch, beim Bierchen, geht das recht locker. Da sind es aber eher die netten kleinen Anekdoten, amüsanten Peinlichkeiten oder schon etwas angestaubten Geschichten, die von den Kollegen zum x-ten Male zum Besten gegeben werden und doch immer wieder für Heiterkeit sorgen. Mitunter erst bei besinnlichen Gesprächen im kleinen Kreis kommt es zu den seltenen Momenten, in denen auch Außenstehende Interessantes und Internes aus dem Kriminalistenleben erfahren können. Oberflächlichen Zuhörern erscheinen solche Geschichten vielleicht langweilig, wenn sich die Plauderei auf ein Verbrechen bezieht, das innerhalb kürzester Zeit geklärt wurde und sich bald alles nur noch darum zu drehen scheint, den bereits bekannten Täter zu fangen. Wären die Zuhörer Literaten, Dramaturgen oder Filmemacher, so könnte man meinen, sie fänden heutzutage einen solchen Stoff für eine künstlerische Verarbeitung völlig ungeeignet. Dennoch lassen auch solche Fälle beim genaueren Hinsehen trotz ihrer Einfachheit Tragik, eine enorme Dynamik und außergewöhnliche Eigenschaften der handelnden Personen erkennen. Während solcher Ermittlungen spielen sich auch bei den mutmaßlichen Tätern mitunter menschliche Tragödien ab. Dann kommt es vor, dass der Kriminalist zwar von der Verwerflichkeit dieser Straftat überzeugt ist und für die kriminellen Motive des Täters absolut kein Verständnis hat. Dessen Handeln in großer Verzweiflung und völliger Ratlosigkeit kann er dennoch manchmal in gewisser Weise nachvollziehen – so wie in der folgenden Geschichte.

Holm Schreiber*, der junge, agile und fast schon „mit allen Wassern gewaschene" Mitarbeiter der Firma MT Gesellschaft für Investment & Consult m. b. H.* sucht an diesem dritten Dienstag im September 1999 schon mehrere Stunden lang seinen Chef. Schreiber ist selbst in wichtigen Fragen sozusagen der verlängerte Arm des erst 31-jährigen Geschäftsführers Martin T. Er genießt dessen Vertrauen und vertritt ihn teilweise sogar gegenüber Baufirmen, mit denen die Gesellschaft Geschäfte macht. Am Vormittag war er auf mehreren Baustellen im Dresdner Umland unterwegs, um mit Firmen den Baufortschritt zu besprechen, Fragen zum Materialeinsatz zu klären oder die Einhaltung der Baupläne zu kontrollieren. Auch einige prekäre finanzielle Absprachen musste er treffen. Für den Nachmittag haben sich Geschäftspartner aus Berlin angekündigt. Sie sollen am Firmensitz in der Malerstraße in Weinböhla empfangen werden. Die Berliner hatten Bereitschaft signalisiert, an die MT GmbH einen sehr lukrativen Auftrag vergeben zu wollen. In dieser Woche sollen eigentlich die Weichen gestellt und für die Firma bedeutsame Entscheidungen getroffen werden. Umso dringender benötigt Schreiber an diesem Tag einige Entscheidungen seines Chefs. Viele Dinge sind nun mal ohne ihn schlichtweg unmöglich. Doch der Geschäftsführer ist wie vom Erdboden verschluckt.

Schreiber weiß, dass Martin T. am Sonntagabend nach einem Besuch seiner Freundin, die am Starnberger See wohnt, nach Dresden zurückgekommen war. Die hatte ihm auf Nachfrage bestätigt, dass er bei guter Laune abgereist war und erst wieder für das folgende Wochenende mit ihr verabredet ist. Später habe sie auch noch mit ihrem Freund telefoniert. Nun kann selbst sie ihn nicht mehr telefonisch erreichen. Die Sekretärin der Firma hatte dem Chef am Montag wichtige Unterlagen auf den Schreibtisch gelegt und am Vormittag noch mit ihm persönlich gesprochen. Dann war er zu mehreren Terminen davongeeilt. Er habe wie immer gewirkt: geschäftig, konzentriert, voller Energie. Die Sekretärin hatte nichts Auffälliges an ihm bemerkt. Am Montag, um 12.52 Uhr, so war es auch auf der Anzeige des Telefonapparates zu lesen, hatte Martin T. nochmal im Büro angerufen und nur kurz darum gebeten, seinem Geschäftspartner Andreas Holler* auszurichten, dass er den Termin um dreizehn Uhr in Dresden nicht einhalten kann, weil er am nördlichen Stadtrand zwischen Auer und Moritzburg im Stau stecke. Die Sekretärin hatte das prompt erledigt und die Nachricht auf Hollers Anrufbeantworter gesprochen, da der auch nicht ans Telefon gegangen war. Der Anruf war bisher das letzte Lebenszeichen des Martin T.

* *Name geändert*

Holm Schreiber ist ratlos. Noch am Montag hatte er bis spät abends alle möglichen Nachforschungen angestellt – ohne Erfolg. Auch von Martin T.s Geschäftspartner Andreas Holler ist nichts zu erfahren, er ist selbst nicht erreichbar. Weil Schreiber jedoch unbedingt noch Informationen von ihm benötigt, entschließt er sich, Holler persönlich aufzusuchen.

Erst seit kurzem hat Holler in einem Wohnviertel am Morseweg in Dresden-Trachau ein Büro angemietet. Schreiber ist erleichtert, denn der nagelneue, silberfarbene Audi TT seines Chefs steht dort ordentlich geparkt in der Reihe anderer Autos am Straßenrand. Persönliche Dinge liegen auf dem Beifahrersitz, so als käme der Besitzer des Wagens gleich wieder zurück. Als Schreiber an Hollers Büro mehrmals klingelt, öffnet niemand. Das beunruhigt den jungen Mann. Er geht um das Haus herum und schaut durch die Fenster des Büros im Erdgeschoss. Die Fensterscheiben reflektieren das Licht, so dass er zunächst innen nichts erkennen kann. Doch dann erschrickt er heftig. Denn er sieht nicht Andreas Holler, sondern unzweifelhaft seinen Chef. Der liegt auf dem Boden, etwas seitlich mit dem Rücken zum Fenster. Schreiber ruft und pocht an die Scheibe, aber es passiert nichts. Sein Chef bleibt regungslos. Trotz der Spiegelungen im Glas und des spärlichen Lichts, das durch die Jalousie in den Raum fällt, erkennt er, dass Martin T. in einer Blutlache liegt. Das Hemd im Nacken erscheint blutig verklebt. Aus der Entfernung sieht er am Hals etwas Zerfetztes, Rundes, Rötliches. Dann realisiert er: Da klafft das Loch einer Wunde. Das kann nur bedeuten: Sein Chef ist offenbar erschossen worden.

Die Reaktionen beim Anblick eines toten Menschen, der einem nahesteht, sind meist unvorhersehbar, immer individuell und von vielen Umständen beeinflusst. Sofern man solche Augenblicke nicht schon mehrmals erlebt hat, sind sie immer schockierend und schrecklich. Keiner kann wirklich voraussehen, wie er eine solche außerordentlich hohe psychische Belastung bewältigen wird. Auch Schreiber ist aufs Äußerste betroffen. Seine Erregung ist ihm anzumerken. Er tätigt mehrere Anrufe, um Hilfe und die Polizei zu rufen und er tut das, was er gewohnt ist. Er organisiert – selbst unter diesen ungewöhnlichen Umständen geradezu wie besessen.

Die Dresdner Kriminalpolizei bekommt das umgehend zu spüren. Für sie ist Holm Schreiber der so genannte Erstzeuge und zunächst die wichtigste Auskunftsperson. Allerdings müssen die Kriminalisten, die ihn zur Dienststelle gebeten haben, bei seiner ersten Vernehmung viel Geduld aufbringen. Denn Schreiber redet in einem fort. Er berichtet von den verschiedenen Bauobjekten und Planungen, von Gesellschaftsverträgen, Schlussrechnungen, Zahlungsterminen, Geschäftsbeziehungen, von steuerlichen Fragen, Hypotheken, Konten, von den Angestellten der Firma, von seinen eigenen Arbeitsaufgaben und von vielem mehr. Die ganze Vielfalt seiner Gedanken erscheint ihm mitteilenswert, so dass es den Kriminalisten unmöglich ist, sofort irgendwelche Zusammenhänge zu erkennen. Detailliert protokollieren können sie Schreibers Redeschwall auch nicht. Hinzu kommt, dass das Handy des Zeugen fast ununterbrochen klingelt. Er blättert in seinem Taschenkalender, sagt Termine ab, vertröstet diesen und jenen, vereinbart neue Treffen und macht sich Notizen. Dann ist er nicht mehr zu halten, bittet um Abbruch der Vernehmung und Fortsetzung am Folgetag. Man kann es ihm nicht verwehren, schließlich geht es nach dem Tod seines Chefs auch um die Existenz der Firma, es geht um die Beschäftigten, es geht tatsächlich auch um Millionen.

In dieser heißen Phase der ersten Ermittlungen fällt es den Kriminalisten der Mordkommission nicht leicht, die undurchschaubare Situation zu bewerten. Wie soll sie das ungewöhnliche Verhalten Holm Schreibers beurteilen? Ist er nicht etwas zu hektisch, kommuniziert er nicht zu schnell und zu wortreich? Ist er vielleicht doch nur etwas durcheinander? Wieso ist Schreiber angesichts der schlechten Lichtverhältnisse in Hollers Büro so sicher gewesen, dass sein Chef erschossen wurde? Und spricht er nicht auffällig oft davon, dass er nunmehr die Verantwortung für die Firma trage? Ist in dieser Beziehung eventuell sogar an ein Motiv für Schreiber zu denken?

Diese hypothetischen Gedankenspiele der Kriminalisten sind genauso normal wie Schreibers Ahnung, dass er im Visier der Ermittler sein könnte. Das macht ihn natürlich nicht ruhiger und könnte sein Verhalten erklären. In dieser heißen Phase der Ermittlungen sind die Ermittler gezwungen, Prioritäten zu setzen und erst einmal eine sichere Basis für weitere Untersuchungen zu schaffen. In der Beratung der Mordkommission stimmt man Conrad Kraus* zu, der als Verantwortlicher für den Fall entschieden hat: „Der Schreiber läuft uns nicht weg, den heben wir uns für später auf."

Wie aber ist Martin T. zu Tode gekommen? Hinweise dazu kann in jedem Fall der Tatort geben. Er liegt etwas abseits im Dreieck von Bundesautobahn A4, der Stadtgrenze zwischen Dresden und Radebeul sowie der Haupttrassen Leipziger und Großenhainer Straße. Die Siedlung mit Villen und auch neueren Ein- und Mehrfamilienhäusern ist sehr ruhig gelegen. Aber nachdem Holm Schreiber die Leiche seines Chefs entdeckt hat, kommt ungewohnte Hektik auf. Einsatzfahrzeuge von Notärzten, Rettungssanitätern, Schutzpolizei und des Kriminal-Dauerdienstes rangieren auf den schmalen Straßen. Schließlich suchen auch noch die

Fahrer einiger Polizeichefs und die Mordkommission Platz für ihre Autos. Die Feuerwehr hat die verschlossene Bürotür aufbrechen müssen. Nach einigen Stunden kriminaltechnischer Arbeit kann die Leiche von einem Bestattungsunternehmen zur Obduktion in das Institut für Rechtsmedizin überführt werden.

Reportern glückt es irgendwie, in das abgesperrte Haus zu gelangen. Sie fotografieren die im Hausflur abgestellten Einsatzkoffer der Kriminaltechniker aus mehreren Perspektiven, offenbar nicht, weil die so attraktiv sind, sondern weil sie eine skandalträchtige Geschichte wittern. Sie erhalten die notwendigsten Informationen und ziehen danach ab. Erst Stunden später tritt am Tatort etwas Ruhe ein. Nun können die Kriminaltechniker mit den verantwortlichen Kriminalisten ungestört das weitere Vorgehen besprechen. Sie diskutieren vor Ort, ob sich Martin T. selbst getötet haben könnte. Das ließe auf weniger umfangreiche Ermittlungen hoffen. Aber nicht Wunschdenken, sondern objektive Fakten zählen. Im Büro ist auf Schuhspuren zu achten, Fingerabdruckspuren sind zu sichern. Besonders umsichtig soll bei der Suche und Sicherung von Faser-, Blut-, DNA- und anderer biologischer Spuren vorgegangen werden, was im Kriminalistendeutsch heißt: das volle Programm. Obwohl das Vorgehen der Männer der Tatortgruppe des Dresdner Polizeipräsidiums professionell ist, werden sie noch aufmerksamer, als sie feststellen, dass der Tote zwar Schussverletzungen hat, aber im Büro selbst nach intensiver Suche keine Schusswaffe zu finden ist. So besteht bald kein Zweifel mehr darüber, dass er von fremder Hand getötet worden ist.

Das Büro von Holler ist nur recht spärlich eingerichtet. Der aufgeschlagene Terminkalender von Martin T. und der Schlüssel seines Audi TT liegen auf dem in der Mitte des Raumes platzierten Schreibtisch, neben dem bald nur noch die mit Kreide umrissene Lage der Leiche zu finden ist. Der Aktenkoffer mit T.s Unterlagen steht neben dem Drehstuhl. Auf dem Schreibtisch gegenüber liegt unter anderem ein Schreibblock mit unbeschriebenen weißen Blättern. Hatten sich der Getötete und sein Mörder vielleicht gegenübergesessen?

Nach den Ergebnissen der Obduktion und einer gedanklichen Rekonstruktion kann das angenommen werden. Letztlich können die Ermittler auf ein wahrscheinliches Tatgeschehen schließen, in das sich alle 25 ballistischen Spuren widerspruchsfrei einordnen lassen. Keine einzige Hülse wird am Tatort gefunden, was auf einen Revolver oder sorgfältiges Einsammeln hinweist. Martin T. war demzufolge aufgestanden, als er vom ersten Schuss getroffen wurde. Er muss noch schützend seinen Unterarm gehoben haben. Das Projektil durchschlug den Arm, ehe es im Oberkörper Herz und Lungen so stark verletzte, dass unweigerlich der

Tod eintreten musste. Aus geringerer Entfernung wurde das Opfer wahrscheinlich von einem zweiten Schuss in den Rücken und von einem dritten bei aufgesetzter Waffe in den Nacken getroffen. Das Opfer hatte keine Chance. Es stellt sich alles dar wie eine Hinrichtung.

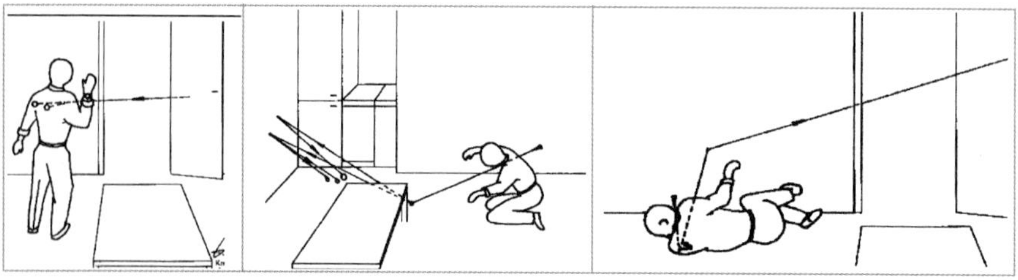

Anhand der Schussverletzungen und der Lage der Leiche versuchen Kriminalisten zeichnerisch den Tatverlauf zu rekonstruieren.

Es liegt nahe, dass der Schütze auch derjenige ist, der das Opfer zum vereinbarten Termin in das Büro eingelassen hat und einen passenden Schlüssel besitzt, um nach der Tat die Tür zu verschließen. Nach diesem eigentlich unkomplizierten Gedankenspiel gerät Martin T.s Partner, Andreas Holler, zwangsläufig ins Visier der Ermittler. Natürlich bleiben andere Versionen nicht unberücksichtigt. Aber Holler ist derjenige, der Martin T. am Montag gegen dreizehn Uhr in seinem Büro zu einem wichtigen Gespräch empfangen wollte und er ist trotz vieler Versuche nach wie vor nicht zu erreichen. Es stellt sich die ganz simple Frage, warum er flüchten sollte, wenn er nicht der Täter ist. Die Verdachtsgründe gegen den 55-Jährigen sind so schwerwiegend, dass nach ihm gefahndet wird. Außerdem ist nicht auszuschließen, dass er mit der Tod bringenden Waffe unterwegs ist. Deshalb erhalten alle Polizisten, die in die Fahndung nach Holler einbezogen sind, den warnenden Hinweis „ACHTUNG! SCHUSSWAFFE!". Um eine Flucht ins Ausland zu verhindern, wird routinemäßig der Bundesgrenzschutz, auch auf den Flughäfen, in die Fahndung einbezogen.

Die Ermittler finden keinen Anwohner, der am Montag oder Dienstag auf dem Morseweg jemanden gesehen hat, auf den Hollers Beschreibung passt. Auch von Passanten oder nebenan tätigen Bauarbeitern kommt kein Hinweis auf ihn. So bleibt nicht ausgeschlossen, dass er in die Tiefgarage ein- und ausgefahren war, die einen direkten Zugang zum Haus besitzt.

Zwei Bauarbeiter eilen den schon abrückenden Ermittlern nach. Sie wollen sich entschuldigen, dass sie am Montag mit ihren Presslufthämmern auch in der eigentlich im Wohngebiet einzuhaltenden Mittagsruhe dem Putz einer Hauswand mit ohrenbetäubendem Lärm beigekommen sind. Wenn es Beschwerden gäbe ... Damit liefern sie nichtsahnend eine Erklärung, warum es möglicherweise gar keine „Knallzeugen" im Wortsinn geben kann.

Keiner weiß, wo Holler sein könnte, selbst seine Ehefrau nicht. Möglicherweise hat er eines der Objekte aufgesucht, die die Firma betreut hat und sich dort versteckt. Vielleicht hat er dort etwas hinterlassen oder Spuren verursacht, die weiterhelfen. Nach und nach klappern die Ermittler Objekt für Objekt und weitere Büros ab. Sie suchen nicht nur den Flüchtigen, sondern auch nach Unterlagen, die mit dem Verbrechen in irgendeiner Weise in Zusammenhang stehen könnten. So fahren einige Kriminalisten nach Zittau, wo die Firma ein Bürgerhaus rekonstruiert hat. Zittauer Kollegen hatten es sofort gesichert, nachdem die Mordkommission von dem Haus erfuhr. Die Ermittler bringen Kisten voller beschlagnahmter Unterlagen in die Dresdner Dienststelle zur Auswertung. Der Schriftverkehr und diverse Verträge aus dem Zittauer Büro könnten weitere Firmenverflechtungen und Geschäftsbeziehungen aufhellen.

Die Dresdner Mordkommission baut einen Kontakt zur Kripo in Heidelberg auf, dem Wohnort von Andreas Holler. Routiniert erledigen die Kollegen umfangreiche Ermittlungen für die Mordkommission. Eine erste Vernehmung von Hollers Ehefrau liegt nach wenigen Stunden vor. Frau Holler ist inzwischen sehr beunruhigt. Doch weder sie noch Mitarbeiter in Hollers Büro in der Heidelberger Innenstadt haben konkrete Hinweise, wo er sich aufhalten könnte. Im Protokoll ist jedoch auf eine von ihm wohl eher nebenbei und wehmütig ihr gegenüber geäußerte Bemerkung hingewiesen, wie schön doch die gemeinsamen Aufenthalte des Ehepaares in den Alpen gewesen sind. Von seiner Frau hatte sich Andreas Holler am Sonntagabend verabschiedet, um nach Berlin zu fahren.

Die Berliner Kripo erfährt von Hollers Bruder, dass der Gesuchte im Hotel „Holiday Inn" am Kurfürstendamm übernachtet hat, ehe beide gemeinsam mit der Schwägerin zu Hause frühstückten. Bei der Verabschiedung am Montag noch vor zehn Uhr habe Andreas erwähnt, er werde weiter nach Dresden fahren.

Dieses Geschehen kann mit dem in Zusammenhang gebracht werden, was die Dresdner Ermittler von Hollers Tante erfahren. Sie wohnt nur wenige Straßen vom Tatort entfernt. Die Dame hatte sich unheimlich gefreut, als ihr Neffe am Montag gegen Mittag bei ihr klingelte, um ihr zum Geburtstag ein kleines Präsent zu überreichen und sie für den Abend zum Essen einzuladen. Sie wisse noch genau, dass das um 12.15 Uhr gewesen ist, sagt die Tante. Groß sei ihre Enttäuschung gewesen, als sie bis spät abends vergeblich auf ihren Neffen gewartet hat. Ob die Kriminalisten nicht wüssten, wo Andreas am Montagabend war, fragt sie hoffnungsvoll.

Nein, das wissen sie tatsächlich nicht, bis in der Nacht zum Mittwoch ein Angehöriger Hollers die Dresdner Mordkommission anruft. Er berichtet, dass sich die gesamte Familie voller Sorgen telefonisch untereinander verständigt und nach dem Verbleib von Andreas alle möglichen Gedanken gemacht habe. Einer hatte schließlich auch bei Marlene Meyerbach* angerufen. Als Nachbarin schaut sie ab und zu in Hollers Ferienhaus nach dem Rechten. Das steht in einem kleinen Örtchen in Österreich nicht weit hinter der Grenze bei Passau. Auf dem „kurzen Dienstweg", ohne große Formalitäten, bittet die Dresdner Mordkommission die österreichischen Gendarmen um Hilfe. Unkompliziert und ohne Zeitverzug suchen diese Kollegen Frau Meyerbach auf. Sie finden Andreas Holler nicht, bestätigen aber die Angaben der Zeugin. Ja, der Herr Holler wäre doch am Montagabend gegen siebzehn Uhr tatsächlich am Häuschen gewesen und hätte mit ihr ein paar nette Worte gewechselt. Das Gebäude hätte er gar nicht betreten und sie glaube auch nicht, dass er etwas versteckt hat, denn er sei gleich wieder mit seinem schwarzen 5er BMW mit Heidelberger Kennzeichen davongefahren. Irren könne sie sich keinesfalls, denn ihre Bekannte sei vom Einkauf kommend bei der kurzen Begegnung mit dem seriös gekleideten und attraktiven Mann dabeigewesen.

Nach dieser Information geraten die Dresdner Mordkommissionäre ins Grübeln. Siebzehn Uhr? Wie ist das alles zeitlich in Einklang zu bringen? Stimmen die von den Zeugen genannten Zeiten, muss Holler die Strecke von vierhundertachtzig Kilometer sehr schnell gefahren sein. Für Ermittler, die im Dienst vormals Trabant und Wartburg, später VW Golf fuhren, schwer vorstellbar. Oder beschreiben die Zeugen doch andere Personen? Zunächst versuchen sie allein eine Rechnerei, bis sie sich derjenigen erinnern, die es können. Die Rechtsmediziner in Dresden sind hochgeschätzte und anerkannte Fachleute, aber wenn es um die äußerst diffizile Bestimmung eines Todeszeitpunktes geht, dann doch eher Diplomaten. Auf die einfache Frage, wann denn nun Martin T. gestorben sei, wollen sie sich nicht festlegen, bieten aber an, ein gesondertes Gutachten zu erstellen. Dafür würden sie jedoch noch einige Angaben benötigen: zu den genauen Raumtemperaturen im Büro, in dem die Leiche lag, möglichst im Stundentakt, zur Einstellung der Thermostate an den einzelnen Heizkörpern und deren Funktionstüchtigkeit, zur Zeitsteuerung der Heizintervalle der Zentralheizung, zur Sonnenscheindauer in der fraglichen Zeit, zum Lichteinfallswinkel, der Stellung der Jalousien, zur UV-

Durchlässigkeit des Fensterglases usw. Selbst zu den Isolationseigenschaften des Fußbodens unter der Leiche und zum Luftaustausch im Raum sollen Daten für dieses Gutachten zur Verfügung gestellt werden. Vielleicht könnten die Herren Kriminalisten noch weitere ergänzende Mitteilungen machen? Diese schweigen betreten angesichts dieser Forderungen. Immerhin bekommen sie in der Gerichtsmedizin nicht nur freundlich Kaffee serviert, sondern unter dem Vorbehalt späterer Präzisierungen die vorsichtig formulierte Aussage, dass wahrscheinlich nichts gegen einen Todeseintritt am Montag, dem 20. September, zur Tageszeit sprechen dürfte. So „mutig" diese Äußerung der erfahrenen Spezialisten auch ist, so wenig können die Kriminalisten damit etwas anfangen.

Die Aussage einer älteren Hausfrau ist da zum Glück konkreter. Sie wohnt zwei Etagen über Hollers Büro. Zwar glaubten sich auch andere Hausbewohner an ungewöhnliche Geräusche am Nachmittag bzw. am späten Abend des Montags zu erinnern. Sie waren dem Tatgeschehen aber eher nicht zuzuordnen. Frau Trepte* aber schildert wahrscheinlich tatsächlich Erlebtes. Sie hat am fraglichen Tag nach ihrem mittäglichen Aufwasch mehrere laute, „metallisch klirrende, scheppernde, helle Geräusche" gehört, die wahrscheinlich aus dem Hausflur gekommen sind. Zuvor habe sie eine laute, aber unverständliche Unterhaltung vernommen. Geduldig versuchen Ermittler mit der älteren Dame zu rekapitulieren, wann sie Mittag gegessen und das Geschirr gespült hat. „Vielleicht um 13.15 Uhr, eher etwas später", sagt sie. Bei einem Experiment kann später nachvollzogen werden, dass in Hollers Büro verursachte Knallgeräusche von der Wohnung der Zeugin aus tatsächlich so klingen, als würden sie aus dem Flur kommen – aber nur, wenn eine Zwischentür und die Bürotür zum Flur offen stehen. Bei Tests fällt diese Tür nicht von allein ins Schloss, wenn sie zuvor sehr weit geöffnet wurde. So hatte wohl Martin T. arglos das Büro betreten, ohne auf das Schließen der Tür zu achten. Auch der mutmaßliche Täter maß dem wahrscheinlich keine Bedeutung zu. Es mag paradox klingen, aber die tödlichen Schüsse fielen vermutlich in einem offen stehenden, für jeden zugänglichen und einsehbaren Büro.

Gründlich werden auch die Firmenräume der MT GmbH in Weinböhla durchsucht. Welche Arbeiten hatte Martin T. erledigt, welche Unterlagen hatte er zurechtgelegt, gelesen und mitgenommen, bevor er zum Gespräch mit Holler aufgebrochen war? Mit wem hatte er zuletzt telefoniert? Welche Nachrichten waren per Fax ausgetauscht worden? Es ist nicht auszuschließen, dass im Briefverkehr oder in den Vertragsunterlagen zu den verschiedenen Bauobjekten der Schlüssel zum Tötungsmotiv liegt. Ohne die hilfreichen Erläuterungen der Chefsekretärin wären diese Erhebungen vielleicht sogar gescheitert. Vernehmungen von Personen, die Kontakt mit dem Opfer hatten, schließen sich an. Die Ermittlungen ergeben Anhaltspunkte dafür, dass es in letzter Zeit Differenzen zwischen dem Opfer und Holler gegeben haben musste. Aber nur dem engsten Kreis der Firmenmitarbeiter um Martin T. waren sie andeutungsweise bekannt gewesen.

In der Nacht zum Donnerstag, dem dritten Tag nach Hollers Verschwinden, informiert die Heidelberger Polizei, dass Frau Holler soeben eine kurze Nachricht auf ihren Anrufbeantworter entdeckt habe, die offensichtlich von ihrem Mann stammt. Noch nicht ganz klar sei, wann er sich gemeldet hatte. Sollte das wirklich ein Zeichen des Gesuchten sein? Holler weiß vermutlich aus den Medien, dass er gesucht wird. War es eine Chance, ihn aufspüren zu können? Doch die Nachricht ist nur sehr kurz: „Das Auto steht am Schwimmbad, die Sachen sind im Hotel ‚Du Parc' ...".

Bei einer ersten Befragung kann Frau Holler die Nachricht nicht deuten. So kommt die Fahndung in Dresden nicht weiter. Wie war die Mitteilung zu entschlüsseln? Weist sie auf einen Aufenthalt im Ausland hin? Welches der vielen Hotels mit diesem Namen hatte Holler gemeint? Wo ergab sich ein örtlicher Zusammenhang mit einem Schwimmbad? Was sollte mit dem Auto geschehen, überließ er es seiner Frau? Mit welchem Fahrzeug war er nun unterwegs? Warum ging der mutmaßliche Mörder das Risiko ein und kommunizierte mit seiner Frau? Nach einigen Stunden telegrafierte die Heidelberger Kripo, dass sich Frau Holler doch erinnern könne. Ihr Mann meine offenbar Orte bei Lausanne in der Schweiz.

Schon nach dem ersten Hinweis auf eine mögliche Flucht nach Österreich hatte die Mordkommission mit der Staatsanwaltschaft erste Schritte eingeleitet, um einen internationalen Haftbefehl gegen Holler zu erwirken. Die Dresdner Justiz sicherte auch ein Auslieferungsersuchen zu, sollte Holler im Ausland festgenommen werden. Nur unter dieser Voraussetzung ist es der Mordkommission möglich, über das Bundeskriminalamt eine internationale Fahndung einzuleiten. In den frühen Morgenstunden des Freitags ist das alles nach etlichen Telefonaten, Fernschreiben und Faxsendungen geschafft.

Als verantwortlicher Sachbearbeiter plant Conrad Kraus noch einige Fahndungs- und Ermittlungsmaßnahmen für den Tag. Dann, nach der morgendlichen Dienstbesprechung, lehnt er sich etwas zurück. Seine Mitstreiter sind wieder unterwegs. Erstmals seit vier Tagen zieht in seinem Büro in der Schießgasse etwas Ruhe ein. Er schaut aus dem Fenster, und sein Blick verweilt auf der Baustelle der wiedererstehenden Frauenkirche. Er beobachtet das geschäftige Treiben der Bauleute und hört dem klingenden Hämmern der Steinmetze zu. Er bildet sich mit geschlossenen Augen ein, den frisch behauenen gelblichen Sandstein förmlich zu riechen. Von Bekannten wird er oft wegen seines Privilegs beneidet, das Wachsen des so geschichtsträchtigen Bauwerks hautnah erleben zu dürfen. Da unterbricht der Leiter der Kriminalpolizei des Polizeipräsidiums persönlich diesen besinnlichen Augenblick. Der Kriminaloberrat betritt das Zimmer und reicht dem Ermittler ein Telefax. Beim Lesen läuft es ihm heiß und kalt den Rücken herunter. Was auf dem Papier steht, löst die Spannung der letzten Tage mit einem Schlag:

„flash/sofort
Betreff: Ho ...
Interpol Bern teilt als Antwort auf ihre heutige Nachricht folgendes mit:
Unter Vorbehalt einer zweifelsfreien Identifizierung ... wurde Obengenannter heute Morgen durch die Kantonspolizei Waadtland in Pully am Ufer des Genfer Sees tot aufgefunden. Er hatte eine Kugel im Kopf. Die Waffe wurde im Wasser aufgefunden. Alles deutet auf Selbstmord hin...
Inspektor CE. ..."

Am Ufer des Genfer Sees in der Schweiz wird Andreas Holler gefunden. Nach dem Mord an seinem Geschäftspartner hat er sein Leben durch Selbstmord beendet.

Es klingelt das Telefon. Die Sekretärin des Ermittlungsrichters meldet sich und teilt mit, dass der internationale Haftbefehl des Amtsgerichts gegen Holler unterzeichnet, gebunden, gesiegelt und in fünffacher Ausfertigung zur sofortigen Abholung bereit liegt. Völlig unverständlich ist ihr, warum das denn plötzlich Zeit habe.

Eine Dienstreise in die Schweiz hat nun Priorität. Die aus dem Genfer See gefischte Waffe muss so schnell wie möglich nach Dresden, um prüfen zu können, ob Martin T. mit ihr erschossen wurde. Auf die Antwort werden hier in Dresden alle mit größter Ungeduld warten, die verantwortlichen Polizisten, die Staatsanwaltschaft und vor allem die Medien. Die Anfragen an die Pressestelle des Polizeipräsidiums werden sich häufen und mit Nachdruck gestellt werden. Die Reporter werden sich nicht lange vertrösten lassen. Vorrangig aber ist die Mordkommission selbst daran interessiert, so schnell wie möglich Klarheit zu gewinnen. Von einer eindeutigen

Aussage hängt viel ab. Erst nach dem Vergleich von Waffe und Tatmunition kann entschieden werden, ob die Ermittlungen weiter in die Breite geführt werden müssen, ob den Verdachtsmomenten gegen andere schon ermittelte Personen - da wäre noch Schreiber – intensiver nachgegangen werden muss oder ob ein völlig Unbekannter als Täter in Frage kommt. An der Waffe im See hängt eigentlich alles in diesem Fall. Am besten, sie wäre schon morgen da.

Die Ermittler haben den Mut, sich anders zu entscheiden. Die Fahrt soll sich lohnen. Mit ihr soll nachvollzogen werden, ob Holler mit seinem Auftauchen in Österreich am Montagnachmittag nicht doch ein Alibi hat. Wenn er tatsächlich zu dieser Zeit dort war und die ergänzenden rechtsmedizinischen Untersuchungen ergeben eine Todeszeit erst später? Liegt die ein bis zwei Stunden nach dreizehn Uhr, stünde die Mordkommission vor einem Rätsel. Sicherheit muss gewonnen werden, nicht nur in der Schweiz, sondern auch in Österreich – durch das Nachvollziehen des gesamten wahrscheinlichen Fluchtweges von Holler. So fahren die Ermittler seiner Waffe nach.

Doch so ein „internationaler Waffenhandel" gehört nicht zum polizeilichen Alltag. Auf dem kurzen Dienstweg ist er sicher nicht zu machen. Deshalb werden in aller Eile Rechtshilfeersuchen, Legitimationen, Berechtigungen und andere Dokumente zusammengestellt und den höchsten Amtsträgern vorgelegt. Mit den Unterschriften des Landespolizeipräsidenten und des Staatssekretärs für Inneres auf dem Dienstreiseauftrag ist allen Formalitäten recht getan. Bald machen sich Kraus, eine Beamtin der Mordkommission, die französisch spricht und ein Kraftfahrer auf den Weg in die Schweiz.

Der erste Teil der Reise verläuft allerdings wenig beschaulich. Denn der Fahrer erfährt die ermittelten Zeiten, die Andreas Holler bei seiner Flucht vermutlich vorgelegt haben muss, wenn er als Täter in Frage kommen soll. Er entwickelt den Ehrgeiz, die Zeiten zu unterbieten. Doch das gelingt ihm mit dem Dienstwagen und wegen mehrfacher Interventionen der Mitfahrer nicht, er braucht fünfundvierzig Minuten länger bis zu Hollers Ferienhaus in Österreich als vorgesehen. Nach der rasanten Fahrt werden die Beamten noch drei Monate lang bangen, ob ihr Zivilfahrzeug von bayerischen „Blitzern" erwischt worden ist. Konnte das Holler überhaupt schaffen – vierhundertachtzig Kilometer in deutlich weniger als vier Stunden?

Das müssen die Ermittler auch von ihrem Büro aus weiter abklären. Den Auftrag dazu erhält Guntram Wanders*, ein Mitarbeiter der Mordkommission, der für seine Geduld, seinen Fleiß, für seine Reiselust, aber auch für seinen recht forschen Fahrstil bekannt ist und dem auch peinliche Konsequenzen daraus nicht neu sind. Er schreibt ausnahmslos alle Polizeidienststellen und Gemeinden zwischen Dresden und Passau an, die entlang aller möglichen und unmöglichen Fahrstrecken zwischen den beiden Orten liegen. Er will wissen, ob Holler von einer Geschwindigkeits- oder Verkehrskontrolle „gefangen", ob er „geblitzt" wurde. Aber Gründlichkeit und Fleiß waren umsonst und ein gesonderter dicker Aktenordner mit gleichem Ergebnis gefüllt. Holler war offensichtlich beim Rasen nicht erwischt worden.

Ohne jede Kontrolle passieren die drei Dresdner die Grenze nach Österreich. Auch neun Jahre nach der Wende weckt dieses Erlebnis bei ihnen Erinnerungen an strengste Dienstvorschriften und Verbote, die seinerzeit für Volkspolizisten galten. Selbst eine Fahrt über die Grenze in das sozialistische Ausland, in die CSSR oder Polen, war in der DDR mit einem Dienstwagen der Polizei nicht denkbar. Nun rollen sie auf den Hof des Landesgendarmeriekommandos für Oberösterreich, als sei das nie anders gewesen.

Gemeinsam mit den österreichischen Kollegen besuchen die Sachsen die Nachbarin von Hollers Ferienhaus am Rande eines kleinen Dorfes in Oberösterreich und klären mit ihr noch einige Details. Sie schildert sachlich und ohne jeden Zweifel zu Person oder Zeit ihre kurze Begegnung mit dem Hausbesitzer Holler, der ihr wie immer höflich und ruhig begegnet sei. Deren Bekannte bestätigt das und gibt Gewissheit. Nach anderthalb Stunden gehen die Dresdner Kriminalisten mit Erkenntnissen, Fotos und Protokollen wieder auf Tour. Die beiden österreichischen Gendarmen bleiben verwundert zurück. Sie hatten sich an diesem Tag für die gesamte Dienstschicht „Betreuung der deutschen Polizeidelegation" in den Terminkalender eingetragen. Dass die Sachsen keine Zeit für eine kleine Rundfahrt durch ihr Revier finden, bleibt ihnen wohl ein Rätsel.

Am nächsten Tag um elf Uhr treffen die Dresdner Kriminalisten nach der Fahrt quer durch das südliche Deutschland und einer kurzen Nachtruhe in Lausanne ein. Die Schweizer Kollegen zeichnen sich nicht nur durch überaus große Zuvorkommenheit aus, sie glänzen auch durch hervorragende Kompetenz. Detailliert schildern sie, wie die Leiche gefunden und gerichtsmedizinisch untersucht wurde und beantworten Fragen. Auch erste Ergebnisse der Kriminaltechnik liegen bereits vor. Alles ist in bester Qualität dokumentiert. Die Inspektoren der Schweizer Kripo führen die Dresdner Ermittler bis an die Spitze der Steinmole am Schwimmbad von Pully, einem Nachbarort von Lausanne. Dort hatte am 23. September

1999 ein Fischer von seinem Boot aus in der Morgendämmerung einen leblosen Körper bemerkt, der fast gänzlich unter Wasser lag. Bei näherem Hinsehen war eine große klaffende Wunde am Kopf sichtbar geworden. Beim Bergen des Leichnams hatte die Schweizer Polizei auf einem der kantigen Felsbrocken der Mole etwas metallisch Glänzendes entdeckt. Es war die Schusswaffe, durch die wahrscheinlich zwei Menschen ums Leben gekommen sind. Dass sie an der steil in die Tiefe abfallenden Mole überhaupt aus dem Wasser geborgen werden konnte, ist wohl dem ruhigem Wasser des Sees und dem spätsommerlichen Wetter jenes Tages zu verdanken. Wenig später rollten wieder stattliche Wellen gegen die Steine der Mole. Sie hätten die Waffe bald in die Tiefe des Sees gespült.

Die Tatwaffe wird in der Schweiz gefunden: ein sechsschüssiger Revolver der Marke Smith & Wesson, Modell 586-3, .357 Magnum.

Nun liegt sie vor den Beamten auf dem hell ausgeleuchteten Untersuchungstisch der Schweizer Kriminaltechniker: ein offensichtlich tadellos erhaltener sechsschüssiger Revolver Smith & Wesson, Modell 586-3, .357 Magnum. Daneben liegen fünf Revolverpatronen und eine Hülse – alles bestens angeordnet und mit einem Maßstab drapiert, wie es sich gehört. Das Corpus delicti wird mit den zahlreichen anderen Asservaten von den Sachsen in aller Form übernommen und gewissenhaft verpackt.

Fast eifersüchtig registriert Kraus, dass seine junge Kollegin schon seit Beginn der dienstlichen Kontakte im Zentrum der Aufmerksamkeit steht. Das mag zwar vor allem an ihren ungewöhnlich schönen langen blonden Haaren liegen. Aber er kann sich beruhigen, als er bemerkt, dass die vielen Fragen an sie vorrangig dienstlichen und politischen Charakter haben. Die Schweizer Staatsdiener kennen in ihrer Kantonspolizei noch keine Frauen in solch verantwortungsvollen Positionen und sind deshalb sehr interessiert, wie eine Kriminalistin ihren Dienst meistert und sich gegenüber den Männern durchsetzt. Zu einer Gleichbehandlung des „schwachen" Geschlechts auch in der Polizei sollte es in der Schweiz erst in einigen Jahren kommen. Dann schauen auch die Schweizer Kollegen etwas verständnislos drein, als es die deutsche Polizeidelegation plötzlich eilig hat und zur Rückfahrt aufbricht. Eigentlich sollten die Sachsen noch den schon temperierten, herrlich süffigen Wein kosten, der an den Ufern des Genfer Sees reift und das neue komfortable Dienstgebäude der Kantonspolizei Waadtlandt kennen lernen. Aber die Dresdner glauben fest daran, dass Schnelligkeit in diesem Fall eine Tugend ist. Schon am nächsten Tag stellen sie in Hollers Büro in Heidelberg zahlreiche Unterlagen sicher. Und in der darauffolgenden Nacht können sie die Waffe in der heimatlichen Dienststelle vorübergehend einschließen, ehe sie dem Kriminaltechnischen Institut übergeben wird.

Nun ist der Ballistiker gefragt. Er kennt die Ungeduld der Ermittler. An ihre wiederkehrenden Anfragen zum Stand der Vergleichsarbeit konnte er sich gewöhnen. Die Anrufe der kleineren und größeren Chefs zu ertragen, war für ihn mühevoller. Doch er lässt sich als Gutachter nicht aus der Ruhe bringen. Zunächst untersucht er die Eigenschaften der Waffe und prüft mit standardisierten Methoden in Testreihen, ob sie funktioniert. Vergleichsmunition wird mit ihr abgefeuert, damit die individuellen Merkmale ihres Laufes auf der Oberfläche der Geschosse sichtbar werden. Die ähnlich Abwicklungen ihres zylindrischen Körpers dargestellten Fotogramme werden mit denen der Projektile vom Tatort verglichen. Das geht nur mit optischen Hilfsmitteln und bei unterschiedlichen Lichtbedingungen. Die Arbeit ist anspruchsvoll und setzt Erfahrung voraus, da diese Geschosse durch das Auftreffen auf Körper und Gegenstände teilweise erheblich verformt sind. Auch eine sorgfältige Dokumentation der Ergebnisse ist wichtig, damit sie Beweiskraft erhalten.

Das Gutachten überrascht nicht. Ein Projektil, das am Tatort im Büro am Dresdner Morseweg gefunden wurde, und eines, das im linken Schulterblatt des Toten steckte, sind ohne jeden Zweifel aus der Waffe verfeuert worden, mit der sich Holler tötete.

In Hollers BMW, den er in Pully zurückgelassen hatte, wurde ein Diktiergerät gefunden. Das hatte er wohl unmittelbar vor seinem Tod besprochen. Beim Abspielen der Nachricht ist Hollers schwerer Atem zu vernehmen, sie wird mehrmals von Gefühlsregungen unterbrochen. Es sind Abschiedsworte an seine Frau, seine beiden Söhne und seine ganze Familie. Sie enthalten den Satz: „... Dass der Martin tot ist, tut mir nicht leid. Das war die Strafe und die einzige, die ich für ihn hatte..." Immer wieder spult Kraus das Tonband an dieser Stelle zurück und drückt auf Wiedergabe. Er spielt es mal leise, mal laut ab, regelt Höhen und Tiefen. Konzentriert lauscht er auf Hollers Stimme, auf Nebengeräusche, achtet auf Pausen und den Sinnzusammenhang. Dann ist er sich sicher: Diese Worte wiegen schwer. Zwar sind sie kein volles Eingeständnis des Mordes und geben keine Details zum Tatablauf wieder. Frei bewertet mindern sie aber die Wahrscheinlichkeit jeder anderen Täterversion.

Es sollte sich mit diesen Schlussfolgerungen auch herausstellen, dass alle offenen Fragen in Bezug auf die Person des Erstzeugen Holm Schreiber beantwortet werden können. Sämtliche anfänglichen Verdachtsmomente gegen ihn erweisen sich im Laufe der Ermittlungen als völlig unzutreffend.

Mehr als zweitausendsechshundert Seiten füllen am Ende die Akte zu dem Fall, der sich fast von allein gelöst hat. Dennoch ist für die Staatsanwaltschaft Fakt für Fakt geprüft und aneinandergereiht worden, bis ohne Zweifel nachzuvollziehen war, dass nur Andreas Holler seinen Geschäftspartner Michael T. getötet haben kann.

Das Motiv des Täters wird erst im Verlauf der Ermittlungen klar. Andreas Holler, Jahrgang 1944, war nach der Wende im Osten als Geldgeber für den jungen, aufstrebenden Martin T. eingetreten. Der erfahrene Kaufmann hatte den Jungunternehmer in die Geheimnisse der Marktwirtschaft mit all ihren rauen Methoden eingeweiht. Martin T. lernte in der „wilden" und chancenreichen Zeit nach der Wende schnell. Er hatte das richtige Auftreten, nutzte seine Bildung, war überaus fleißig, investierte sein Geld richtig und setzte mit der Rekonstruktion von Altbauten wohl auch auf das richtige Pferd. So führte er seine Firma zu Erfolg und zu nicht unerheblichen Gewinnen. Dagegen störte es Martin T. zunehmend, dass Andreas Holler zwar fürstlich mitverdiente, aber seiner Ansicht nach eigentlich keine adäquate Leistung dafür erbrachte. Immer seltener tauchte Holler in Dresden auf, noch weniger auf den Baustellen. So etwas konnte sich keine Firma in der Branche leisten. Schon seit längerer Zeit büßte die Firma ein, weil Holler Entscheidungen aus dem Weg ging und Versäumnisse zuließ, die zu Ärger führten. Aber Martin T. nutzte diese Zeit auch. Es gelang ihm, seinen früheren Gönner mit Tricks und Kniffen mehr und mehr aus der Firma herauszudrängen und die gezwungenermaßen von Holler neu gegründete GmbH von sich finanziell abhängig zu machen. Holler war offensichtlich auch nicht in der Lage, seine Arbeitsweise zu ändern und seinen Lebensstil so herunterzuschrauben, wie es angesichts der schlechter werdenden Geschäftslage notwendig gewesen wäre. Am Ende hatte Holler alle seine Geschäfts- und Privatkonten überzogen. Die Forderungen häuften sich unüberschaubar. Die Mahnungen der Banken und Auftragnehmer ließ er einfach unbeantwortet. Einnahmen waren nicht in Sicht. Im September 1999 war er zahlungsunfähig, einfach pleite.

Zum endgültigen Zerwürfnis mit seinem Juniorpartner kam es an jenem Montag, als ihm der erst einunddreißigjährige Martin T. bei dem Termin im Büro auf dem Morseweg schon vorbereitete Verträge zur Unterschrift vorlegte, die für Holler den völligen wirtschaftlichen und moralischen Bankrott besiegelt hätten. Der kann nicht anders, als zu unterschreiben, so war sich Martin T. wohl noch sicher, als er das Büro betrat. Doch Holler konnte anders...

Seine Verzweiflung und seinen Hass gegen den Jüngeren hatten sich dermaßen gesteigert, dass er dessen Ermordung gründlich zu planen begann. Andreas Holler sah keinen anderen Ausweg. Sooft er seine finanzielle Lage auch überdachte, er war sich völlig sicher, dass sich die Banken nicht länger vertrösten ließen und sein Zusammenbruch unmittelbar bevorstand. Möglicherweise drohte ihm sogar der Knast. Sollte dort sein Leben enden? Diese gesellschaftliche Blamage würde er nicht ertragen können. Er, der all die Jahre als seriöser Geschäftsmann galt und auch als Privatmann stets anerkannt war.

Den drohenden persönlichen Bankrott wollte er unter keinen Umständen über sich ergehen lassen. Dass er auch noch seinen BMW an den jungen Holm Schreiber abgeben sollte, der ihm suspekt war, muss ihm wie eine Demütigung vorgekommen sein. Nur eines wollte Holler noch verhindern, dass Martin T. diesen großen Coup mit den Berlinern landen und danach mit Schadenfreude auf ihn herabschauen konnte. So lange Holler auch nachdachte, er sah in dieser Situation nur eine Lösung, ebenso seinen eigenen Ausstieg aus dem Leben zu planen. So hatte er genau bedacht, was er in den letzten Tagen unternahm. Seine Besuche und Aufenthalte waren Verabschiedungen von allen ihm lieb gewordenen Menschen. Es hat nicht einer von ihnen bemerkt, dass es ein Abschied für immer war. Am Schreibtisch in seinem Büro schrieb er einen Abschiedsbrief an seine Frau, noch bevor er Martin T. niederschoss. Sie erhielt ihn aber erst Tage später mit der Post zugestellt. Kriminaltechniker hatten die beim Schreiben verursachten Druckrillen auf dem obersten weißen Blatt des Briefblocks auf seinem Schreibtisch sichtbar gemacht. Der Inhalt verrät, dass es für ihn kein Zurück mehr gab und auch der Mord schon länger eiskalt geplant war. Nach der Tat suchte Holler dann ein letztes Mal all die Orte auf, die ihm besonders ans Herz gewachsen waren und mit denen er wohl besonders schöne Erinnerungen verband. Sicher höchst verzweifelt, aber auch erschreckend konsequent, begab sich der Fünfundfünfzigjährige auf seine letzte Reise, immer den eigenen Tod vor Augen. Mehr als zwei Tage war er als Mörder unterwegs, zweimal hat er übernachtet. Kam er auch zum Schlafen? Sein Handy hatte er ausgeschaltet. Er wollte nicht zurück und er wollte sich wohl auch nicht der Gefahr aussetzen, dass ihn jemand aufhalten könnte.

Auch sein Ferienhaus, das sich idyllisch an einen Berghang schmiegt, war ihm wohl sehr wichtig auf dieser letzten Fahrt. Er ließ sich nichts anmerken bei der kurzen Begegnung mit der Nachbarin. Dann fuhr er über Salzburg und Innsbruck weiter bis zum gemütlichen und doch noblen Hotel „Gridlon" am Arlberg nahe der Autobahn. Am nächsten Tag dann passierte er Zürich und erreichte den Genfer See. In dem traditionsreichen „Grand Cafe les Mouettes" an der Uferpromenade der Altstadt von Vevey verweilte er einige Zeit, fuhr dann weiter über Monthey in Wallis zum Portes du Soleil, bekannt als eines der größten Skigebiete Europas. Dort suchte Holler das Ferienhaus im Valle de Morgins auf. Auch hier hatte er mit seiner Familie glückliche Tage verbracht. An den Südhängen des Mont Pelerin oberhalb von Vevey liegt das „Hotel du Parc" mit seiner grandiosen Aussicht auf den Genfer See. Hier verbrachte Holler seine letzte Nacht, trat wie schon in der Nacht zuvor unter falschem Namen auf und gab sich als Bankier aus. Am Abend des 22. September dann parkte er seinen BMW am Schwimmbad in Pully und lief zum Ufer. Unmittelbar vor ihm ragte die Mole in das ruhige Wasser des Genfer Sees ...

Hollers Utensilien im Auto, seine persönlichen Sachen, Tankbelege, Kassenbons, Quittungen und ergänzende Zeugenaussagen machten die Rekonstruktion seiner Flucht möglich. Selbst die Herkunft der Tatwaffe ermittelten die Schweizer Kollegen: Holler hatte sie unbemerkt aus dem Haus eines Freundes gestohlen, als er mit seiner Frau im August 1999 zu einem spontan angetretenen Kurzurlaub in der Schweiz weilte. Beim Eigentümer der Waffe ging am 23. September 1999 mit der Post ein Brief ein. In dem entschuldigt sich Andreas Holler dafür, dass er sich die „Pistole geliehen" hat und leider nicht zurückbringen kann. Hollers Plan war sicher schon zeitig gereift. Es ist anzunehmen, dass schon der Kurzurlaub in der Schweiz geplant war, um zu einer Waffe zu gelangen.

Den mit der Sache befassten Kriminalisten waren nicht nur die Rekonstruktion der Tat und die objektive Beweisführung wichtig. Die Hintergründe aufzuhellen, gelang ihnen auf ungewöhnliche Weise: indem sie sich selbst auf den Fluchtweg des Täters begaben.

Die langen Fahrten boten den beiden Sachbearbeitern der Mordkommission Gelegenheit, sich über die Dimensionen des Falles Gedanken zu machen. Nur nebenbei, aber intensiv und in rasantem Tempo hatten sie erlebt, wie ein Dresdner Fall eigentlich zum europäischen wurde. Erst in späteren Gesprächen, lange nach Abschluss des Verfahrens, wurde ihnen das deutlich. Ohne dass es ihnen bewusst geworden war, hatten sie ihre „grenzenlosen Dienstfahrten" durch drei Staaten und die Arbeitskontakte zu den Kollegen in Österreich und der Schweiz für selbstverständlich gehalten. Dabei gehörte die Schweiz dem europäischen Sicherheitsbündnis von Schengen nicht einmal an.

Während der Fahrten wichen sie von ihren eigenen Prinzipien ab - den Fall nur objektiv und sachlich zu besprechen. Ohne kritische Zuhörer gönnten sie sich, über die Gedanken und Gefühle zu sinnieren, die der Täter durchlebt haben musste. Hollers Hass auf seinen einstigen Partner war wohl grenzenlos geworden. Sein Egoismus ebenso. Sein Stolz machte es ihm unmöglich, sich seiner Verantwortung zu stellen. Er selbst erkor sich zum Richter über ein Menschenleben. Das Leid der Familie des Opfers war ihm offenbar völlig gleichgültig. Er schreckte nicht davor zurück, auch seine eigene Familie in größtes Leid zu stürzen.

Es scheint alles so, dass Holler die Stationen seines Lebens als Stationen seines Abschieds plante, dass er sie minutiös in zeitlicher Reihenfolge verwob mit dem Plan zum Mord an Martin T., dem er alle Schuld an seinem gescheiterten Leben zuschob. Genauso gründlich plante er seine Flucht nach der Tat als Abschied bis ans Ende der Mole von Pully. Sein Abschied war eine Flucht aus dem Leben, ein Abschied bis ans Ende der Welt – seiner Welt.

KRIEG DER KUTTEN

VON THOMAS SCHADE

Die manchmal etwas Furcht erregenden Kerle auf den schweren Motorrädern nennen sich selbst gern „Brüder". Andere nennen sie Rocker – wohl auch wegen den schwarzen Lederklamotten, die sie tragen und den Kutten, die ihr „Colour" zeigen – die Farben des Clubs, zu dem sie gehören. Viele dieser „Brüder" halten für immer zusammen, auch wenn ihr Leben mitunter kurz ist. Dafür leben Rocker ihre Freiheit gern auf zwei Rädern aus und schließen sich zu diesem Zweck in Motorcycle Clubs zusammen – den MCs.

So ein Verein nimmt nicht jeden. Nur wer ein restriktives Aufnahmeverfahren absolviert, bekommt seine Chance. Interessierte Anwärter beginnen als „Hang-around" – Anhänger. Sie sind allenfalls geduldet. Aus ihnen rekrutieren sich die „Prospects", die ernsthaft Mitglied werden wollen. Manchmal dauert eine Anwartschaft Jahre. Es ist die Zeit, in der ein „Prospect" zeigen muss, was er drauf hat, in der er Treue und Loyalität beweisen und sich auszeichnen muss – durch Taten, die manchmal auch außerhalb des Gesetzes liegen. „Outlaws" oder „One-percenter" (1%) nennen sich deshalb auch jene Mitglieder solcher Vereine, die sich selbst außerhalb des Gesetzes sehen und danach handeln. Am Ende einer Anwartschaft entscheidet der MC, ob der „Prospect" gehen muss oder vollwertiges Club-Mitglied wird und sich fortan „Member" nennen darf.

An der Spitze eines MC steht der „Präsident". Meist gibt es noch Ämter wie den „Vice-Präsident", den „Secretary", der den MC verwaltet, oder den „Road Captain", der bei Ausfahrten des MC an der Spitze der Kolonne fährt. Obwohl die meisten Rocker ihre Mitgliedschaft in einem MC als besondere Freiheit empfinden, unterwerfen sie sich dennoch strengsten Regeln und Ritualen. Einheitliche Kleidung, die Kutten, eine eigene Rockersprache oder die Vorliebe für Tätowierungen verleihen der Szene fast schon etwas Uniformes.

Die Wurzeln der Rocker liegen in den USA. Heimkehrende Soldaten aus dem Koreakrieg waren es unter anderem, die dort in der zweiten Hälfte des 20. Jahrhunderts die ersten Motorcycle Clubs gründeten. Diese Männer fanden oder wollten

Am Clubhaus in Niederranschütz bei Döbeln hängt das Colour des MC Highway Wolves.

nicht zurück ins zivile Leben und schlossen sich stattdessen zusammen. Sie lebten in alter Kameradschaft, wie sie es nannten – am Rand der bürgerlichen Gesellschaft. Verbindendes Element war das gemeinsame Motorradfahren. So schlug 1948 die Geburtsstunde der Hells Angels – heute die wohl größte Organisation der Szene mit Clubs auf allen Kontinenten.

In Deutschland stationierte US-Soldaten inspirierten in den 60er Jahren das Entstehen der Rockerszene in einigen Bundesländern. Sie war zunächst durch viele kleinere Clubs geprägt. Ende der 90er Jahre schlossen sich aber viele MCs den großen Rockergruppen an. Sie wurden sogenannte Charter der Hells Angels oder Chapter der Bandidos, die seit Jahren eine blutige Feindschaft pflegen.

Im Osten Deutschlands gründeten sich nach 1990 trotz der Dominanz großer Vereine im Westen neue kleine MCs. Sie hatten es nicht leicht. Schon bei der Auswahl ihres „Colours" mussten sie Rücksicht auf etablierte Vereine nehmen, um nicht anzuecken. Noch leichter konnte es zum Streit kommen, wenn ein MC territoriale Gebietsansprüche eines anderen Clubs verletzte. Solche Konflikte tragen die MCs stets unter sich aus, und nicht selten mündet so ein Streit in Gewalt. Vom Rockerkrieg ist in solchen Fällen schnell die Rede – meist ist das jedoch übertrieben.

In Sachsen entzündete sich im Jahr 2000 so einem Streit. Da ging es plötzlich gar nicht mehr brüderlich zu zwischen zwei einstigen „Brüdern" des Döbelner MC Highway Wolves. Der eine wurde aus dem Club gefeuert, weil er in den Augen der anderen ein „Schwein" war. Dem „Präsidenten", der den Mann namens „Schweini" feuerte, wurde das zum Verhängnis. Und die Polizei erlebte völlig überraschend eine echte Rockerfehde.

In der Nacht zum 15. Mai, einem Montag im Jahr 2000, liegen Spezialeinheiten der Polizei in Dresden, Meißen, Freital, Zwickau und in mehreren Orten in Sachsen-Anhalt und Mecklenburg-Vorpommern vor 39 Wohnungen, Vereinslokalen und Geschäftsräumen auf der Lauer. Alle sind bewaffnet, schwarze Sturmhauben verbergen die Gesichter. Jeder trägt eine Schutzweste. Die Beamten wissen inzwischen: Sie bewegen sich in einem Milieu, in dem es nicht zimperlich zugeht.

Punkt vier Uhr kommt aus der Einsatzzentrale der Polizeidirektion Grimma für 400 Polizisten das Signal zum Zugriff. In den nächsten Minuten fallen Türen aus den Angeln. Fensterscheiben klirren. Gestandene Männer werden vorzeitig aus dem Schlaf gerissen oder aus der Dusche geholt – viele sind schon über 30 Jahre alt. Wohnräume, Werkstätten und Vereinszimmer werden durchsucht. Darunter die Kneipe „Thor" in Dresden auf der Sternstraße. In Tharandt, im Bierpub „Headbanger", brechen die Beamten die falsche Tür auf. Der, den sie suchen, wohnt in der ersten Etage. Der 27-jährige Kneipenbesitzer ist frustriert über den Schaden, den die Polizei angerichtet hat.

Das Clubhaus der Highway Wolves am Morgen nach dem tödlichen Überfall. An allen Autos waren die Reifen zerstochen.

Mehr als zwei Dutzend Männer werden festgenommen und den gesamten Tag über und die folgenden Nacht hindurch verhört. Zu den beschlagnahmten Gegenständen gehören eine Pistole P38, Schreckschusswaffen samt Munition, Axtstiele, Baseballschläger, Totschläger, Übungshandgranaten der Bundeswehr, ein Hitlerbild und andere Neonazisymbole und -schriften, Funktelefone und Computer. Nach Abschluss der Razzia, am Abend des 16. Mai, sitzen 25 Männer in Untersuchungshaft – aufgeteilt auf alle Gefängnisse des Freistaates Sachsen. Mit der brachialen Aktion hat die Sonderkommission „Weste" einen guten Teil des Gremium MC im Osten der Republik hinter Schloss und Riegel gebracht. Der Gremium MC gilt als letzte große deutsche Rockerbande – hinter den Hells Angels und den Bandidos. Was war geschehen?

Rückblende: Am Nachmittag des 9. Februar 2000 verabschiedet sich Thomas D. gegen 17.30 Uhr von seiner Freundin Rita*. Borsti, wie Thomas auch genannt wird, ist der „Präsident" des MC Highway Wolves in Döbeln. Er will an diesem Nachmittag zum Kraftsporttraining nach Grimma und danach ins Clubhaus nach Niederranschütz. Der 22-Jährige ist ein sportlicher Typ, hat schon als Türsteher in der Diskothek Staubitzbad gejobbt und zeitweise eine Kneipe betrieben. Jetzt arbeitet er auf dem Bau. Rita muss sich auf ihren Dienst in einem Polizeirevier vorbereiten. Als beide nach acht noch einmal über Handy miteinander telefonieren, ist Borsti noch im Kraftraum und Rita schon auf dem Weg zur Nachtschicht.

Thomas D., genannt Borsti, betrieb aktiv Kraftsport und war in dem Döbelner Motorradclub Highway Wolves bis zum Präsidenten aufgestiegen

Wie fast jeden Mittwoch fährt Thomas D. nach dem Krafttraining noch in das Clubhaus nach Niederranschütz, einem Ortsteil von Großweitzschen, gleich neben der Autobahn 14, unweit von Döbeln. Der alte Konsum dort liegt etwas außerhalb in einer Kurve und ist seit Jahren das Klubhaus der Highway Wolves. An einer Ecke des Hauses hängt das runde „Colour" der Autobahnwölfe – der Kopf eines weißen Wolfes auf schwarzem Grund. „MC Highway Wolves" steht in roter Schrift darauf. Über dem Vereinssymbol ist ein Halogenstrahler montiert. Sämtliche Fenster sind vergittert. Eine Überwachungskamera richtet ihr elektronisches Auge auf die Eingangstür. So können die Clubmitglieder immer sehen, wer zu ihnen will.

Mit Thomas D. hat der kleine Motorcycle Club einen soliden Chef. Nach mehreren Jahren als „Member" wurde er 1999 gewählt. „Präsident" ist er geworden, weil er immer für den Club da ist, obwohl er selbst eine kleine Baufirma führt. Er erledigt die Behördengänge, organisiert maßgeblich die Treffen und Ausfahrten mit und hält Kontakt zu anderen Clubs. Die Mitglieder schätzen ihren „Präsi", weil er ein abgeklärter Typ ist, nicht jähzornig oder streitsüchtig. Er trinkt kaum Alkohol, ist aktiver Kraftsportler und auch sonst cool drauf.

Lange Zeit war immer mittwochs Clubsitzung, aber sie ist inzwischen auf Sonntag verlegt, weil einige auswärts arbeiten. Dennoch gibt es einiges zu besprechen. Schließlich wollen sich die Highway Wolves in zehn Tagen mit dem Leipziger MC Road Lions zusammenschließen. Außerdem wollen die „Wölfe" besprechen, wie sie am Wochenende bei der Motorradmesse in Leipzig auftreten. Ihr „Präsident" ahnt nichts Gutes. Denn wegen der Vereinigung mit den Road Lions könnte es Streit mit anderen, mächtigeren MCs geben, die mit dem Zusammenschluss einen unerwünschten Rivalen heranwachsen sehen.

Es ist kurz nach zehn, als Thomas D. am alten Konsum eintrifft. Vor dem Haus stehen schon acht Autos. Die schwere Stahltür ist verschlossen. Draußen ist alles still, wie immer. Drinnen im großen Barraum läuft der Fernseher. Der „Präsident" begrüßt kurz die sieben anwesenden „Prospects" und „Member". Dann zieht er sich mit drei Vertrauten in den kleineren Raum zurück, zu dem nur „Member" Zutritt haben. Zum Reden kommen sie nicht.

Nur fünf Minuten nachdem der „Präsident" den Club betreten hat, bricht das Chaos aus. Etwa ein Dutzend vermummte und ganz in schwarz gekleidete Männer stürmen in das Klubhaus. Alle große Kerle, in schwarzen Bomberjacken – bewaffnet mit Knüppeln, Baseballschlägern und Axtstielen. Keiner im Club kann sich erklären, wie die Eindringlinge die verschlossene Tür geöffnet haben. Aber zum Grübeln bleibt keine Zeit. Ohne ein Wort zu sagen, beginnen die Angreifer alles kurz und klein zu schlagen. Die völlig überraschten Highway Wolves werden gnadenlos niedergeknüppelt – einige bis zur Bewusstlosigkeit. Nur Anne*, die einzige Frau im Barraum, wird verschont. „Liegen bleiben!", brüllt einer. „Kutten aus!", ruft ein anderer. Weil keiner der Anweisung folgt, werden sie den Highway Wolves mit Schlägen und Tritten vom Körper gerissen.

Die drei Member und Borsti, der „Präsident", kommen aus dem Hinterzimmer, wollen im Barraum nachschauen, was los ist. Einige laufen der Schlägertruppe direkt in die Arme. Borsti will den „Member"-Raum verteidigen und versucht, die Tür zuzuhalten. Doch ein großer, stämmiger Kerl drückt sie ein. Nacheinander werden die „Member" ebenfalls zusammengeschlagen. Plötzlich zieht einer der Angreifer, der die Tür eingetreten hatte, eine abgesägte Schrotflinte aus seiner schwarzen

* *Name geändert*

Jacke. Thomas D., der „Präsident", steht als einziger Highway Wolve noch auf den Füßen. Er will dem Angreifer die Waffe abnehmen. Nur einer von den zusammengeschlagenen „Wölfen" hört in dem Lärm, wie ein Schuss aus der Schrotflinte fällt. Danach ruft einer der Angreifer: „Schluss" und „Rückzug". Ein anderer fragt seine vermummten Kumpane: „Habt ihr die Überwachungsanlage?" Dann ist es plötzlich totenstill im Clubhaus der Highway Wolves. Der brutale Überfall hat keine sechs Minuten gedauert.

Langsam rappeln sich die Männer wieder auf. Nur einer nicht – Thomas D. Der 22-Jährige liegt im „Member"-Raum auf dem Rücken in einer Blutlache und zittert am ganzen Körper. „Scheiße, ich hab´ nen Treffer", sagt er noch. Dann verliert er das Bewusstsein. Am Telefon des Klubhauses hatten die Angreifer das Kabel rausgerissen. Schließlich findet sich ein Handy und die Highway Wolves tun, was unter Rockern eigentlich nicht üblich ist: Einer von ihnen wählt den Notruf 110. Es geht um Leben oder Tod ihres „Präsidenten".

Gegen 22.13 Uhr wird der Notruf in der Rettungsleitstelle Grimma aufgezeichnet. Der Notarzt trifft Minuten später im Clubhaus ein. Er kann Thomas D. nicht mehr helfen. Der „Präsident" der Highway Wolves ist tot. Eine Ladung Schrot hatte den 22-Jährigen aus nächster Nähe getroffen. Er ist innerlich verblutet.

Die anrückenden Beamten vom Polizeirevier Döbeln stoßen auf ein Bild blindwütiger Zerstörung. An allen neun Autos vor dem Clubhaus sind Scheiben und Scheinwerfer zerschlagen und mindestens ein Reifen zerstochen. Die Angreifer wollten wohl nicht, dass ihnen einer folgt. Drinne im großen Barraum des Clubhauses, steht nichts mehr an seinem Platz. Lampen, Scheiben, Flaschen, Gläser, der Fernseher, Möbel – alles zerschlagen. Der verschüttete Whisky auf dem Fußboden verbreitet einen schweren Alkoholgestank. Die Versicherungen werden später einen Sachschaden von insgesamt fast 40.000 D-Mark feststellen.

Eine Stunde nach dem Überfall wimmelt es von Polizisten am Clubhaus in Niederranschütz. Bereitschaftspolizei, Kriminaltechniker, die Spurensicherung vom Landeskriminalamt, Polizeihundestaffel – Bernd Merbitz, der Chef der Polizeidirektion Grimma, hat alle Kräfte alarmiert, die ihm auf die Schnelle zur Verfügung stehen. Er habe selten einen so verwüsteten Tatort gesehen, sagt Merbitz später. „Auch die Rocker waren sichtlich beeindruckt von dem, was passiert war."

Einige der zusammengeschlagenen „Brüder" müssen in ärztliche Behandlung. Andere werden von den Beamten befragt. Sie sollen berichten, was sich genau abgespielt hat. Noch in der Nacht gewinnt Polizeichef Merbitz den Eindruck, dass bei dem Überfall nichts dem Zufall überlassen worden war. Offenbar hatten die Täter das Clubhaus stundenlang beobachtet und nur gewartet, bis der „Präsident" eingetroffen war. Das blitzartige Auftauchen wenig später, die gezielten Zerstörungen und der disziplinierte Rückzug – das waren keine spontanen Aktionen.

Noch in der Nacht entdecken die Fährtenhunde, dass sich die Täter in der nasskalten Dunkelheit zu Fuß über ein Feld an das alleinstehende Clubhaus angeschlichen hatten. Die Spuren verlieren sich an einer nichtöffentlichen Straße, die nur über ein ehemaliges LPG-Gelände befahrbar ist. Dem Grimmaer Polizeichef wird schon in der Nacht klar, dass in dem kleinen Ortsteil Niederranschütz etwas passiert ist, das es so in Sachsen noch nicht gegeben hat. „Das hier klären wir, der Fall wird nicht an das Landeskriminalamt abgegeben", sagt Merbitz noch in der Nacht zu einem seiner Kripobeamten. Unklar bleibt, wie die Täter unentdeckt in das gut gesicherte Haus gekommen waren, warum der „Präsident" der Highway Wolves sterben musste, und wer ihn auf dem Gewissen hat?

Einen Tag nach dem Überfall, am 10. Februar, bildet Polizei-Chef Merbitz die Sonderkommission „Weste". Drei Tage später übergibt er die Amtsgeschäfte an seinen Stellvertreter und übernimmt selbst die Leitung der Ermittlungen. Der 44-jährige Beamte ist ein erfolgsbewusster Kriminalist, hat früher schon eine Mordkommission und andere Sonderkommissionen geleitet. Nach dem Überfall fühlt er sich erneut herausgefordert. Aber der erfahrene Kriminaldirektor bewegt sich auf einem Terrain, das auch ihm bisher fremd ist.

Die Szene der Outlaw Motorcycle Gangs, wie die Rocker-Gruppen in einem Lagebericht des Bundeskriminalamtes genannt werden, ist in Sachsen eher unterbelichtet. Bisher ist keiner der kleineren Ostvereine besonders aufgefallen. Und von den Großen hat bisher nur der Gremium MC in Dresden ein Chapter. Das allerdings hat einige Mitglieder, die der Polizei bestens bekannt sind. Aber es gibt im Landeskriminalamt kaum Erkenntnisse über die Struktur der Szene – beispielsweise über Bandenkriminalität in den Clubs. In westlichen Bundesländern gibt es solche Ermittlungen immer wieder mal, meist gegen die Hells Angels und gegen die Bandidos.

Als erstes abonnieren die Beamten der Soko „Weste" deshalb eine Zeitschrift, auf deren Titelseite neben heißen Öfen oft auch heiße Mädchen die Blicke anziehen – die „Biker News", eines der bekanntesten Szenehefte. Doch außer einem Nachruf auf Borsti und einigen Unmutsbekundungen aus der Szene werden die

Ermittler aus den Heften kaum Erkenntnisse schöpfen. Sie erfahren, dass es zwischen den Clubs durchaus üblich ist, sich gegenseitig die Kutten zu klauen, wenn es darauf ankommt, Stärke zu demonstrieren. Aus Leserbriefen erfahren sie auch, dass in der Szene Unverständnis herrscht angesichts der Brutalität, mit der gegen die Highway Wolves vorgegangen worden war.

Der eher kleine Club aus Döbeln ist in der Szene nie aggressiv hervorgetreten und der Polizei durch Straftaten bisher nicht aufgefallen. Einige junge Leute, die zu DDR-Zeiten mit den legendären AWO-Motorrädern unterwegs waren, hatten sich schon 1987 zu einem Verein zusammengeschlossen und sich den Namen Highway Wolves gegeben. Seit 1990 ist er ordnungsgemäß im Vereinsregister des Döbelner Amtsgerichts eingetragen. Der Kopf des weißen Wolfes ziert seit der Namensgebung die Rückseite ihrer Kutten. Der Name Autobahnwölfe bot sich an, denn das Clubhaus liegt nur einen Katzensprung entfernt von der A 14. Mit seinen AWO-Treffen wurde der Verein auch über die Region hinaus bekannt. Nach 1990 schoben viele der Highway Wolves ihre AWOs endgültig in die Garagen und stiegen um auf die in den westlichen MCs übliche Marke Harley Davidson. Durch seine Clubhauspartys und ein jährliches Motorradtreffen hat sich der Verein mit seinen knapp zwanzig Mitgliedern seine Popularität in der ostdeutschen Rockerszene auch nach 1990 erhalten.

Besonders verbunden fühlen sich die Highway Wolves seit Jahren den Road Lions MC in Leipzig, der 1989 gegründet wurde. Angesichts der zahlreichen Übertritte kleinerer MCs zu den Hells Angels und zu den Bandidos hatten auch die Highway Wolves und die Road Lions beschlossen, künftig als ein MC unter dem „Colour" der Road Lions zusammen zu fahren. Mehrere Monate schon hatten beide Clubs in Döbeln und Leipzig darüber beraten, schließlich abgestimmt und die Fusion per Handschlag besiegelt. Ein starker MC im Osten wollen sie sein – mit „ostdeutscher Identität". All das erfahren die Ermittler der Soko „Weste" bei ersten Befragungen unter den Highway Wolves am Tag nach dem Überfall. Die Beamten erkennen: Die Szene ist ziemlich in Bewegung, und es ist zu klären, ob der Überfall auf das Klubhaus in Nierranschütz damit zusammenhängt.

Dass es kein Raubüberfall war, das erfahren die Ermittler schon nach der ersten Bestandsaufnahme des MC. Die Vereinskasse ist noch da, immerhin rund zehntausend Euro in bar. Auch sonst fehlt nichts. Nur ihre Kutten haben all jene Clubmitglieder verloren, die während des Überfalles anwesend waren. Für den MC, der seine Kutten an einen anderen Club verliert, ist das eine besondere Form der Demütigung. Aber wer war jetzt in ihrem Besitz? Waren am Vorabend nur zwei kleinere MCs aneinandergeraten, die vielleicht um die Türsteherjobs einer Diskothek stritten? Oder sind die Highway Wolves zwischen die Fronten von Hells Angels und Bandidos geraten, die ebenfalls im Osten Fuß fassen wollen?

Kuttentreff neun Tage nach dem brutalen Überfall bei der Beerdigung des Präsidenten der Highway Wolves.

Die Highway Wolves wollen wissen, wer ihren „Präsidenten" auf dem Gewissen hat. Deshalb tun sie, was eigentlich unüblich ist in der Szene: Sie kooperieren mit der Polizei. So erhält die Soko „Weste" schon bald Anhaltspunkte, die bei der Suche nach den Tätern weiterhelfen. Fast alle der zusammengeschlagenen Clubmitglieder sind von dem fast militärisch straff organisierten Angriff beeindruckt. „Da wusste jeder, was er zu tun hatte", sagt einer der Zeugen. Einige können sich an die Turnschuhe und Springerstiefel der Männer erinnern. Die meisten waren lehmverschmiert. Aus den wenigen Kommandos, die während des Überfalls gegeben wurden, meinen mindestens zwei Zeugen „Dresdner Dialekt" herausgehört zu haben. Kriminaltechniker finden heraus, dass der Schlamm an den Stiefeln aus der Umgebung des Clubhauses stammt. Sie bestätigen, was in der Nacht nach dem Überfall schon mit den Fährtenhunden festgestellt worden war: Die schwarze Horde hatte sich zu Fuß über ein Feld dem Clubhaus genähert. Eine vergleichende Untersuchung des Bodens aus der Umgebung und der Erdklumpen, die die Eindringlinge auf dem Fußboden zurückgelassen hatten, wird den Mitarbeitern der Soko „Weste" später sogar die Richtung zu dem Treffpunkt zeigen, wo sich die Täter gesammelt hatten.

Neun Tage nach dem Überfall, am 18. Februar, einem Donnerstag, herrscht so etwas wie Ausnahmezustand in dem kleinen Dorf Großweitzschen. Bereitschaftspolizisten sichern den beschaulichen Dorffriedhof. Die Highway Wolves tragen ihren „Präsidenten" zu Grabe. Am Clubhaus in Niederranschütz liegen Blumen am Straßenrand, Kerzen sollen an Thomas D. erinnern. Von hier aus fahren sie im Konvoi zum Begräbnis. An den meisten Motorrädern weht ein schwarzer Trauerflor. Sie waren erst vor einem halben Jahr auf dem Friedhof, um „Spitzer" unter die Erde zu bringen. Unverschuldet war der „Prospect" der Highway Wolves bei einem Verkehrsunfall ums Leben gekommen. Vielen war sein Tod ein Rätsel. Postum hatten sie den 26-jährigen Türsteher zum „Member" ernannt und ihm die neue Kutte mit ins Grab gelegt. Damals waren sie unter sich und hatten in der Ferne sogar Salut geschossen.

Nun haben Highway Wolves sogar ihren „Präsi" verloren – noch dazu durch einen Mord. Das geht selbst richtigen Männern an die Nieren. Gestandenen Kerlen stehen Tränen in den Augen, als sie an das Grab ihres toten „Bruders" treten. Weit über einhundert Rocker sind zur Trauerfeier angereist. Auch dem toten Borsti wird eine neue Kutte auf den Sarg gelegt – es ist das Colour der Road Lions, ein gekrönter Löwe über der schwarz-weiß-roten Fahne mit dem eisernen Kreuz in der Mitte. Thomas D. ist der erste, dem sie übergeben wird – postum – schließlich wird er sie nie tragen. Vielleicht ist er sogar für diese Kutte gestorben, denken einige an seinem Grab. Am Tag nach der Beerdigung vollziehen die Highway Wolves und die Road Lions wie geplant ihren Zusammenschluss – wohl auch um zu zeigen, dass sie sich von dem Überfall und dem Tod ihres „Bruders" nicht beeindrucken lassen.

Unauffällig und etwas abseits der Trauerfeier beobachten auch einige Ermittler der Soko „Weste" das Geschehen auf dem Friedhof. Sie registrieren genau, von welchen MCs Abordnungen gekommen sind und von welchen nicht. Vor allem einen dieser Rocker suchen sie: „Schweini". Diesen wenig schmeichelhaften Spitznamen trägt zu dieser Zeit Dieter Fett *. Bis 1998 war auch er einige Jahre „Member" der Highway Wolves. Dann war er der erste, den die „Wölfe" rausschmissen. „Schweini" galt als faul, herrschsüchtig und brutal. Einige Clubmitglieder hatten wegen ihm den Highway Wolves den Rücken gekehrt. Beim Bikertreff im Mai 1998 im Leißniger Stadtbad brachte der damals 34-Jährige schließlich das Fass zum Überlaufen. Er drückte das Gesicht eines Helfers in eine Pfanne mit heißem Bratfett. Danach flog der selbstsüchtige Dieter Fett aus dem Club raus. Wenig später wurde „Schweini" mit einer Kutte des Gremium MC gesehen.

Bereits am Tag nach dem Überfall hatte die Soko „Weste" von dem Rausschmiss erfahren. Und ihnen wird ein Telefonat bekannt, von dem Thomas D. seiner Freundin Rita und einigen wenigen Vertrauten berichtet hatte. Demnach hatte „Schweini" den „Präsidenten" der Highway Wolves einige Tage vor dem Überfall angerufen und mitgeteilt, dass er vom bevorstehenden Zusammenschluss der Highway Wolves und der Road Lions erfahren habe. Beide waren nach dem Rausschmiss

* *Name geändert*

alles andere, nur keine „Brüder" mehr. Unmissverständlich soll Dieter Fett dem „Präsidenten" der „Autobahnwölfe" am Telefon deutlich gemacht haben, dass ihm die Fusion nicht passe, weil damit einer der stärksten rein ostdeutschen MCs entstehen würde. Thomas D. soll „Schweini" gesagt haben, dass er erst einmal an ihm vorbei müsse, um den Zusammenschluss zu verhindern. Sinngemäß: Nur über meine Leiche. Daraufhin habe Dieter Fett dem Chef der Highway Wolves angekündigt, dass er ihn dann „eben umrauchen" müsse. Sinngemäß: Dann muss ich dich eben umlegen. „Offenbar hatte Thomas D. deshalb Befürchtungen, dass es auf der Leipziger Motorrad Messe zu einer Auseinandersetzung zwischen seinem MC und dem MC Gremium kommen könnte", sagt Bernd Merbitz. Der Gremium MC hatte angeblich angekündigt, auf der Messe am 11. und 12. Februar mit 100 bis 150 Männern ein sogenanntes Schaulaufen zu veranstalten, um zu zeigen, wer in Sachsen die Vorherrschaft hat. Auch einige Mitglieder des Döbelner Clubs äußern in ihren Zeugenvernehmungen den Verdacht, dass „Schweini" und der Gremium MC hinter dem Überfall stecken könnten. Waren die Gremium-Rocker ein paar Tage früher aktiv geworden?

Bei den Vernehmungen wird außerdem bekannt, dass beide Vereine Monate vor dem Überfall schon einmal aneinandergeraten waren: Ende 1999 in Lengenfeld bei Zwickau. Damals waren es jedoch die Highway Wolves, die dem Zwickauer Motorradclub „Straßenstaub" einen Besuch abstatteten. Der kleine Ostclub war gerade dabei, sich als sogenanntes „Prospect-Chapter" an den Dresdner Gremium MC anzuhängen. Das war nicht im Interesse der Autobahnwölfe, die in Zwickau auch ein kleines Chapter hatten. Sie fürchteten wohl, dass der große Gremium MC ihre „Brüder" in Zwickau verdrängen könnte. So kam es zu einer szenetypischen „Ansage", die in einer handfesten Prügelei mündete, bei der einige Zwickauer verletzt wurden. Wie üblich in der Szene, erfuhr die Polizei von der Auseinandersetzung nichts. Die Döbelner konnten aber auch nicht verhindern, dass die Zwickauer sich dem großen Gremium MC in Dresden anschlossen.

Hatte sich der Gremium MC für die Niederlage in Lengenfeld revanchiert? Unklar blieb auch, ob es sich bei dem Überfall um einen gezielten Mordanschlag auf den „Präsidenten" der Highway Wolves gehandelt hat oder um eine ähnliche, nur viel brutalere Ansage wie in Lengenfeld, die mit dem Schuss auf Thomas D. außer Kontrolle geraten war. Die gerichtsmedizinische Untersuchung der Leiche gibt darüber keine eindeutige Auskunft. Die Ärzte hatten festgestellt, dass die Ladung Schrot aus nächster Nähe auf den 22-Jährigen abgefeuert worden war. Der Schuss hatte den jungen Mann unterhalb der linken Achselhöhle getroffen. Ein solcher Treffer ist nur möglich, wenn das Opfer bereits auf der rechten Körperseite am

Boden liegt, als die Waffe abgefeuert wurde. Ebenso ist es aber auch möglich, dass Täter und Opfer stehend miteinander um die Waffe gerungen hatten und sich dabei, von beiden unbeabsichtigt, ein Schuss gelöst hatte. Trotz intensiver Befragungen kann keiner der Highway Wolves sagen, wie der „Präsident" ums Leben kam. Keiner hatte gesehen, was sich in den entscheidenden Augenblicken im „Member"-Raum abgespielt hatte.

Und noch etwas wird der Soko „Weste" schon wenige Tage nach dem Überfall bekannt: Nach seinem Rausschmiss bei den Highway Wolves war „Schweini" in der ersten Hälfte des Jahres 1999 in der Diskothek Staubitzbad aufgetaucht und hatte angekündigt, dass er mit einigen seiner neuen „Brüder" kommen wolle, um zu zeigen, dass er nicht mehr alleine ist. „Er wollte in Döbeln Stärke demonstrieren", sagt ein Zeuge der Polizei. Eine Stunde lang seien die 40 bis 50 Rocker dann geblieben, und danach vermutlich in Richtung Dresden wieder abgehauen. Es soll sich um Männer gehandelt haben, die damals dem Gremium MC beitreten wollten. Türsteher an der Diskothek, so berichtet der Zeuge, sei damals einer von den Highway Wolfes gewesen: „Spitzer", der einige Zeit später tödlich verunglückte.

„Nach all diesen Erkenntnissen war zwei, drei Wochen nach dem Überfall klar, in welche Richtung wir ermitteln mussten", sagt Bernd Merbitz. „Allein die Beweisführung war das Problem." Die objektive Beweislage war außerordentlich dürftig. Zwei Tage lang hatten die Spezialisten im Clubhaus und in der angrenzenden Landschaft nach Spuren gesucht. Dutzende Bereitschaftspolizisten waren den Fußspuren über das Feld gefolgt. Ein Schlüsselbund blieb alles, was sie in der Nähe des Clubhauses fanden. „Bis nach Frankreich haben wir ermittelt, um zu bestimmen, woher der Werbeanhänger stammte, der an dem Schlüsselbund hing", erzählt Merbitz. Am Ende stellt sich heraus, dass ein Clubmitglied der Highway Wolves die Schlüssel verloren hatte.

Auch die Überwachungskamera am Clubhaus hilft den Ermittlern nicht weiter. Sie lieferte ihre Bilder zwar auf einen Monitor in der Bar, aber eine Aufzeichnung fand nicht statt. Kriminaltechniker untersuchen das Schloss der schweren Eingangstür. Es weist keinerlei Schäden auf. Es sind auch keine Spuren zu erkennen, die darauf hindeuten, dass das Schloss geknackt wurde. Kurzzeitig kommt der Verdacht auf, dass einer der Highway Wolves den Tätern die Tür geöffnet haben könnte. „Doch alle Ermittlungen in diese Richtung liefen ins Leere", sagt Bernd Merbitz. Im Nachhinein bleibt nur eine Erklärung: „Thomas D. selbst, der als letzter vor dem Überfall den Club betrat, hat die Tür hinter sich versehentlich nicht richtig ins Schloss gezogen."

Im Clubhaus finden die Mitarbeiter der Spurensicherung weder Fingerabdrücke noch Blut von einem der Angreifer, der sich vielleicht verletzt hatte – nur lehmige Schuhabdrücke. Die Soko ermittelt, dass einige der Täter Stiefel der Marke Truman getragen hatten – ein Spezialanbieter für Armee- und Outdoor-Bekleidung. Doch den Ermittlern hilft das nicht weiter. Zu viele dieser Schuhe wurden in dem Zeitraum verkauft, für den sich die Ermittler interessieren.

Wichtiger sind einige Zeugen, die sich melden, nachdem die Zeitungen umfangreich von dem Überfall und von der Trauerfeier berichtet haben. Fast alle dieser Zeugen hatten mit einer Familienfeier zu tun, die am Abend des 9. Februar 2000 im Gasthaus Margarethenmühle stattfand – etwa sieben Kilometer vom Tatort entfernt. Auf dem Parkplatz des Gasthofes war einem Taxifahrer um 21.15 Uhr ein unbeladener Lkw mit Bierwerbung aufgefallen. Die Ladeplanke war heruntergeklappt. An der Einfahrt zum Parkplatz beobachtete er einen groß gewachsenen, schlanken und dunkel gekleideten Mann. Bei dem Lkw standen ein halbes Dutzend Pkws. Diese Beobachtung bestätigt auch ein zweiter Taxifahrer, der fünf Minuten später Fahrgäste an der Margarethenmühle abholte. Er nannte sogar zwei Biermarken und glaubt, dass er auf der Ladefläche des kleinen Lkws Personen gelegen haben. Ein Taxi-Fahrgast gibt zu Protokoll, dass der Mann an der Zufahrt eine dunkle Strickmütze und einen blonden Ziegenbart trug. Wie sich später herausstellt, hatten all diese Zeugen tatsächlich beobachtet, wie sich die Täter auf dem Parkplatz unweit der Autobahnanschlussstelle Döbeln-Ost zur A 14 zu dem brutalen „Überfallkommando" sammelten. Offenbar gestört von dem Begängnis auf dem Parkplatz, verlegten die Täter ihren Sammelpunkt kurzfristig noch einmal in jenes Betriebsgelände einer ehemaligen LPG und fuhren von dort zum Rand des Feldes, an dem die Fußspuren endeten. Diese Zeugenaussagen bestärken Merbitz, dass die Täter aus Richtung Osten, also über die A14 angereist sein könnten. Möglicherweise aus Dresden. Im Februar 2000 hat in der sächsischen Landeshauptstadt das größte Chapter des Gremium MC im Osten seinen Sitz.

Gremium bezeichnet sich selbst als „der letzte große Motorradclub deutschen Ursprungs". Seine Geburtsstunde schlug 1972 in Mannheim. Mittlerweile gehören zu ihm mehr als hundert Chapter in der Bundesrepublik und sieben Ländern, bis hin zu den Kanarischen Inseln. Seine Farben sind schwarz und weiß, seine Symbole die geballte Faust und das Eiserne Kreuz. Eine besondere Rolle spielt die Zahl 7. Der Begriff Gremium besteht aus sieben Buchstaben und der Anfangsbuchstabe „G" ist der siebente im Alphabet. Ein Rat der großen Sieben bestimmt deshalb auch die Vereinsstrategie. In dem Siebener-Gremium sitzen die Präsidenten der einflussreichsten Chapter. Der Versuch, den Gremium MC 1983 in Baden-Württemberg als kriminelle Vereinigung zu verbieten, scheiterte vor Gericht. Mehr als den Hells Angels oder den Bandidos gelang es dem Gremium MC Ende der 90er Jahre, in den Osten der Republik und in den Südosten Europas zu expandieren. Im Zuge dieser Expansion hatte sich auch die Dresdner Rockertruppe MC Clan 1999 dem großen Gremium MC angeschlossen und war schnell zu einer Art Leit-Chapter für die neuen Bundesländer aufgestiegen. Einige Rocker des Dresdner Gremium MC, die im Frühjahr 2000 ins Visier der Soko „Weste" geraten, sind schon öfter mit dem Gesetz in Konflikt gekommen und kennen ihre Rechte gegenüber der Polizei und der Justiz sehr genau. „Mit ein paar Stiefelspuren und den Vermutungen einiger Zeugen hätten die uns in einer Vernehmung ausgelacht", sagt Soko-Chef Merbitz.

So grübelt man in der Soko Weste, wie den am Überfall möglicherweise beteiligten Gremium-Leuten nachzuweisen ist, dass sie tatsächlich zur Tatzeit am Tatort gewesen sind. Kommunikation heißt alsbald die Lösung. Auch Rocker tragen Handys und auch Rockerhandys hinterlassen in den Funktelefonnetzen ihre Spuren, weil sie sich immer in der Funkzelle anmelden, der sie gerade am nächsten sind. Dabei nehmen sie mit dem jeweiligen Funkmasten Kontakt auf. Diese Kontaktaufnahme wird gespeichert. So entstehen die sogenannten Verbindungsdaten, die bei den Telefonanbietern eine gewisse Zeit lang gesammelt werden. Waren Mitglieder des Gremium MC am 9. Februar gegen 23 Uhr mit ihren Handys in der Nähe des Clubhauses der Highway Wolves, so ist das von den Funkzellen in der Region registriert worden. Erfahrene Ganoven kennen diese Methode der Fahndung zwar längst und schalten deshalb ihre Handy aus, wenn sie eine Straftat begehen. Aber oftmals drücken sie zu spät auf die Taste. „Das war unsere einzige Chance", sagt Bernd Merbitz.

So entschließt sich der Chef der Soko „Weste" drei Wochen nach dem Überfall zu einem groß angelegten Lauschangriff. Der Begriff führt jedoch in dem speziellen Fall in die Irre. Denn zu Beginn haben die Ermittler kaum eine Rufnummer, um Telefone überwachen, Gespräche mithören oder Verbindungsdaten erheben zu können. Aber die Ermittler können aufgrund der bisherigen Erkenntnisse einen erheblichen Tatverdacht gegen Dieter Fett begründen, so dass der zuständige Amtsrichter der Überwachung von „Schweinis" Telefon zustimmt. Der ehemalige Highway Wolve, der von seinen einstigen „Brüdern" verstoßen wurde, gilt zu diesem Zeitpunkt als Hauptverdächtiger und Drahtzieher des Überfalls. Er kannte die örtlichen Gegebenheiten, er war nach Aussagen mehrere Zeugen auf Thomas D. nicht gut zu sprechen, hatte ihn offenbar sogar am Telefon bedroht. Rachegelüste und Verrat trauen ihm die Ermittler zu, angesichts der Aussagen mehrere Zeugen. Damit hatte „Schweini" auch ein starkes Motiv.

Schon wenige Tage nach dem Überfall hatte Polizeichef Merbitz die Soko „Weste“ von Grimma nach Döbeln umquartiert. „Möglichst nah am Tatort wollten wir sein“, sagt er. Deshalb beziehen die Ermittler auf einer Etage einer ehemaligen Kaserne ihr neues Quartier. Sechs Wochen später sieht es in den Zimmern aus wie in einer Abhörzentrale. Die Auswertung von „Schweinis“ Handydaten erweist sich als Glücksgriff. Er hatte in den Tagen vor dem Überfall mit mehreren Personen unter anderem in Dresden, Meißen, Zwickau, Bernburg und Lengenfeld gesprochen, die alle verschiedenen Gruppen des Gremium MC zuzuordnen sind. Einer dieser Männer plaudert eines Tages im April am Telefon mit einem seiner „Brüder“ ganz offen über die Ereignisse im Clubhaus der Highway Wolves – so detailliert, dass er sich als Mittäter dringend verdächtig macht.

Aus der Analyse von „Schweinis“ Handygesprächen am 9. und 10. Februar lässt sich bald ziemlich exakt belegen, wie der Überfall organisiert wurde und wer an dem Verbrechen beteiligt gewesen sein könnte. Die Ermittler erkennen, dass „Schweini“ die Tat initiiert und auch organisiert haben muss. Zudem ergibt die Auswertung der Verbindungsdaten der Handys, die er angewählt hat, dass sich deren Nutzer am 9. Februar 2000 zum Tatort hin- und wieder vom Tatort wegbewegt haben. Sie geraten in Verdacht, da die Strecke nach Döbeln nicht zu ihren gewöhnlichen Fahrtstrecken gehört. Außer „Schweini“ wohnt oder arbeitet keine der angerufenen Personen in dieser Gegend.

Den Auswertungen zufolge waren offenkundig Mitglieder mehrerer ostdeutscher Gruppen des Gremium MC an dem Überfall beteiligt. Für den Chef der Sonderkommission Bernd Merbitz verdichtet sich der Verdacht einer straff organisierten, fast schon militärisch abgelaufenen schweren Straftat. „Es ging um ein Verbrechen der schweren Bandenkriminalität, bei dem ein Mensch umgebracht wurde“, sagt Merbitz später, „da musste die Strafprozessordnung voll ausgeschöpft werden“. Mit großem Aufwand beginnen Mitarbeiter der Soko „Weste“, einige der Verdächtigen zu observieren. Doch dabei können sie nichts Verdächtiges feststellen. Ungeachtet dessen entschließt sich Merbitz in Abstimmung mit der Staatsanwaltschaft Anfang Mai, gegen 24 verdächtige Rocker des Gremium MC in vier ostdeutschen Ländern Haftbefehle zu beantragen. Er vergattert alle Mitarbeiter zur strengsten Geheimhaltung. Sein Vorhaben ist riskant. Denn nach wie vor ist zweierlei unklar: Haben die Personen, auf die die Handys angemeldet sind, ihre Telefone zur Tatzeit verborgt oder wirklich selbst bei sich getragen? Außerdem hatte der Lauschangriff keinen einzigen Hinweis darauf ergeben, wer die Schrotflinte bei dem Überfall benutzt hat. Dennoch schlägt die Soko „Weste“ in den Morgenstunden des 15. Mai 2000 zu.

Alle 24 Rocker, die bei der Razzia festgenommen werden, bekommen in den nächsten Tagen Besuch von Mitarbeitern der Soko „Weste". Dabei treffen die Ermittler auf ganz verschiedene Typen. Auf Heiko R. zum Beispiel, den „Präsidenten" des Dresdner Chapter vom Gremium MC. Der 34-Jährige große stämmige Mann ist im Umgang mit Polizei und Justiz erfahren. Er verhält sich wie ein typischer Rocker und schweigt. Andere, vor allem jüngere Beschuldigte, schweigen nicht. Insbesondere Mitglieder der sogenannten „Prospect-Chapter" aus Zwickau und Neubrandenburg fühlen sich offenbar nach dem Überfall hinters Licht geführt. Wohl auch auf den Rat ihrer Verteidiger hin sagen einige der „Anwärter" umfassend aus. „Ein paar fühlten sich regelrecht verarscht", erinnert sich Soko-Chef Merbitz. Einige hatten im Clubhaus der Gremium-Leute in Dresden den Auftrag erhalten, die Highway Wolves auszukundschaften und ihre Beobachtungen am Abend des 9. Februar weiterzumelden. Andere waren von den Details des Überfalls vorher so gut wie gar nicht in Kenntnis gesetzt worden – wohl aus Furcht, er könnte verraten werden. Eine Gruppe „Prospects" hatte nur den Auftrag, vor dem Clubhaus die Autos zu entglasen und die Reifen zu zerstechen.

Angeklagte Mitglieder des Dresdner Gremium MC werden zum Prozess in das Leipziger Landgericht geführt. Er zieht sich erst über Tage hin und endet später schnell mit einem so genannten Deal zwischen den Prozessbeteiligten.

Die Erkenntnisse aus den Vernehmungen dieser Beschuldigten runden das Bild des Überfalls vom 9. Februar auf das Clubhaus an der Hauptstraße in Niederranschütz weiter ab. Die Ermittler der Soko „Weste" erfahren, dass man sich am Tag des Überfalls in Dresden im Clubhaus des Gremium MC getroffen hatte. Von dort wurden zwei „Prospects" losgeschickt. Sie sollten sich in Niederranschütz auf die Lauer legen. Wie sich später vor Gericht herausstellt, hatten sie von „Schweini" den Auftrag, per Handy zu melden, welche Autos und Personen am Clubhaus ankommen. Nachdem Sturmhauben, Baseballschläger, Keulen und Axtstiele verteilt waren, machten sich auch die anderen Rocker gegen 21 Uhr in ihren Pkws auf den Weg nach Döbeln. Sie verließen in Döbeln-Ost die Autobahn und fuhren zunächst zu dem Waldparkplatz an der Margarethenmühle. Wegen des regen Taxiverkehrs an der Gaststätte verlegte die Schlägertruppe ihren Standort auf das Betriebsgelände der ehemaligen LPG, etwa zwei Kilometer vom Clubhaus entfernt. Bis auf einen kletterten die Rocker auf einen Transporter und fuhren an den Feldrand. Von dort aus näherten sie sich zu Fuß dem Clubhaus. Einer der Dresdner Gremium-Anwärter erhielt den Auftrag, mit seinem Auto zum Clubhaus zu fahren. Er musste den Sanitäter spielen. Falls es Verletzte in den eigenen Reihen gab, sollte er helfen und die Flucht der „Brüder" absichern.

Auf das Signal des damaligen „Präsidenten" des Dresdner Gremium MC „Es geht los!" stürmten die Gremium-Leute aus Dresden und Neubrandenburg das Clubhaus, die Zwickauer Gruppe zerstörte draußen die Fahrzeuge. Wie das Gericht später feststellen wird, vollzog sich der Überfall so schnell, dass einer der Angreifer, ein Mann aus Meißen, gar nicht zum Zuge kam. Er war als Letzter in das Clubhaus eingedrungen. Noch ehe er zuschlagen konnte, wurde bereits das Signal zum Rückzug gegeben. Dass die Angreifer nichts außer Acht gelassen hatten, erkennen die Ermittler auch daran, dass einer der Männer den Auftrag hatte, das einzige öffentliche Telefon in Niederranschütz zu zerstören.

Wie vor zwei Gerichten später festgestellt werden wird, wussten alle mehr oder weniger, dass den Highway Wolves an diesem Abend eine eindeutige „Ansage" gemacht werden sollte. Die Botschaften waren: Vergeltung für den Überfall in Lengenfeld und kein Zusammenschluss mit den Road Lions in Leipzig. Was von den Angreifern wohl niemand wusste: Einer von ihnen führte eine abgesägte Schrotflinte mit sich, eine Waffe, die für solche Ansagen eigentlich nicht benötigt wird. Die Ermittler erfahren auch, dass sich die Gremium-Leute, die an dem Überfall beteiligt waren, am Tag darauf auf ein gemeinsames Alibi einigten. Demnach hatte am Abend des 9. Februar 2000 im Clubhaus des Dresdner Gremium MC eine Geburtstagsfeier stattgefunden. Es wurde strengstes Stillschweigen wegen des Überfalls vereinbart. Und es gab angeblich die Botschaft: Wer plaudert, der wird in der Elbe schwimmen.

Dazu kommt es nicht. Aber einige Wochen vor dem ersten Prozess erhängt sich einer der Neubrandenburger Rocker, Reon K., während der Untersuchungshaft in seiner Zelle. Hatte er nach der Razzia zuviel ausgeplaudert? Dass er der Todesschütze war, glaubt die Staatsanwaltschaft nicht.

Dennoch können die Ermittler der Soko „Weste" nach der Razzia vom 15. Mai 2000 den Überfall auf die Highway Wolves zwar ziemlich genau rekonstruieren.

Nur die entscheidende Frage bleibt unbeantwortet: Wer führte an jenem Abend die Waffe bei sich? Dennoch erhebt die Leipziger Staatsanwaltschaft im Herbst 2000 gegen zwölf Beschuldigte Anklage wegen gemeinschaftlichen Totschlags, gemeinschaftlichen Raubs und Landfriedensbruch. Der Vorwurf des Mordes an Thomas D. lässt sich nicht aufrechterhalten, auch weil alle Sturmhauben trugen. „Wir wissen deshalb nicht einhundertprozentig, wer der Todesschütze war ...", sagt Oberstaatsanwalt Norbert Röger im September der „Bild"-Zeitung.

Am 19. April 2001 herrscht eine erhöhte Sicherheitsstufe im Leipziger Landgericht. 30 Elitepolizisten des Spezialeinsatzkommandos sind im Gebäude und sollen Zwischenfälle vermeiden. Am Morgen schon schnüffeln Sprengstoffhunde durch das Haus. Erstmals in Sachsen beginnt ein Prozess gegen einen Motorcycle Club. Zwölf Mitglieder des Dresdner und Neubrandenburger Gremium MC müssen auf die Anklagebank. Die befürchtete Anreise Hunderter Rocker bleibt aus. Dennoch gilt Kutten-Verbot im Gericht. Wer den Prozess verfolgen will, muss sich einer gründlichen Personenkontrolle unterziehen. In Handschellen werden die Angeklagten durch ein Spalier von Polizisten ins Gericht und kurz nach neun Uhr in den Saal 115 geführt, den größten im Gerichtsgebäude. Viele der Männer zwischen 24 und 40 Jahren haben sich den Kopf kahl geschoren, fast alle tragen Sonnenbrille und scherzen. Sie scheinen die Aufmerksamkeit zu genießen, die ihnen zuteil wird. Einige Verteidiger haben schon vor Prozessbeginn geäußert, dass allein die Verbindungsdaten der Handys nicht ausreichen, um ihre Mandanten zu überführen. Sie wissen, dass es sich um einen Indizienprozess handelt, in dem das Gericht vor einer schwierigen Beweisaufnahme steht. Kaum einer der Angeklagten, sie gelten als die Haupttäter, hat sich bisher zu den Vorwürfen geäußert. Alle Zeugenaussagen stammen von Komplizen, die am Rande des Geschehens beteiligt waren. Vor der großen Strafkammer unter Vorsitz von Richter Erich Draht sitzen die beiden Anklagevertreter und ein Nebenkläger sowie die zwölf Angeklagten und 14 Verteidiger.

Noch bevor die Staatsanwaltschaft die Anklage verlesen kann, beginnen die Verteidiger mit juristischen Scharmützeln. Sie verlangen, dass die Polizeibeamten im Saal ihre Waffen ablegen. Das Gericht berät zwanzig Minuten und lehnt den Antrag ab. Sofort danach erklärt eine Verteidigerin, dass die Akten nicht fortlaufend paginiert seien. Sie verdächtigt die Staatsanwaltschaft, Akten zurückzuhalten. Alles Mutmaßungen, so kontert Oberstaatsanwalt Norbert Röger und weist den Verdacht zurück. Staatsanwalt Baums, der das Verfahren geführt hat, überrascht dagegen mit der Aussage, dass der Akte „irrelevante Akteninhalte" entnommen worden sein könnten. Wieder zieht sich die Kammer zur Beratung zurück und muss feststellen, dass tatsächlich ein Band mit kriminaltechnischen Auswertungsberichten fehlt. Peinlich für die Staatsanwaltschaft. Die Akten müssen kopiert und den Verteidigern nachgereicht werden. Das dauert bis Mittag. Kurz nach zwölf Uhr will die Kammer endlich verhandeln, doch es fehlen die Verteidiger. Erneut vergehen zehn Minuten, weil jeder Anwalt einzeln kommt, fast so, als hätten sie sich zum Bummelstreik verabredet. Wieder lehnt die Kammer alle Anträge ab. Nun wollen die Verteidiger die Hauptverhandlung aussetzen, weil sich die Aussagen der beiden Anklagevertreter in Bezug auf die Vollständigkeit der Akten widersprechen. Wieder lehnt das Gericht nach einer 30-minütigen Beratung ab. Nach vier Stunden endlich kann die Staatsanwaltschaft ihre Anklage verlesen. Danach erklären alle zwölf Beschuldigten, dass sie sich dazu vorerst nicht äußern wollen.

Einer der wichtigsten Mitarbeiter der Soko „Weste" sagt als erster Zeuge im Prozess aus. Kriminalhauptkommissar Hagen Lenz* beschreibt den Tatort, wie er ihn in der Nacht zum 10. Februar 2000 vorgefunden hat und wie verängstigt die zusammengeschlagenen Mitglieder der Highway Wolves gewesen seien. Er berichtet, dass es keine objektiven Sachbeweise dafür gibt, dass Mitglieder des Gremium MC in jener Nacht in dem Clubhaus waren. Dennoch hätte sich der Verdacht auf diesen MC mehr und mehr erhärtet, insbesondere durch die Aussagen der Geschädigten, aber auch unbeteiligter Zeugen. Durch die Telefonüberwachung habe sich schließlich der Verdacht soweit verdichtet, dass man die Durchsuchungsbeschlüsse gegen die Beschuldigten erwirken konnte. Zum Todesschützen kann der Beamte kaum aussagen, nur dass er etwa 1,90 Meter groß war und eine Sturmhaube getragen hatte. Er muss auch einräumen, dass die Tatwaffe, vermutlich eine abgesägte Schrotflinte, nicht gefunden wurde. Es gab einen Hinweis auf einen Tümpel im Lengenfeld bei Zwickau. Doch dort wurden nur zwei Schlagstöcke gefunden, die Schusswaffe nicht.

Nach der Aussage des Kriminalkommissars will das Gericht noch das Vernehmungsprotokoll von Reno K. verlesen, jenes Neubrandenburgers, der eigentlich mit auf der Anklagebank sitzen sollte, der sich aber in der U-Haft das Leben genommen hatte. Wieder kommt es zum Streit. Die Verteidiger stehen auf dem Standpunkt, das Protokoll dürfe weder verlesen noch bei Gericht verwertet werden. Ihre Begründung: Auch Reno K. wurde in der Vernehmung Mord vorgeworfen und damit angeblich unzulässig viel Druck ausgeübt. Möglicherweise hatte er nur deshalb ausgesagt, um sich selbst von dem Vorwurf zu entlasten. Vielleicht hatte er damit andere belastet und gegen den Rockerkodex verstoßen. War das der Grund für seinen Selbstmord? Die Frage wird nicht beantwortet.

An den folgenden Tagen kommt es zu weiteren Peinlichkeiten für die Justiz. Das Gericht muss einräumen, dass es tatsächlich Akten gibt, die vom Gericht bisher nicht berücksichtigt wurden. Doch das ist nicht die Schuld der Staatsanwälte. Der Richter, der vor Erich Draht die 1. Strafkammer geleitet hatte, hatte 37 Bände der insgesamt 52 Verfahrensakten zwischenzeitlich in einer Kammer deponiert und sie danach schlichtweg vergessen. Dann machte der Jurist Karriere, wechselte zum Oberlandesgericht nach Dresden, ohne seinen Nachfolger über das Aktendepot zu informieren. Wieder hagelt es Anträge auf Befangenheit der Kammer und Aussetzung des Prozesses. Doch der Vorsitzende Richter Draht behält die Nerven, schmettert die Anträge ab und terminiert den Prozess neu. Schließlich sei all das keine böse Absicht oder Willkür gewesen, sondern lediglich eine Panne, argumentiert er. In den folgenden Tagen sagen doch noch die meisten Zeugen aus, die ihre Erkenntnisse während der Ermittlungen auch schon der Polizei mitgeteilt hatten. Alle Angeklagten schweigen eisern, und die Kammer kommt in der entscheidenden Frage nach dem Todesschützen nicht voran.

Am 17. Mai platzt schließlich eine Bombe, wie man so sagt. Einer der Angeklagten soll geplaudert haben – ausgerechnet „Schweini". Doch der mutmaßliche Drahtzieher des Überfalls hatte nicht im Gericht ausgepackt, sondern im Gefängnis. Dort soll er gegenüber seinem Zellengenossen mit der Tat geprahlt haben. Der Mithäftling Mario S. vertraute sein erlangtes Wissen in dem brisanten Fall unmittelbar danach der Polizei an, auch um für sich selbst einen Vorteil herauszuschlagen. An diesem 17. Mai beantragt Oberstaatsanwalt Röger bei der Kammer, diesen Zeugen so schnell wie möglich vor Gericht zu vernehmen.

Am 28. Mai 2001, es ist der zwölfte Prozesstag, wird der neue Hauptbelastungszeuge in den Gerichtssaal geführt. Der 26-jährige Mann trägt eine kugelsichere Weste. Dieter Fett habe ihm anvertraut, „dass hier elf Mann unschuldig wegen dem Präsi-Arsch im Knast sitzen und ihre Existenz verlieren", so sagt er aus. Gemeint ist der Angeklagte Heiko R., der „Präsident" des Dresdner Gremium MC, ein Hüne, der sogar an beiden Seiten seines Schädels Tätowierungen trägt. Michael Stephan, der Verteidiger des Gremium-„Präsidenten", versucht zu verhindern, dass der Zeuge aussagt. Zu groß sei sein Belastungseifer und zu sehr sei er auf seinen eigenen Vorteil bedacht, um mit seiner Aussage Haftvergünstigungen zu erlangen.

Doch das Gericht entscheidet anders. Der Zeuge darf weiter aussagen, was ihm „Schweini" erzählt hatte: Der Überfall sei genau geplant gewesen. Eine Gruppe habe vor dem Clubhaus abgesichert. Zwei Gruppen seien hineingestürmt. Der „Präsident" habe Thomas D. mit der abgesägten Schrotflinte in Schach halten wollen. Als D. aber an der Flinte zog, habe sich ein Schuss gelöst. Und der Zeuge sagt auch, dass er vor seiner Aussage massiv bedroht worden sei. Er sollte sich seine Worte genau überlegen. Andere würden dafür schon tot in der Elbe schwimmen. Nach der Aussage gilt „Schweini" bei einigen Brüdern vom Gremium MC wohl endgültig als Verräter. Auf der Anklagebank wird es einsam um hin herum und für Heiko R. wird es immer enger.

Am 17. Verhandlungstag bittet der Vorsitzende Richter Erich Draht vor Prozessbeginn alle Verteidiger und die Staatsanwaltschaft zu sich. Schon zu Beginn der Hauptverhandlung hatte er durchblicken lassen, dass das Gericht das Geschehen am 9. Februar 2000 im Niederranschützer Clubhaus auch anders bewerten könnte als die Staatsanwaltschaft in der Anklage: Nicht als Körperverletzung mit Todesfolge, sondern als Raub mit Todesfolge, weil den Highway Wolves die Kutten geraubt und nie zurückgegeben worden waren. Diese juristische Interpretation des Überfalls hätte für die Angeklagten fatale Folgen: Ihnen drohen dann lebenslängliche Haftstrafen. Das Gericht macht den Verteidigern an diesem Morgen klar, dass es kaum Zweifel an der Schuld der Angeklagten hegt. Daraufhin gelingt es allen Beteiligten, für jeden der angeklagten Rocker eine für alle akzeptable Strafe abzusprechen. Voraussetzung ist: Alle gestehen, dass sie an dem Überfall beteiligt waren, und der „Präsident" Heiko R. räumt ein, dass er an jenem verhängnisvollen Abend die Schrotflinte getragen hat.

Wenig später im Gerichtssaal verliest der Anwalt des 34-Jährigen eine Erklärung. Darin gesteht der Dresdner „Präsident" des Gremium MC, dass er die Waffe mit ins Clubhaus gebracht hatte und dass der Schuss beim Handgemenge mit Thomas D. losgegangen war. Auch alle anderen Angeklagten räumen ein, dass sie bei dem Überfall dabeiwaren. Nach kurzer Pause halten Staatsanwaltschaft und Verteidiger ihre Plädoyers. Noch am Nachmittag desselben Tages spricht die Kammer ihr Urteil. Sie ist überzeugt, dass die Geständnisse der Rocker mit den Erkenntnissen aus der bisherigen Beweisaufnahme in Übereinstimmung zu bringen sind. Demnach befindet das Gericht den „Präsident" des Dresdner Gremium MC, Heiko R., der Körperverletzung mit Todesfolge für schuldig.

Sie erklärt die anderen Mitangeklagten wegen gefährlicher Körperverletzung und Landfriedensbruch für schuldig. Die Kammer verhängt gegen den Hauptschuldigen eine Haftstrafe von fünf Jahren und drei Monaten. Seine Komplizen werden zu Haftstrafen zwischen vier Jahren und zwei Jahren und neun Monaten verurteilt. Drahtzieher „Schweini" ist der einzige, der vier Jahre hinter Gitter muss. Die Urteile werden noch am selben Tag rechtskräftig.

In einem zweiten Prozess im Herbst 2001 am Leipziger Amtsgericht werden die übrigen Beteiligten am Überfall, die nicht im Clubhaus der Highway Wolves waren, sondern draußen Schmiere gestanden hatten, nach nur zwei Verhandlungstagen zu Haftstrafen zwischen einem Jahr und neun Monaten und einem Jahr und drei Monaten verurteilt. Alle Strafen werden zur Bewährung ausgesetzt. Alle Angeklagten gestehen schon am ersten Tag der Hauptverhandlung, dass sie an dem Überfall beteiligt waren. Auch diese Urteile werden noch am Tag der Verkündung, dem 5. November 2001, rechtskräftig. Auch diesem Prozess ist ein Deal zwischen allen Beteiligten vorausgegangen. Damit steht der Gremium MC im Herbst 2001 im Osten nicht besonders gut da. Die Soko „Weste" hatte sein Leit-Chapter in Dresden ziemlich zerschlagen. Auch die „Prospect-Chapter" in Zwickau und Neubrandenburg existieren faktisch nicht mehr.

Sieben Jahr später bietet sich wieder ein anderes Bild. 21 Männer, meist mit Sonnenbrille, präsentieren sich auf der Internetseite des Gremium MC Dresden. Ihr Clubhaus haben die Rocker nach Freital verlegt. Für Juni 2009 kündigen sie eine Party zum zehnjährigen Bestehen des Clubs an. Nach Erkenntnissen des Landeskriminalamtes ist der Präsident des Clubs im Februar 2008 sogar in das Gremium der großen Sieben aufgenommen worden – wohl weniger wegen der Stärke des Clubs, sondern um seine Bedeutung für den Osten zu untermauern. Denn in Brandenburg, Sachsen und Thüringen machen dem Gremium zu dieser Zeit die weit größeren Motorcycle Clubs Hells Angels und Bandidos das Leben schwer. Die Sicherheitsbehörden beobachten, dass die rot-gelben Bandidos und die rot-weißen Hells Angels versuchen, einige von den schwarz-weißen Gremium-Leuten abzuwerben. Außerdem stehen im Herbst 2008 einige vom Gremium MC wieder mal im Konflikt mit dem Gesetz. Ein Dutzend von ihnen sitzt im Landgericht Erfurt auf der Anklagebank. Die Rocker sollen sich 2006 an einem Überfall auf das Clubhaus des Road Eagles MC Ilmenau beteiligt haben. Auch da hatten sie Pech. In dem Haus feierte während der „Ansage" eine Schulklasse ihr Abitur. Die Schüler alarmierten angesichts der lautstarken Schlägerei im Haus die Polizei. Sie hauen eben ab und zu am falschen Ort und zur falschen Zeit zu – die Rocker vom Gremium MC. Am 9. Februar 2000 hatten sie es außerdem mit der Brutalität reichlich übertrieben.

FOTONACHWEIS

Archiv Frank Nicolaus
Seiten 7, 9, 21, 23, 24, 25, 27, 41

Archiv Karsten Schlinzig
Seiten 45, 46, 50, 56, 57, 133, 135, 136, 142

Archiv Dieter Wolfram
Seiten 60, 63, 64, 74, 77, 86, 89, 94, 95, 98, 122, 127

Archiv Christian Krebs
Seiten 155, 188, 193, 196

Archiv Thomas Schade
Seiten 178, 180

Archiv Dresdner Druck- und Verlagshaus
Seiten 106, 116, 132, 182, 203, 204, 205, 210, 217